玉林师范学院高层次人才科研启动基金：小学生数学逻辑推理素养评价指标体系构建研究（G2023ZK23）和高层次人才科研启动基金：小学生数学逻辑推理素养测评模型（G2023SK12）资助

广西一流学科系统科学项目、玉林师范学院2024年硕士学位点建设经费资助

小学生数学逻辑推理素养测评模型构建研究

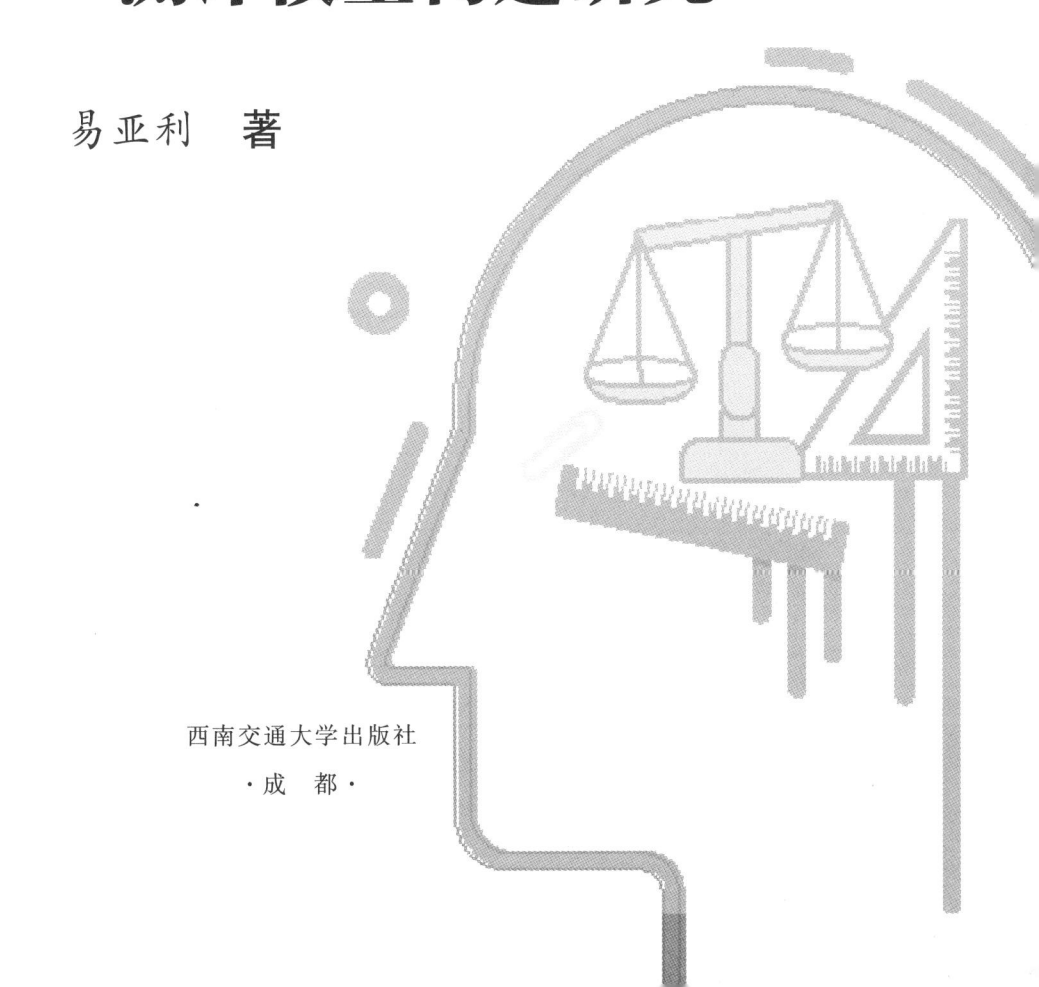

易亚利　著

西南交通大学出版社
·成都·

图书在版编目（CIP）数据

小学生数学逻辑推理素养测评模型构建研究 / 易亚利著. --成都：西南交通大学出版社，2024.10.
ISBN 978-7-5774-0138-6

Ⅰ.G623.502

中国国家版本馆 CIP 数据核字第 20242YN191 号

Xiaoxuesheng Shuxue Luoji Tuili Suyang Ceping Moxing Goujian Yanjiu
小学生数学逻辑推理素养测评模型构建研究

易亚利 / 著

策划编辑 /	李晓辉
责任编辑 /	孟秀芝
助理编辑 /	卢韵玥
封面设计 /	成都三三九广告有限公司

西南交通大学出版社出版发行
（四川省成都市金牛区二环路北一段 111 号西南交通大学创新大厦 21 楼　610031）
营销部电话：028-87600564　028-87600533
网址：http://www.xnjdcbs.com
印刷：成都蜀通印务有限责任公司

成品尺寸　170 mm×230 mm
印张　15.75　　字数　261 千
版次　2024 年 10 月第 1 版　　印次　2024 年 10 月第 1 次

书号　ISBN 978-7-5774-0138-6
定价　60.00 元

图书如有印装质量问题　本社负责退换
版权所有　盗版必究　举报电话：028-87600562

序 言

逻辑推理素养是一个人的逻辑思维与综合素养最重要的组成部分之一，而数学逻辑推理素养是逻辑推理素养形成的重要支撑和基础，在人的思维发展过程中，小学是逻辑思维萌芽的关键阶段。因此，小学生数学逻辑推理素养不仅关系到个人素养的形成与发展，甚至影响着整个国家教育的发展与进步。在当前应试教育仍然盛行、重技能轻素养的现状下，如何从素养的高度对小学生数学逻辑推理素养的本质属性进行定性刻画和定量测评是一个亟待解决的问题。本书运用教育统计方法构建了测评模型，以客观、科学地对小学生数学逻辑推理素养进行测量与评价，这对于诊断小学生数学逻辑推理素养培育过程中存在的问题，促进学生数学逻辑推理素养的提高，进而推动人的全面发展及整个义务教育质量提升具有重要的现实意义。

本书的内容分为 8 章，其中核心内容为第 4 章至第 7 章。小学生数学逻辑推理素养测评模型遵循教育测评模型构建的一般范式：厘清测评对象的内涵与价值→确定其操作性定义→构建测评指标体系→确定权重、构建模型→检验模型。为其他教育测量模型的构建研究提供一定的借鉴。

本书在编写过程中引用了部分优秀研究成果，在此对这些作者表示感谢。

限于时间与个人能力，书中疏漏与不足之处在所难免，恳请读者不吝赐教。

作　者

2024 年 3 月

目 录

第1章 数学逻辑推理模型研究概述

1.1　研究背景 ·· 3
1.2　研究意义 ·· 10
1.3　核心概念 ·· 12

第2章 数学逻辑推理模型研究的相关理论基础和文献综述

2.1　数学逻辑推理的相关理论基础 ···································· 16
2.2　数学逻辑推理的相关研究 ··· 20
2.3　数学素养的相关研究 ··· 39
2.4　测评模型的相关研究 ··· 50
2.5　小学生逻辑推理素养测评模型构建的相关研究 ············· 55
2.6　文献评述 ·· 56

第3章 数学逻辑推理模型的研究设计

3.1　研究问题与目标 ··· 60
3.2　研究重点与难点 ··· 61
3.3　研究对象与方法 ··· 62
3.4　研究思路与框架 ··· 65

第 4 章　小学生数学逻辑推理素养的内涵与操作性定义

4.1　小学生数学逻辑推理素养存在性探析 ·················· 69

4.2　小学生数学逻辑推理素养的内涵探析 ·················· 72

4.3　小学生数学逻辑推理素养的表现形式 ·················· 79

4.4　小学生数学逻辑推理素养的操作性定义构建 ············ 81

第 5 章　小学生数学逻辑推理素养测评指标的构建与验证

5.1　研究对象与方法 ···································· 87

5.2　小学生数学逻辑推理素养测评指标的设计 ·············· 89

5.3　小学生数学逻辑推理素养测评工具编制 ················ 103

5.4　小学生数学逻辑推理素养测评指标构建与验证 ·········· 120

5.5　本章小结 ·· 138

第 6 章　小学生数学逻辑推理素养测评模型的构建

6.1　研究设计 ·· 140

6.2　一阶验证性因素分析（CFA） ························ 152

6.3 二阶验证性因素分析（CFA）……………………… 163
6.4 基于结构方程模型（SEM）的测评模型构建 ……… 170
6.5 本章小结 …………………………………………… 176

第 7 章　小学生数学逻辑推理素养测评模型的验证

7.1 层次分析法（AHP）指标权重验证 ………………… 180
7.2 与学业成绩的相关性检验 ………………………… 186
7.3 本章小结 …………………………………………… 188

第 8 章　结论与思考

8.1 研究结论与创新 …………………………………… 190
8.2 研究的不足与展望 ………………………………… 194

参考文献 ………………………………………………… 198
附　录 …………………………………………………… 222

第1章
数学逻辑推理模型研究概述

  逻辑推理是人类思维的重要形式，早在公元前5世纪，各具特色的逻辑学说就产生了，古代中国的辩学、古希腊的逻辑学、古印度的因明学被认为是逻辑的三大起源。随着时代的进步和人类思维的发展，逻辑推理已经不再只是逻辑学、哲学的一个部分，而是广泛地渗透到计算机、数学、科技、军事、医学、文化、宗教、心理、历史和社会学等各个领域，甚至遍布人们生活的各个角落，并不断革新，开拓新的研究领域，日益彰显出其重要的理论意义和应用价值。逻辑推理不仅让人们得到并证明新的数学结论，逐步扩展原有的数学体系，推动着数学学科乃至所有的自然学科向前发展，而且其严密的推理形式成为人们在数学活动中进行思考与交流的基本思维品质，保证着数学学科知识的连贯性和结构的严谨性。

  很多研究者分别从逻辑学、心理学和教育学等多种视角对"逻辑推理"进行了解读，但至今仍没有一个确切的定义①。那么，小学生数学逻辑推理素养的内涵、意义和表现形式到底是什么，有何教育价值？如何从现实数学教育的视角，并从可操作、可量化的角度阐释其内涵及其结构？在此基础之上，它是否是可以测量的？如果可以，运用哪些指标才能科学和尽量准确地进行测量与评价？各个指标之间的关系如何？权重又该如何设定？如何用教育统计的方法构建测评模型？对于以上一系列疑问，就目前已有的国内外数学教育相关研究来看，还并没有对其进行细致深入的探讨，更缺乏相关的实证研究，而本书旨在回答和解决以上问题。

  本章首先介绍关于"小学生逻辑推理素养测评模型构建研究"的背景、研究意义及研究内容。

---

① 张军翎. 中小学生的逻辑推理能力、元认知与学业成绩的相关研究[D]. 上海：华东师范大学，2007.

1.1 研究背景

1.1.1 小学生数学逻辑推理素养具有重要的个人价值与社会价值

1）小学生数学逻辑推理素养是学生终身数学学习能力的重要支撑

逻辑推理不仅仅是数学学习的形式和活动，更是理解数学的重要方式，是进行数学思维、数学活动与数学交流的核心内容[1]。在国内外数学素养的相关阐述和研究中，逻辑推理（数学推理）无一例外都被作为极其重要的组成部分。

英国逻辑学家罗素认为，数学的基础就是逻辑，全部的数学都可以化归为逻辑[2]。美国《共同州际核心数学课程标准》要求学生能够"抽象化地进行推理"并能够"构建可行的论证，批判他人的推理"，进而"在不断推理中寻求表征规律"[3]；新加坡的课程标准也提出要"将数学推理能力培养作为问题解决的一个重要过程"[4]；澳大利亚F10数学课程关键思想也将推理作为关键词[5]；英国数学课程标准中，有关推理和证明成为所有年龄学生的核心教学目标；《2013年版美国中小学数学评价标准》强调，在数学内容的每一部分都要着重考查学生的数学推理，发展学生的数学批判性思维[6]。

在中国，李尚志在谈及数学核心素养时关于"数学从何而来"这一问

---

[1] 冯跃峰. 对数学教育若干问题的认识[J]. 数学教育学报，1992（1）：64-65.
[2] RUSSEL B, WHITEHEAD A N. Principia mathematica[M]. Cambridge: Cambridge Univrsity Press, 1996.
[3] Common Core State Standards Initiative. Common core state standards for mathematics [J]. Common Core State Standards Initiative, 2010, 4(4): 148.
[4] 史雪萍. 中国和新加坡小学数学课程标准比较研究[D]. 扬州：扬州大学，2013.
[5] HATTIE J, FISHER D, FREY N. Visible learning for mathematics, grades K-12: what works best to optimize student learning[M].California: SAGE Publications, 2016: 242-243.
[6] 罗贵明. 美国2013年中小学数学评价新标准解读与启示[J]. 现代中小学教育，2013（10）：83-85.

题认为，一是从现实产生理论的数学抽象而来，二是由系列已知基本理论推导得到更多的理论，即逻辑推理；林崇德将运算能力、空间想象能力和逻辑思维能力称为中小学生的三大数学基本能力①。从 20 世纪 50 年代开始，虽经历若干次修订，"逻辑推理能力"都无一例外地被作为学生必备的数学能力纳入我国的数学课程标准中。《义务教育数学课程标准（2011 年版）》明确将推理能力列入中小学生发展的十大核心概念②；《高中数学课程标准（2017 年版）》中，逻辑推理为六大数学核心素养之一③。而无论是十大核心概念、六大核心素养，还是三大基本能力，逻辑推理素养都是其他数学素养或能力得以更好发展的支撑。比如，数学运算是以计数和运算律为前提的逻辑推理；数学抽象是从数量与数量关系、图形与图形的关系中抽象出数学概念和概念之间的关系的归纳、类比推理④……。

小学是数学逻辑推理素养形成与发展的关键和萌芽阶段，初中、高中甚至大学数学中的几何证明、演绎推理等都是小学数学逻辑推理的进一步延续和深入。因此，可以说，小学逻辑推理素养是学生在终身学习过程中数学核心素养的重要基石和支撑。

2）小学生数学逻辑推理素养是学生综合素养形成与发展的基础

早在 21 世纪初，欧盟率先提出了学生发展的核心素养指标体系，在多个维度中都蕴含了逻辑推理素养的内容。如数学素养："能评价他人提出的观点是否具有逻辑，能用数学进行推理"；科技素养："使用科学数据达成基于证据的结论，……能交流结论及其推导过程"；社交和公民素养："批判性和创造性地思考"等。美、英、日等在其 21 世纪核心素养指标体系中，也都明确对"逻辑推理"提出了要求，如美国的"学习与

---

① 林崇德. 学习与发展——中小学生心理能力发展与培养[M]. 北京：北京师范大学出版社，1999.
② 中华人民共和国教育部. 义务教育数学课程标准（2011 年版）[M]. 北京：北京师范大学出版社，2012.
③ 中华人民共和国教育部. 普通高中数学课程标准（2017 年版）[M]. 北京：人民教育出版社，2018.
④ 邵亚娜. 在高中三角函数教学中落实数学抽象素养的研究[D]. 济南：山东师范大学，2019.

创新素养（Learning and Innovation Skills）"、法国的"数学和科学文化素养"、日本的"思维能力"等。中国 21 世纪学生发展核心素养体系中，对"理性思维"与"批判质疑"两个要点的阐述也与逻辑推理相关。可见，逻辑推理素养是学生综合素养中极其重要的组成部分，而小学生数学逻辑推理素养是它形成与发展的基础，影响到学生整个学习、发展及成长过程中综合素养的提升。

3）小学生数学逻辑推理素养是人类逻辑思维能力的重要来源

随着现代科学技术的飞速发展，培养创新型人才的时代新格局要求改变以往"以知识为导向、一切为了考试"而获取知识的应试教育观，开拓以发展学生核心素养为目标的教育新途径成为世界各国教育的整体趋势。逻辑思维是人类特有的思维活动，是人们将感观获得的信息抽象成概念，并对此进行判断、推理而产生新的认识和反映客观世界的理性过程。数学推理方法的多样性体现了数学思维的灵活性和创新性[①]，它让人们善于通过归纳、类比等方法发现事物之间的联系与区别，提出新观点，得到新的结论；能让人们在思考问题时更具敏捷性、灵活性、独创性与批判性，能更有条理、有逻辑地思考、交流与表达，也决定着个体创造力的发展和逻辑思维品质的深刻性[②]。而数学是逻辑推理素养的培养皿，人的逻辑推理能力是通过数学培养起来的，小学是学生逻辑思维形成的关键阶段，为个体后期逻辑思维的形成与发展提供了重要来源。

4）小学生数学逻辑推理素养是推动整个社会发展的有力保障

社会是相互联系的人类生活共同体，社会的发展终究是靠人才的发展。面对日益激烈的国际形势，创新已成为新世纪的时代精神。习近平强调："创新始终是推动一个国家、一个民族向前发展的重要力量"[③]。而逻辑推理素养是创新型人才最重要的品格之一，因为通过逻辑推理，人们才可以形成有理有据、有条有理的思维习惯，以既有的储备知识为

[①] 宁锐，李昌勇，罗宗绪. 数学学科核心素养的结构及其教学意义[J]. 数学教育学报，2019，28（2）：24-29.

[②] 张军翎，张潮. 逻辑推理能力在人的发展中的重要作用[J]. 文教资料，2008（8）：88-89.

[③] 新华社. 加快实施创新驱动发展战略，加快推动经济发展方式转变[N]. 经济日报，2014-8-19（B1）.

基础，认识和把握客观事物的本质与发展规律，不断创新，获得新理论、新方法和新结论，提高探究事物本源的能力，推动整个社会向前发展。而缺乏逻辑思维的人理解事物的能力、运用知识的能力以及控制情感与欲望的理性也相对薄弱，在与人交往中难以说服人家和被他人理解[①]。只有从小学阶段就重视演绎推理和合情推理，加强逻辑推理素养的培育，才能让创新成为常态，推动着整个社会向前发展。

综上可见，小学阶段是逻辑思维萌芽、形成与发展的关键时期，小学生数学逻辑推理素养不仅对于提高学生的数学素养起着直接推动作用，而且是学生成长过程中综合素养的培育，以及人作为个体在未来逻辑思维的形成与发展过程中的基石，对国家综合国力的提升和社会的发展均起着重要的作用，是实现中华民族伟大复兴、由教育大国向教育强国转变的有力保障。

1.1.2　测评模型构建顺应当前国际数学教育质量监测导向

孟子曰："权，然后知轻重；度，然后知长短[②]。"只有通过对小学生数学逻辑推理素养进行有效的测量和评价，我们才能知道小学生数学逻辑推理素养水平的高低，才能知道具体在哪些方面存在不足和短板，才能知道如何培育和提升。正如美国学者 Webb 认为的："我们生活在测评（Assessment）的时代，测评覆盖了全国每一所学校的每一间教室"[③]。针对义务教育阶段学生数学质量的测量与评价已经在世界范围内悄然兴起：早在 20 世纪 60 年代，国际教育成就评价协会（International Association for the Evaluation of Educational Achievement，IEA）就发起了国际数学与科学教育成就趋势调查研究 TIMSS（Trends In International

---

① 钟启泉. 学科教学的发展及其课题：把握"学科素养"的一个视角[J]. 全球教育展望，2017，46（1）：11-23，46.
② 杨伯峻. 孟子译注[M]. 北京：中华书局，1988.
③ WEBB N L. Mathematics content specification in the age of assessment[C]// FRANK K LESTER F. Second handbook of research on mathematics teaching and learning: a project of the national council of teachers of mathematics. Information Age Publishing Inc, 2007: 1281-1292.

Mathematics And Science Study）测试，主要目的在于理解各国学生数学水平、科学成就与文化背景、教育环境等影响因子的相关性；2000年，经济合作与发展组织（Organization for Economic Cooperation and Development，OECD）组织了现行国际上最有影响力的学业评价——国际学生评价项目（Programme for International Student Assessment，PISA），其主要评估领域为阅读素养、数学素养及科学素养，评估的目的旨在测查即将完成义务教育的学生是否具备终身学习的良好基础和适应未来生活的必备技能，并从社会、经济、家庭及教育环境等方面来分析世界各国学生成绩产生差异的原因，从而为各国了解本国学生各科素养发展水平、改进自身的教育体制和教学方式提供一定的量化数据和参考指标。这两个国际性的有关数学教育的测评项目吸纳了众多国家参与，也受到全世界各国和地区的广泛关注，对诸多国家和地区数学教育的推进和发展产生了积极和重要的影响。

在我国，教育监测与评价这根指挥棒的重要作用同样得到越来越多的显现。学业质量监测在我国义务教育发展过程中发挥着诊断问题、分析原因、调整政策、提供科学依据等重要作用，是全面促进素质教育、保障教育公平的依据和前提。正所谓教育监测引领教育发展，即只有扭转不科学的、以传统知识与技能为取向的教育评价导向，建构以学科核心素养为指向的评价模式，才能克服诸多顽瘴痼疾，提高整体教育治理能力和教师教学水平，推动我国教育现代化的进程，真正办好人民满意的教育。科学有效、强化过程、融通中外而又具中国特色的教育评价是所有教育工作者与研究者的坚持与追求。

为了更好地落实我国义务教育阶段学生的学业监测与评价，国家出台了一系列的文件和措施：2003年，我国教育部专门设立了"建立中小学生学业质量测试分析和反馈指导系统"项目，每两年一次对二年级和八年级学生进行测评，用以监督我国基础教育质量；2007年，教育部基础教育质量监测中心正式成立，一支高水平的专家队伍对我国基础教育阶段学生全面实施学习质量、健康状况以及影响因素等方面的监测，以了解和科学评估全国义务教育质量总体水平，进而为教育决策提供信息、依据和建议；2010 年 7 月 29 日，中共中央政治局审议并通过的《国家中长期教育改革和发展规划纲要（2010—2020 年）》正式发布，明确提出要建立国家义务教育质量基本标准和监测制度①；2019 年，中共中央、国务院《关于深化教育教学改革全面提高义务教育质量的意见》强调，要健全质量评价监测体系，制定县域、学校和学生发展质量评价标准，并要求以发展素质教育为导向②；2020 年 10 月，中共中央、国务院印发的《深化新时代教育评价改革总体方案》再次强调，教育评价事关教育发展方向，要完善义务教育质量监测制度，加强监测结果应用，以促进义务教育优质均衡发展③。

虽然我国一贯以教育均衡与教育公平为教育实施战略，但由于我国幅员辽阔，各区域的经济、社会、文化和教育背景差异明显，地域之间、民族之间、城乡之间、学校之间的数学教育环境和教育质量仍然具有较大差异，促进教育公平仍然是一个艰巨而长远的任务。对学生的数学学习质量进行测评，了解学生的数学学习状况和数学素养的水平，能为数学教育政策的制定和决策起到指引作用，从而推动教育均衡，促进教育公平。

在核心素养培育的大背景和义务教育学科质量监测的导向下，小学生的数学素养测评模型研究得到广泛关注，小学生符号意识、数据素养、几何直观等测评模型已有相关成果④⑤⑥。作为义务教育阶段学生最重要、

---

① 国家中长期教育改革和发展规划纲要（2010—2020 年）[R]. 北京：人民出版社，2010.
② 中共中央、国务院. 关于深化教育教学改革全面提高义务教育质量的意见[N]. 人民日报，2019-07-09（1）.
③ 新华社. 深化新时代教育评价改革总体方案[EB\OL]. [2020-10-13]. http://www.gov.cn/zhengce/2020-10/13/content-5551032.htm.
④ 张和平. 小学生几何直观能力测评模型的构建研究[D]. 重庆：西南大学，2018.
⑤ 李化侠，辛涛，宋乃庆，等. 小学生统计思维测评模型构建[J]. 教育研究与实验，2018（2）：77-83.
⑥ 李艳琴，宋乃庆. 小学低段数学符号意识测评指标体系的初步建构[J]. 教育学报，2016，12（4）：23-28，38.

最基本的数学素养之一，小学生数学逻辑推理素养测评模型的构建能够为测量与评价提供理论依据和有力的工具。

1.1.3 小学生数学逻辑推理素养测评模型构建相关研究缺乏

无论是在学生数学学习过程中的公式推导、定理证明、习题演算，还是逻辑思维的发展、实际生活中与数学有关的实际问题的解决乃至科学的进步、社会的发展，数学逻辑推理均是不可或缺的重要环节与要素。可以说，它作为数学的核心能力与素养已成为国际共识，也得到了众多教育学、数学教育学和心理学研究者的关注。

2010年以来，关于数学逻辑推理、数学推理能力等相关研究成果的数量出现陡增，数学逻辑推理素养的内涵、构成与水平划分、教学现状与差异比较、教育价值、培养策略均成为研究热点。但是，从已有的文献来看，研究对象绝大部分集中在初、高中阶段，小学的较少[1]。这是由于"逻辑推理素养"的概念本身涉及哲学、数学、教育学、心理学等多个学科，尤其在指定的"小学"学段，到目前为止没有统一的定义，甚至其存在性都还受到质疑，研究困难较大，因此其测评研究更是处于零散的探索和质性研究阶段，还未有系统、成熟、可操作性的成果。

因此，厘清小学生逻辑推理素养的内涵、结构要素、表现形式，确定其测评指标体系、构建测评模型能够对小学生逻辑推理素养进行准确测量与评估。长远来看，它对学生数学素养的培育、小学数学培养方案的制定、数学教学改革以及全面推动我国素质教育均有着重要意义。

---

[1] 王志玲，王建磐. 中国数学逻辑推理研究的回顾与反思——基于"中国知网"文献的计量分析[J]. 数学教育学报，2018，27（4）：88-94.

1.2 研究意义

在我国素质教育大背景下，近年来，数学核心素养和测评模型构建成为数学教育领域的热门研究课题。小学生逻辑推理素养的测评模型构建对于国家义务教育阶段数学教育政策与培养方案的制定、对于小学一线教师课堂教学设计都具有一定的数据支撑和理论指导作用。因此，该研究可以说是国家有需要，教师有需求。

1.2.1 实践意义

小学生数学逻辑推理素养测评模型突破了传统的主观评价方法，能够用量化的指标刻画学生的逻辑推理素养水平，为全面而准确地评估小学生数学逻辑推理素养的水平提供了科学、可靠的工具与方法，便于学校与社会了解学生逻辑推理素养现状，实时诊断在教学过程中存在的问题，并及时提出应对措施，进一步为课堂教学实践、小学数学教材编写、数学逻辑推理素养培养方案的制定提供依据。因此，小学生数学逻辑推理素养测评模型的构建具有重要的实践意义。

1.2.2 现实意义

近年来，我国非常重视对义务教育阶段学生学业的质量监测。2019年，中共中央、国务院颁布的《关于深化教育教学改革全面提高义务教育质量的意见》强调，要健全质量评价监测体系和学生发展质量评价标准[1]；《国家中长期教育改革和发展规划纲要（2010—2020年）》[2]《深化新时代教育评价改革总体方案》等文件再次明确提出，要建立与完善国家义务教育质量基本标准和监测制度，加强监测结果应用，以促进义务

---

[1] 中共中央、国务院. 关于深化教育教学改革全面提高义务教育质量的意见[N]. 人民日报，2019-07-09（1）.
[2] 国家中长期教育改革和发展规划纲要（2010—2020年）[R]. 北京：人民出版社，2010.

教育优质均衡发展[①]。

在我国大力倡导学生学业质量监测和教育实证研究的大背景下，自《义务教育数学课程标准（2011年版）》尤其是《普通高中数学课程标准（2017年版）》实施以来，十个核心概念和六大数学核心素养的测量与评价受到学者的广泛关注，"符号意识""几何直观""数据分析观念"等学生数学素养已成为各学术团队的攻关研究方向，并形成了教育测评模型构建的系列研究成果。逻辑推理是核心概念及核心素养之一，也是公民的一项基本素养，更是一个人逻辑思维和创新思维形成与发展的基石。小学生数学逻辑推理素养的测评指标体系与测评模型研究不仅是对《义务教育数学课程标准（2011年版）》的进一步解读，也是顺应当前时代特点和形势需要的，符合我国全面推进素质教育、加强义务教育阶段学业质量监测的现实需求。

1.2.3 理论价值

本书的理论价值主要体现在以下两个方面：

首先，从数学教育和数学核心素养培育的视角，厘清了小学生逻辑推理素养的内涵与操作性定义，构建了测评模型。在以上过程中，本书结合了义务教育数学课程标准、PISA测试框架和已有的关于数学素养的相关文献，同时关注了数学研究领域诸多专家、小学数学一线教师和教研员的意见及建议，创新与丰富了小学生逻辑推理素养的内涵、操作性定义以及测评的理论研究，这对《义务教育数学课程标准（2011年版）》的解读是有益补充，能够一定程度上促进我国义务教育数学课程改革。

其次，综合运用了质性研究方法（如文献研究、专家咨询、专家访谈等）和量化研究方法（如探索性因素分析、验证性因素分析、结构方程模型、层次分析法等统计方法），构建并验证了小学生数学逻辑推理素养测评模型，进一步完善了教育测量模型的研究方法与思路，巩固了教

[①] 新华社. 深化新时代教育评价改革总体方案[EB\OL]. http://www.gov.cn/zhengce/2020-10/13/content-5551032.htm.

育测评模型构建的研究范式，为小学生逻辑推理素养的培养方案制定及其他学科素养的测评模型构建提供了理论参考。

1.3 核心概念

1.3.1 小学生

根据我国《义务教育数学课程标准（2011年版）》中对学段的划分，小学生是指在处于第一学段和第二学段（一至六年级）的学生[①]。

1.3.2 数学逻辑推理素养

"逻辑"是英文"logic"一词的音译，来源于古希腊语"Logos"，原意为思想、理性、言辞、规律性等。在现代汉语中，"逻辑"一词的含义很多，如它既可表示事物发展的某种规律（如"学校发展逻辑"），也可以表示在完成某一件事情过程中思维的规律或规则（如"做法不合逻辑"），还可以特指专门研究思维形式及其规律的科学（如"形式逻辑""数理逻辑"等），以及对事物或现象的某种特殊看法、立场或推理论证方法（如"荒谬逻辑""强盗逻辑"）等[②]。可见，在"逻辑推理"一词中，逻辑指思维的规律与规则。根据《外国哲学大辞典》，推理是指从一个或一组判断（前提）推出另一个或一组判断（结论）的思维形式，具体体现为判断（命题）之间的联系和推出关系[③]。

逻辑推理就是遵循一定的逻辑规则，从前提（命题或判断）到结论（命题或判断）的推理过程。而数学逻辑推理就是与数学内容联系着的逻辑推理形式，它比"逻辑推理"多了"数学"（内容）的要求，同时比"数

[①] 中华人民共和国教育部. 义务教育数学课程标准（2011年版）[M]. 北京：北京师范大学出版社，2012.
[②] 金炳华. 马克思主义哲学大辞典[Z]. 上海：上海辞书出版社，2003.
[③] 冯契，徐孝通. 外国哲学大辞典[M]. 上海：上海辞书出版社，2000.

学推理"又多了"逻辑"（形式）的要求，是基于数学知识、应用数学原理、遵循数学思想的逻辑推理过程。

在《现代汉语词典》中，"素养"即平日的修养，是人们通过后天的训练、实践与习得而养成的。从教育的角度，素养的内涵可表示为学生在教育过程中逐渐形成的某方面的知识、能力和态度等方面的综合表现[1]。可见，在知识和技能的基础上，"素养"更注重学生感悟、理解及在实际情境中应用知识技能的特质与品格。

综上，数学逻辑推理素养是指为将现实情境转化并表述为数学问题（情境维度），以数学概念、公理、定理或某种假设为前提（内容维度），按照逻辑规则及运算规律进行思考或运算，并得出正确结论（过程维度）的综合能力和品格。

1.3.3 测评模型

测评包含两方面的含义：一是测（Test），即测量；二是评（Evaluate），即评价。测量是指按照事先预定的构想、目的或规则，利用心理学、教育学、统计学、测量学等学科知识，对人或事物的某种属性与特征赋予一个数值从而进行量化的过程[2]，亦即用数学方法对事物的属性（如长度、重量、能力大小等）进行数量化的描述。而对于评价，冯平（1995）认为，评价是人们基于测量数据，确定人或事物属性所处水平或所具备的意义与价值，从而对其进行价值判断、趋势预测等判断行为[3]。测量与评价之间既有区别，又有联系，两者相辅相成，互为一体：测量是评价的基础和前提，是客观描述，属于定量分析，体现人或事物的量值；评价是测量的归宿和目的[4]，是主观判断，属于定性分析，体现人或事

---

[1] 林崇德. 21世纪学生发展核心素养研究[M]. 北京：北京师范大学出版社：2016.
[2] 吉尔伯特.萨克斯.教育和心理的测量与评价[M]. 王昌海，等译.南京：江苏教育出版社，2002.
[3] 冯平. 评价论[M]. 北京：东方出版社，1995.
[4] 裕群，亓名杰. 人力资源开发与管理概论[M]. 长沙：湖南师范大学出版社，2007.

物的价值。综合起来，测评就是人们按照某种规则，利用制定的某种工具，用数字对事物的某种属性进行量化赋值，从而进行判断、预测和分析的过程。

模型是为达到一定的目的，对客观事物、现象或过程去除掉与研究目的无关的因素后，将关注的那部分属性进行减缩、抽象、简化和提炼出来的原型的模仿物或替代物[①]。从构成形式上，模型可分为形象模型（物理模型）和抽象模型（如符号模型、数学模型等）两大类。其中，数学模型是用数学的语言和方法对实际问题进行抽象和简化，从定性或定量的角度来刻画实际问题，从而为解决现实问题提供精确的数据或可靠的指导。可见，小学生数学逻辑推理素养测评模型属于数学模型，即要用字母、数字及其他数学符号建立小学生数学逻辑推理素养与其各个指标之间数量规律的数学公式、图形或算法。

由概念演绎法可知，测评模型就是为了对事物进行判断、预测和分析，按照一定的规则，通过整合测评工具和测评方法，把事物特征进行定性或定量刻画、分析和抽象而得到的关于属性变量之间的关系或数学公式。

本书认为，小学生数学逻辑推理素养测评模型构建是指为了对小学生数学逻辑推理素养进行水平判断、预测和分析，应用测评工具和系列统计方法，按照数学教育理论和小学生数学逻辑推理素养的内涵及操作性定义，对其进行定性和定量刻画和分析，寻求小学生数学逻辑推理素养与其各个测评维度变量之间的理论构架以及数学关系表达式的过程。

---

① 姜启源，谢金星，叶俊. 数学模型[M]. 北京：高等教育出版社，2008.

第 2 章
数学逻辑推理模型研究的相关理论基础和文献综述

本书需根据小学生数学逻辑推理素养的内涵及操作性定义构建测评模型,而逻辑推理素养本身是非常重要的数学素养之一,因此有必要先对相关理论基础、国内外与数学逻辑推理、数学素养、测评模型构建以及小学生数学逻辑推理素养测评相关的研究成果进行分析和综述。只有通过对已有研究成果的整理、分析和反思,才能明确小学生逻辑推理素养测评模型构建研究中有待解决的问题,寻找研究空间与突破口,把握小学生逻辑推理素养测评模型构建的研究方法与思路。

2.1 数学逻辑推理的相关理论基础

2.1.1 认知发展理论

认知发展是指一个人认知事物和解决情境问题的时候表现出来的能力和思维方式随着年龄的增长而变化发展的过程。瑞士著名心理学家皮亚杰（Jean Piaget）将个体的认知发展分为4个阶段[1]：0~2岁为第一阶段（感知运动阶段），在此阶段的儿童主要通过手上或身体动作去探索和了解环境，具备客体永恒性感知，能够根据目标完成定向的行为；2~6岁为第二阶段（前运算阶段），此时儿童已经开始具备较为具体、表象和定势的思维，在一定程度上能够将动作符号化，如听到命令"拿一个苹果"时，能够作出准确判断并完成相关动作，但思维具有单一性、刻板性和不可逆向性；6至11或12岁为第三阶段（具体运算阶段），儿童能够在具体事物的支持下进行分类、排序和逻辑运算，形成量和数的守恒的概念，逐渐具备可逆性思维，从而进行简单推理活动；11或12岁以后为第四阶段（形式运算阶段），儿童思维逐渐成熟，能够脱离实物背景对数学符号、关键词、假设进行逻辑推理，抽象思维占主导。

从皮亚杰的认知发展阶段理论可知，儿童在11岁左右，已经具备一定的逻辑推理能力，能够运用逻辑思维对事物进行抽象思考和表述，这对本书中小学生数学逻辑推理素养的存在性和进一步测评的可操作性提供了理论依据。

2.1.2 SOLO分类评价理论

在皮亚杰认知发展理论的理念基础上，澳大利亚教育心理学家约

---

[1] （瑞士）让·皮亚杰. 智力心理学[M]. 严和来, 姜余, 译. 北京：商务印书馆，2015.

翰·比格斯（John Biggs）提出了以等级划分或者层次描述为主要特征的学生学业评价方法，也就是 SOLO 分类评价法。比格斯的 SOLO 分类评价理论包括两部分内容：一方面，虽然一个人的总体认知结构是不可测的，但他在回答某个问题时或解决某个具体问题时所表现出来的思维水平和思维结构是可测的，因此可以根据学生在回答或者解决问题时的表现划分他的思维发展水平；另一方面，对于具体的划分层次，可将学生在某个问题上的学习结果具体划分为 5 个水平，即从低到高分别为前结构、单点结构、多点结构、关联结构和抽象拓展结构[①]。具体表示的含义为：

（1）前结构层次（Prestructural）：学生基本无法理解和解决问题，答案凌乱而无逻辑、无论据。

（2）单点结构层次（Unistructural）：有部分解题思路，但不完整，仅凭单个线索或论据就直接得到（部分）结论。

（3）多点结构层次（Multistructural）：能够围绕所要解决的问题进行思考与探索，能够根据自己的知识储备找到多个相互孤立的线索或思路，但不能将这些线索整合与联系起来，不能形成知识网络去完整地解决问题。

（4）关联结构层次（Relational）：能够从众多的信息中搜寻到多个解决问题的办法，并能将其相互比较、关联和结合起来进行思考，能够较完整地解答相对复杂的题目或解决实际问题。

（5）抽象拓展结构层次（Extended Abstract）：能对实际问题进行抽象、概括甚至延伸，应用类比、归纳等方法，与相关领域内其他相似问题或背景相联系，使问题得以完全解决的同时，能够站在理论的高度，使问题解决的意义得以拓展。

皮亚杰认知发展理论表明了小学高段学生的数学逻辑推理素养的存在性，而 SOLO 分类评价理论不仅说明了小学生数学逻辑推理素养的可测性，还为小学生数学逻辑推理素养评价的水平划分提供了依据。

---

① BIGGS J, COLLIS K. 学习质量评价：SOLO 分类理论[M]. 高凌飚，张洪岩，译. 北京：人民教育出版社，2010.

2.1.3 教育目标分类理论

布鲁姆的教育目标分类理论是一种教育的分类方法，它将教育目标分为三大领域：认知领域、动作技能领域和情感领域[1]。每一领域对应于学习的不同层次，其中，认知领域按照从低到高的层次包括对知识的认识、领会、应用、分析、综合以及评价；动作技能领域包括定势动作、机械动作、适应和创新等层次，动作技能不仅强调具体动作的自动化，而且对动作中蕴含的"抽象规则"给予了更多关注[2]，心理学家埃德姆斯亦认为，"动作技能的学习不是一个低层次的活动，而是需经历认知阶段、联系阶段和自动化阶段方可形成的过程，它包含复杂思维活动的解决问题的过程"[3]；情感领域包括对知识相关活动的主动参与、积极反应以及产生较高的兴趣，以达到形成价值观念，继而形成组织价值观念系统甚至价值体系个性化等层次，这就需要学生在不同问题情境刺激下，摒弃无用或干扰信息，搜寻有用的信息，并将主体认知结构中已有的知识点与其产生关联，进而二者达成协调，即完成知识内化，最终形成价值体系[4]。

根据布鲁姆的教育目标分类理论，在我国"双基"（基础知识、基本技能）的基础之上，《国家基础教育课程改革纲要（试行）》为描述学生的学习行为变化而提出了描述课堂教学活动的三个功能性基本要求，即"三维目标"：知识和技能、过程与方法、情感态度价值观。三维目标将育人目标从知识的传授提高到对人的重视，从技能与技巧的掌握上升到对学生心理、精神上的关怀，凸显了人的本体意义，强调了积极向上的性格品质和科学的数学思维。

---

[1] 洛林·安德森. 布卢姆教育目标分类学（修订版）[M]. 北京：外语教学与研究出版社，2019.
[2] 王穗苹. 动作技能学习的迁移研究[J]. 华南师范大学学报（社会科学版），1997（6）：65-70.
[3] ADAMS J A. A closed-loop theory of motor Learning[J]. Journal of Motor Behavior, 1971(3): 111-149.
[4] 蔡笑岳，于龙. 问题解决心理学的研究模式及研究取向的演变[J]. 华南师范大学学报（社会科学版），2008（6）：103-109.

为了让核心素养能够真正落地并实施培育，颜士刚（2018）对沿用数十年的布鲁姆教育目标分类方法进行了认识论角度的审思，并以皮亚杰发生认识论为依据，从认识论、心理学、教育学三种视角分别阐释与核心素养贯通的教育目标分类体系，提出了教育目标的"三层结构"模型，即基础知识、基本技能、问题解决与学科思维[①]。这里的"基础知识和基本技能"与三维目标中的"知识与技能"对应；"问题解决"从实践的角度强调学生应用知识和能力解决实际问题的能力，即"过程与方法"；"学科思维"是指在认知的基础上，即抽象、形式化知识形成的基础上，加之时间的沉淀，由基础知识和基本技能奠基的学生良好的内在学科"情感、态度和价值观"，体现了核心素养的价值取向。

综上，以布鲁姆教育目标分类理论为基础，我国课堂教学活动的三维目标以及教育目标"三层结构"模型等均给出了学生数学核心素养的层次性目标，小学生数学逻辑推理素养为数学核心素养之一，其测评维度划分也理应以此为理论依据。

2.1.4 经典测量理论（CTT）

经典测量理论（Classical Test Theory，CTT）于1904年由斯皮尔曼（Spearman）首次提出，它是最早实现教育现象数学形式化、以真分数理论为核心的测量理论与方法体系。真分数理论指被试的某种特质（如某种能力、素养、技能等）在测量过程中由于会产生误差，其观测值 X 并不等于其真实值 T，二者具有关系

$$X = T + E$$

其中，真分数 T 是被试在某方面的真实分数，可理解为参与者多次测试后所得到的测试值平均数，误差是指观测分数减去真分数后剩下的部分。经典测量理论构建的统计建模关注测量结果与真分数的一致性，即测量

[①] 颜士刚，冯友梅，李艺. 聚焦核心素养的教育目标分类体系构建——兼论"三层结构"模型的生成逻辑[J]. 中国电化教育，2018（10）：49-54，106.

信度，本质上来说就是计算两个平行的测量工具之间的相关性。

可见，经典测量理论就是基于一定的假设将被试的真实值从观测值中分离出来。因此有两个重要推论：第一，真实值与观测值的数学期望（均值）相等，即 $T = E(X)$；第二，观测分数的变异系数（方差）等于真实值的变异系数（方差）与误差的变异系数（方差）之和，即

$$s^2(X) = s^2(T) + s^2(\varepsilon) \qquad (1\text{-}1)$$

从而可定义信度为真实值方差与实测数据方差的比值，即 $r_X = s^2(T)/s^2(X)$。式（1-1）表明假设了真实值与误差之间的相互独立性。经典测量理论虽有诸多不足，但它以弱假设为基础、概念直观、计算简便、实用性强，容易于大众理解，因此理论得到迅速发展。在此真分数理论假设基础之上，经典测量理论构建了包括信度、效度、常模、项目分析等诸多概念以及估计统计量的一系列方法[1]，从而逐步形成一套完整而成熟的测评体系[2]，成为目前使用较多的心理与教学测量理论之一。

本书中，小学生数学逻辑推理素养测试工具的研发是基于经典测量理论的，在相关的假设下计算了测试工具的信度、效度、区分度等指标，是测量工具质量检验的重要环节。

2.2 数学逻辑推理的相关研究

本章试图对与数学逻辑推理相关的研究成果进行系统梳理，但由于逻辑推理的近义词非常多，如推理能力、演绎推理、推理素养等，再加上逻辑推理本身具有数学和逻辑学的双重特性，关于"逻辑推理"的研究已经远远超出数学和哲学的范畴，它不仅是数学教育领域的研究热点，

---

[1] 朱德全，宋乃庆. 教育统计与测评技术[M]. 重庆：西南师范大学出版社，1998，7.

[2] 马江山，秦霞. 两种测量理论（CTT 和 IRT）的分析与比较[J]. 上饶师范学院学报（自然科学版），2005，25（3）：25-30.

第 2 章 数学逻辑推理模型研究的相关理论基础和文献综述

而且在计算机、物理、化学等自然学科，甚至在英语、语文等语言学科中都得以广泛研究[1][2][3]。在很多文献中，如果前文已经告知了某学科背景，则后文往往简称为"逻辑推理"。所以，在本节进行文献检索、整理和分析研究时，不仅仅以"数学逻辑推理"为关键词进行精确查找，而是将所有近义词相关的文献纳入搜索的范围，再用排除法将不符合本书主题的文献剔除，然后从数学和数学教育的角度剖析有关数学逻辑推理的研究现状及存在的不足，进而展望数学逻辑推理的未来研究方向，以期为该领域进一步的理论研究以及测量与评价等实践探索提供理论参考，也为本书中小学生数学逻辑推理的测评模型构建奠定基础。

2.2.1 内涵与价值研究

2.2.1.1 内涵研究

对于"逻辑推理"一词的理解，可谓仁者见仁，智者见智，并没有统一的定义。在很多文献中，逻辑推理、推理能力、数学推理、演绎推理等词甚至被等同地混淆交叉使用，如周雪兵（2017）在关于初中学生逻辑推理发展状况的某调查研究中，就将推理能力、逻辑思维能力、数学推理等名称统一用逻辑推理来进行描述[4]；王志玲（2018）在对中国数学逻辑推理研究的文献计量分析中也将数学推理、数学逻辑推理、数学推理与论证等相似概念统称为"数学逻辑推理"或"逻辑推理"[5]。

---

[1] 梁瑶臻. 基于逻辑推理能力的高中英语情景喜剧欣赏选修课实践[J]. 英语教师，2018，18（17）：43-47.
[2] 唐戬. 论语文教学中的逻辑推理[C]. 中国逻辑学会应用逻辑专业委员会. 2010 年全国应用逻辑研讨会会议论文集. 中国逻辑学会应用逻辑专业委员会：燕山大学文法学院，2010：90-95.
[3] 薛培山. 逻辑推理与平行文本对医疗器械翻译的助益[J]. 英语广场，2018（1）：16-17.
[4] 周雪兵. 基于质量监测的初中学生逻辑推理发展状况的调查研究[J]. 数学教育学报，2017，26（1）：16-18.
[5] 王志玲，王建磐. 中国数学逻辑推理研究的回顾与反思——基于"中国知网"文献的计量分析[J]. 数学教育学报，2018，27（4）：88-94.

所以，在整理文献时，也会把相关研究纳入在内进行分析。事实上，这些词虽然意思相近，也都反映出数学推理的共性，但其内涵之间尚存差异。因此，对逻辑推理概念及含义的相关研究进行整理和明确，是进一步认识和理解逻辑推理的内涵的必要途径。

1. 数学课程标准中逻辑推理内容的设置与变迁

1963 年，在苏联数学教育体系影响之下，标志着我国数学教育体系初步形成的《全日制中学数学教学大纲（草案）》得以颁布，提出学生数学学习过程中"三大能力"的培养目标（计算能力、逻辑推理能力和空间想象能力）[1]。该大纲虽首次提出将"逻辑推理能力"作为中学数学培养目标，但在文中未对其内涵进行界定。

1992 年，原国家教育委员会颁布了《九年义务教育全日制初级中学数学教学大纲（试用）》，在"教学目的"专栏中明确要求"发展逻辑思维能力和空间观念"，并对"逻辑思维能力"的含义给予了界定："逐步培养学生会观察、分析、综合、比较、抽象和概括；能够运用归纳、演绎和类比的方法进行推理；逐步做到简明地阐述自己的思想和观点；注意培养良好的思维品质"[2]。

2000 年，教育部颁布了《九年义务教育全日制初级中学数学教学大纲（试用修订版）》，在"教学目的"部分中，将 1992 年试用版中的表述"逻辑思维能力"换成了"思维能力"，将其操作性定义更为细化和具体化，并提出了"猜想"这一思维过程："会观察、比较、猜想、分析、综合、抽象和概括；会用归纳、演绎和类比进行推理；会合乎逻辑地、准确阐述自己的思想和观点；会运用数学概念、原理、思想和方法辨明数学关系"[3]。

2001 年，《全日制义务教育数学课程标准（实验稿）》正式出版发行。

---

[1] 中华人民共和国教育部. 全日制中学数学教学大纲（草案）[M]. 北京：人民教育出版社，1963.

[2] 中华人民共和国国家教育委员会. 九年义务教育全日制初级中学数学教学大纲（试用）[M]. 北京：人民教育出版社，1992.

[3] 中华人民共和国教育部. 九年义务教育全日制初级中学数学教学大纲（试用修订版）[M]. 北京：人民教育出版社，2000.

第 2 章 数学逻辑推理模型研究的相关理论基础和文献综述

"推理能力"作为六个学生能力的核心概念首次被单独提出,主要表现在:能通过观察、实验、归纳、类比等获得数学猜想,并进一步寻找证据、给出证明或举出反例;能清晰、有条理地表达自己的思考过程,做到言之有理、落笔有据;在与他人交流的过程中,能运用数学语言合乎逻辑地进行讨论和质疑[①]。可见,与 2000 年教学大纲相比较,该课程标准更加强调了对数学交流推理能力的要求。

2012 年,《义务教育数学课程标准(2011 年版)》正式颁布,对学生提出了十大核心概念的要求,推理能力是其中之一。根据该课标对推理能力的具体阐释,将其分为合情推理和演绎推理两部分。虽然在该标准中未明确提出逻辑推理,但其中演绎推理内涵阐述为:"从已有的事实(公理、定理)和确定的规则(运算的定义、法则、顺序等)出发,按照逻辑推理的法则证明和计算"[②],亦即将逻辑推理等同于演绎推理的范畴。

2018 年,《普通高中数学课程标准(2017 年版)》明确提出包括逻辑推理在内的六大数学核心素养,将逻辑推理放在了数学素养中显著而核心的位置,并定义逻辑推理为"从一些事实和命题出发,依据规则推出其他命题的素养"。其主要包括两类:一类是从特殊到一般的推理(主要有归纳、类比);另一类是从一般到特殊的推理,推理形式主要为演绎[③]。该标准将逻辑推理从能力的要求上升到素养的要求。

可见,在我国数学课程标准的历次修订中,数学逻辑推理能力一直是学生发展的重要指标,但从它的名称到内涵,都有细微的变化,并且呈现出从重逻辑(证明)到兼顾合情(猜想)推理,从重知识技能到发展学生素养的整体趋势。

---

① 中华人民共和国教育部.全日制义务教育数学课程标准(实验稿)[M].北京:北京师范大学出版社,2001.
② 中华人民共和国教育部.义务教育数学课程标准(2011 年版)[M].北京:北京师范大学出版社,2012.
③ 刘晓静.藏族地区高中生逻辑推理素养水平现状调查研究[D].兰州:西北师范大学,2020.

2. 文献中关于数学逻辑推理内涵的研究

由于逻辑推理是数学学习中的重点，也是难点，所以它一直受到数学教育领域的关注。随着新一轮课程改革，新数学课程标准的颁布实施促进和推动了学者们对数学逻辑推理素养的研究。但是，由于逻辑推理概念本身具有极度抽象性和复杂性，例如，数学推理有时特指公理化推理、逻辑演绎或者某种形式推断的数学方法，有时又可表示混合了分析与直觉的心理过程，又或者是涉及运算、推断与证明的数量与几何方法，其中既包含严格证明的部分，又包含联想、猜测的部分。可见，逻辑推理的内涵具有极大的模糊性，而这种模糊性存在于所有的文献里[1]。目前，国内外相关文献关于逻辑推理内涵的研究还处于探索阶段，而在国外的文献中，以试验比较和培养策略相关研究居多，内涵研究较少。

关于（数学）逻辑推理的内涵，大概分为3种类型：

（1）按照逻辑的释义拆分阐述：现代汉语词典对逻辑释义为"思维的规律"。因此，孙宏安（2017）认为，逻辑推理就是合于思维规律的推理，也就是形式和结构正确的推理，数学概念、数学命题、数学证明的形式和结构均属于逻辑推理探讨的范畴[2]；胡学平等（2018）认为，一个推理可以被称作逻辑推理当且仅当该推理的形式或者结构是正确的[3]；类似地，张军翎（2007）认为，逻辑推理是一种合乎形式或结构的正确推理，属于思维的范畴，逻辑推理又称抽象思维或逻辑思维[4]；史宁中（2016）研究了什么样的数学推理过程（思维过程）是有逻辑的，并指出一个简单推理是逻辑推理当且仅当这个简单推理具有传递性（关系传递性和性质传递性）[5]。

---

[1] A. 斯梯恩，程靖.关于数学推理的20个问题[J].数学教学，2015（6）：1-4，53.
[2] 孙宏安.谈逻辑推理[J].中学数学教学参考，2017（25）：2-6.
[3] 胡学平，李院德.逻辑推理核心素养的内涵与培养[J].教师教育论坛，2018，31（8）：74-76.
[4] 张军翎.中小学生的逻辑推理能力、元认知与学业成绩的相关研究[D].上海：华东师范大学，2007.
[5] 史宁中.试论数学推理过程的逻辑性——兼论什么是有逻辑的推理[J].数学教育学报，2016，25（4）：1-16，46.

第2章 数学逻辑推理模型研究的相关理论基础和文献综述

（2）按照完成逻辑推理的行为过程定义内涵。姚建法等（2019）认为逻辑推理是把一个或几个具有逻辑结构的已知判断素材作为推理对象，运用与思维形式有关的逻辑法，遵守严格的推理规则，理智地作出恰当的判断或进行合乎逻辑的推定，从而得到一个未知结论[①]。从该定义可见，逻辑推理分为3个步骤：提取前提，作出推定或者判断，得出结论。

（3）从数学教育学、心理学、认识论等角度定义。国际学生评估项目 PISA 的数学测评框架中，数学推理都是重点考察的数学素养，PISA 2012 将数学推理定义为评估现实情况、选择解决策略、得出有逻辑的结论、制定和描述解决方案，以及应用方案来解决实际问题的过程[②]；吴大樑等在其著作"中学数学思维方法丛书"《逻辑与演绎》中详细叙述了数学与逻辑之间的关系，并认为数学中的逻辑思维是对数学知识、数学命题等历经从感性认识上升到理性认识后的一种间接、概括的反映过程[③]，感性认识主要是通过对事物表象的感知与直觉选择与取得材料，理性认识在于对所取材料应用数学概念、数学命题进行判断和推理；李金珠（2015）认为，逻辑推理能力是以敏锐的思考分析、快捷的反应迅速地掌握问题的核心，在最短时间内作出合理正确的选择[④]；徐斌艳认为，数学推理是指人们在自己所具备的知识体系下，利用数学条件，结合一定的数学知识、方法，对已有的数学命题进行推理，形成新的结论或得到某种判断的思维过程[⑤]。

可见，关于数学逻辑推理内涵的相关研究虽然比较多，但都比较宏观，而且表达模糊，判断或测评的可操作性不强。

[①] 姚建法，陈建伟. 小学数学逻辑推理教学的三类问题与应对[J]. 教学与管理，2019（29）：31-32.

[②] OECD.PISA 2012 assessment and analytical framework:mathematics, reading, science, problem solving and financial literacy[R]. Paris: OECD Publishing, 2013.

[③] 吴大樑，过伯祥. 逻辑与演绎[M]. 郑州：大象出版社，1999.

[④] 李金珠. 如何在数学课堂中培养学生逻辑推理能力[J]. 中小企业管理与科技（下旬刊），2015（1）：283-284.

[⑤] 徐斌艳. 数学学科核心能力研究[J]. 全球教育展望，2013，42（6）：71.

2.2.1.2 教育价值研究

逻辑思维是人们思维素质最重要的组成部分，逻辑推理能力是逻辑思维能力的核心，而数学逻辑推理能力的价值不仅仅体现在数学的学习中，它更是人们理性思维、智力、创造力发展的重要环节和主要标志，也是现代国际社会对公民素养的基本要求。关注个体逻辑推理能力对个体数学学习与成长具有重要意义，能使得学生在未来的教育教学活动中得到全面发展和提高。史宁中在接受数学教育热点问题的系列访谈中说道："数学推理使学生能够通过对已知条件进行推理从而预测结果，或者反过来，根据问题的结论去探究形成该结果的成因，这些探究的过程有利于发现新的数学结论，是形成学生创造能力的根本。数学推理的功能是多方面的，主要体现为思维训练、理解命题、解释说明、证实猜想、扩充知识等方面。"[①]综观日本、韩国、俄罗斯、新加坡以及欧美多国的数学课程标准，不难发现，数学逻辑推理能力的培养在这些国家的数学课程标准中均得到不同程度的重视。回顾我国数学课程标准中对数学推理目标要求的演化过程，无论是内隐还是外显，是宽泛还是聚焦，虽着重点有所不同，但整体上仍呈现出逐步强化和发展的态势。

关于数学逻辑推理在学生学业成绩以及人的发展中的价值得到了很多研究者的关注。马复（2015）在研究了数学推理内涵的基础上指出，历经数学逻辑推理的过程对培养学生的逻辑思维、理性思维、想象力、创新意识与创新能力都具有重要价值，而在小学阶段，这一教育价值主要体现在学生理解数学对象的确定性，在解题过程中明确数学前提与结论之间的相互联系，懂得在有充分的依据时才作出一个正确的判断，理解数学命题的证明需要起点，以及能够正确选用、掌握与领悟进行有效推理的若干方法等方面[②]。张军翎等（2008）论述了逻辑推理能力在人

---

① 王瑾，史宁中，史亮，等. 中小学数学中的归纳推理：教育价值、教材设计与教学实施——数学教育热点问题系列访谈之六[J]. 课程·教材·教法，2011，31（2）：58-63.

② 马复. 数学推理的内涵与价值[J]. 小学数学教育，2015（6）：3-6.

第 2 章　数学逻辑推理模型研究的相关理论基础和文献综述

的发展中的重要价值，主要体现为对于人的智力构成、学生创造力的发展、人的思维品质有深刻性的影响，还体现在人们进行思维严密的语言表达和社会交往等多个方面[1]。宁连华（2003）认为数学推理的功能与价值体现在思维训练、理解命题、证实猜想、解释说明、扩充知识等多个方面，其中思维训练和理解命题是最重要的两个方面，因为数学推理能严格化人的思维方式，能训练人们的心智，能增强人们认识与理解事物的敏锐性和渗透性，能启发人们遇到问题时能对问题的已知条件进行分解、选取、组合与解决[2]。徐斌艳（2001）从斯腾伯格对数学推理的过程入手，分析了数学逻辑推理在确认数学问题本质、对数学问题进行心理表征、表述解决问题的策略、策划数学问题的解决办法以及检验与评价问题解答过程等多方面的功能与价值[3]。更多的文献研究了逻辑推理的某一方面在学生后期学习中的价值，如 Gilligan 等（2017），赖颖慧等（2014）认为形象思维能力直接影响到儿童的数学学习能力[4][5]；Nikolov 和 Csapó（2018）研究了归纳推理对儿童语言学习及阅读理解的正相关关系[6]；Morsanyi，McCormack 和 O'Mahony（2018）论述了演绎推理能力对学生的数量表征及运算技能的重要影响[7]。

综上可见，数学逻辑推理在学生学习、人的逻辑思维形成与发展、作为公民进行社会活动与交流中都起到重要作用。同时，数学逻辑推理

---

[1] 张军翎，张潮. 逻辑推理能力在人的发展中的重要作用[J]. 文教资料，2008（8）：88-89.

[2] 宁连华. 数学推理的本质和功能及其能力培养[J]. 数学教育学报，2003，12（3）：42-45.

[3] 徐斌艳. 数学推理活动在数学教育中的意义[J]. 全球教育展望，2001（3）：39-43.

[4] GILLIGAN K A, FLOURI, E, FARRAN, E K. The contribution of spatial ability to mathematics achievement in middle childhood[J]. Journal of Experimental Child Psychology, 2017, 163: 107-125.

[5] 赖颖慧，朱小爽，黄大庆，等. 3-6 年级数学学习困难儿童与正常儿童空间能力的比较[J]. 心理与行为研究，2014，12（1）：36-44.

[6] NIKOLOV M, CSAPÓ B. The relationships between 8th graders' L1 and L2 reading skills, inductive reasoning and socio-economic status in early English and German as a foreign language programs[J]. System, 2018, 73: 48-57.

[7] MORSANYI K, MCCORMACK T, O'MAHONY E. The link between deductive reasoning and mathematics[J]. Thinking & Reasoning, 2018, 24(2): 234-257.

不仅跟学生数学素养的形成与发展，也跟其他学科的学习、思维的发展有着不可忽略的相关关系。而事实上，数学逻辑推理对整个社会发展、国家综合国力的提升都有促进与推动作用，其教育价值还有待进一步升华与挖掘。

2.2.2 教学现状研究

作为数学核心素养之一，数学逻辑推理的教学现状与发展水平相关研究成为迫切需要研究的课题。诸多学者围绕数学逻辑推理或数学推理能力进行了测量工具编制、发展"关键期"确定及地域、性别等的差异性研究，为诊断学生数学逻辑推理发展水平和教师数学教学提供了理论指导和参考。

2.2.2.1 发展"关键期"的研究

一个人的逻辑推理能力是由感性认识逐步向逻辑理性思维过渡的发展过程。在发展过程中，每个人由于生活、教育环境以及个体本身的智力差异性而呈现出不同的阶段，但是这个阶段也具有相对的稳定性。布朗等心理学家通过实验研究发现，儿童时期就已经出现了类比思维。事实上，小学数学一开始，唱主角的就是类比推理[1]，也就是说，此时儿童的逻辑推理能力已经进入发展期；林崇德认为，小学生的智力由具体形象到抽象逻辑的过渡，存在一个明显的"关键年龄"或者"转折期"[2]。至于这个产生质变的年龄到底是什么时候，国内外心理学、教育学工作者们很早就开始对此进行研究。

国外的相关研究有：Csapó（1997）对三至十一共计 2 400 多名学生的归纳推理能力的测验研究表明，三年级学生能够通过归纳、猜想、实

---

[1] 吴大梁，过伯祥. 逻辑与演绎[M]. 郑州：大象出版社，1999.
[2] 林崇德. 学习与发展——中小学生心理能力发展与培养[M]. 北京：北京教育出版社，1999.

第 2 章 数学逻辑推理模型研究的相关理论基础和文献综述

践等解决实际问题，即已经具备了一定的归纳推理能力[1]；而 Mandler（1998）的研究却显示，在用口头提问的方法考察范畴三段论问题时，许多 4～5 岁的儿童都能够成功回答[2]；认知心理学家皮亚杰认为，按照儿童思维发展的阶段水平划分标准，11～12 岁的学生已处于第四阶段，已具备了"假设—演绎"推理的能力[3]；Markovits（1989）的研究支持了皮亚杰的观点[4]；Zack（1997）认为五年级的学生已经能够进行论证并说服他的同学[5]；Lester（1975）的研究也表明四年级到六年级的学生能够有效地运用证明元素来证明一个数学猜想[6]。

近半个世纪以来，诸多国内的研究者也对儿童的抽象思维能力的发展作了详细研究。李丹等（1985）认为从学龄期开始，儿童就开始能从对事物的外部现象的认识逐渐过渡到对事物内部联系的认识，即拥有所谓抽象的、逻辑的思维[7]；曹传咏（1962）等在有控制的条件下用实验室测试的方法对小学高年级儿童逻辑思维进行了研究，说明 11 岁左右是一个比较显著的转变时期[8]；刘静和等（1965）认为小学高年级是儿童思维发展的一个质变时期，11 岁的儿童已经可以达到逻辑推理的较高级水平，即能够从事物特殊的、形象的情节中抽象剥离出反映它本质特征

---

[1] CSAPÓ B. The Development of inductive reasoning: cross-sectional assessments in an educational context[J]. International Journal of Behavioral Development, 1997(4): 147-153.

[2] MANDLER J M, MCDONOUGH L. Studies in Inductive Inference in Infancy[J]. Cognitive Psychology, 1998(1): 35-41.

[3] （瑞士）让·皮亚杰. 智力心理学[M]. 严和来，姜余，译. 北京：商务印书馆，2015.

[4] MARKOVITS H, SCHLEIFER M, FORTIER L. Development of elementary deductive reasoning in young children[J]. Developmental Psychology, 1989(5): 143-148.

[5] ZACK V. You have to prove us wrong: Proof at the elementary level. Proceedings of the 21st International Conference for the Psychology of Mathematics Education[C]. Lahti, University of Helsinki, 1997, 4: 291-298.

[6] LESTER F K. Developmental aspects of children's ability to understand mathematical proof[J]. Journal for Research in Mathematics Education, 1975, 6(1): 14-25.

[7] 李丹，张福娟，金瑜. 儿童演绎推理特点再探——假言推理[J]. 心理科学，1985（1）：4-10.

[8] 曹传咏. 皮亚杰关于儿童智慧发展的年龄阶段理论及其有关的方法学问题[J]. 心理学报，1962（2）：151-167.

的内容，而且四、五年级之间似乎有"跃进期"[1]；朱智贤（1982）认为中小学阶段的儿童和青少年思维发展表现出几个明显的质变，小学四年级是思维发展的飞跃期之一[2]；田中等（2007）研究发现，儿童推理能力认知成绩的快速提升期是 7 岁~7 岁 5 个月（初入学）[3]；张潮（2008）对跨越中小学五个年级的 674 名学生进行了测试，其研究结果显示：小学四年级是逻辑推理能力发展的一个值得关注的非常时期[4]；苏日娜等（2021）的调查研究也发现，6~15 岁儿童青少年的视知觉、空间能力和推理能力在 11 岁之前即已得到稳步发展，因此是抽象思维培养的敏感期[5]。

从文献研究可以看出，关于儿童逻辑推理能力发展的关键期争议较大。但一般认为，小学阶段学生逻辑推理发展的"关键期"在四、五年级，也有教育领域的实验报告指出，在适当的实验干预方案或者教育条件下，学生逻辑推理发展的关键年龄还可以提前到三年级[6]。

2.2.2.2 发展差异比较研究

逻辑推理发展的差异性研究旨在调查不同国家、不同地域、不同性别等具有不同特点的人群在逻辑推理发展过程中是否具有差异。如周静（2011）以 700 多名七至九年级不同学校的学生作为样本进行了测试，结果显示，初中生推理能力的发展水平随着学生年级的升高而上升，并且在年龄、性别、学校类型、教材版本等方面均存在显著性差异[7]；綦春霞等

---

[1] 刘静和，王宪钿，范存仁. 关于我国儿童思维发展年龄阶段和有关的几个问题[J]. 心理科学通讯，1965(1)：7-11，20.

[2] 朱智贤. 儿童发展心理学问题[M]. 北京：北京师范大学出版社，1982.

[3] 田中，戴洪萍. 4-7 岁儿童空间认知和推理能力的测试研究[J]. 数学教育学报，2007（4）：35-41.

[4] 张潮. 中小学生的逻辑推理能力与学业成绩的比较研究[J]. 教育研究与实验，2008（6）：64-67.

[5] 苏日娜，喻平. 中学生思维发展的心理学研究及其对数学教学的启示[J]. 教育研究与评论（中学教育教学），2021（3）：44-50.

[6] 郭玉峰，由岫. 澳大利亚数学课程的最新变化、特点及启示[J]. 课程·教材·教法，2012，32（3）：118-121.

[7] 周静. 初中生数学推理能力调查研究[D]. 沈阳：沈阳师范大学，2011.

第 2 章 数学逻辑推理模型研究的相关理论基础和文献综述

（2012）对中、英两国八年级学生在 PISA 2009 测试中的数学推理能力做了比较研究，结果表明：两国学生在概率推理、代数推理、几何推理方面表现水平递减，英国学生在概率推理上更胜一等，而中国学生在几何推理明显较优[①]，这与中国历来重视几何的证明教学是分不开的；王小宁（2013）研究表明，就小学生数学推理能力发展的总体情况而言，性别差异不明显，但在推理能力的各个维度上存在差异，如男生在合情推理方面的水平略高于女生，而与之相反，女生在演绎推理方面的水平却略高于男生[②]；王艳丽（2014）研究表明，在性别上高中生推理与证明能力存在显著差异，且男生推理与证明能力要高于女生[③]；周雪兵（2017）于 2016 年选取了学业质量监测测试卷中与逻辑推理相关的题目，并对江苏省中小学生进行了测验，对学生的测试卷面得分及水平分布做了城乡比较、不同地域比较、不同性质（公办与民办）学校比较以及不同性别比较，并对其水平分布做了统计和分析[④]；曾满馨（2019）同样对初中生的逻辑推理能力作了研究，虽从整体平均分上看，男生的分数略高于女生，但根据统计分析 t 检验结果，二者不存在显著差异，此外，男生与女生在对问题的解答思路以及用符号或语言进行表达的方式上有所不同[⑤]。

此外，数学推理能力的区域差异性分析多见于城乡之间，如王艳丽（2014）研究发现城市学校的学生推理能力要显著高于乡村学校学生[⑥]；但在周静（2011）的研究中，城乡学校学生的推理能力差异不显著[⑦]。

从上述研究可见，同样是不同性别或不同地域的差异性研究，却得到不同的结论。事实上，这亦属正常现象，因为受到太多因素的影响，

---

① 慕春霞，王瑞霖. 中英学生数学推理能力的差异分析：八年级学生的比较研究[J]. 上海教育科研，2012（6）：93-96.
② 王小宁. 小学生数学推理能力发展的研究[D]. 南京：南京师范大学，2013.
③ 王艳丽. 高中生"推理与证明"学习现状调查研究[D]. 济南：山东师范大学，2014.
④ 周雪兵. 基于质量监测的初中学生逻辑推理发展状况的调查研究[J]. 数学教育学报，2017，26（1）：16-18.
⑤ 曾满馨. 初中生数学逻辑推理能力的调查研究[D]. 南京：南京师范大学，2019.
⑥ 王艳丽. 高中生"推理与证明"学习现状调查研究[D]. 济南：山东师范大学，2014.
⑦ 周静. 初中生数学推理能力调查研究[D]. 沈阳：沈阳师范大学，2011.

不同的学校、不同的年龄阶段男女生之间的差异可能显著,也有可能不显著。但是从研究的方法看,差异性研究还不太成熟,尤其是测试题不够严谨和完善,相关研究还有待进一步系统和深入。

2.2.2.3 逻辑推理能力与学业成绩或其他能力的相关性研究

逻辑推理是重要的数学素养之一,因此,逻辑推理能力的高低与数学学业或其他数学能力之间是否具有一定的关系?具有何种关系?这也成为众多数学教育研究者感兴趣的课题。张军翎(2008)得出逻辑推理能力能够实现对学业成绩较高的预测性,并且发现,对于学业成绩处于不同层次的中小学生,逻辑推理能力差异较为明显:与优秀生相比,中等生的逻辑推理能力明显落后,而与中等生相比,学困生的逻辑推理能力也显著偏低[1]。也就是说,成绩越优秀的学生,其逻辑推理能力对学业成绩的影响越大;张潮(2008)的研究也表明逻辑推理能力与数学成绩显著相关,对中小学生的学业成绩具有较高的预测性[2];巩子坤等(2013)通过问卷对杭州城市学校以及城乡接合部学校的9~14岁儿童调查得知,演绎推理能力与概率认知之间存在显著的相关关系[3];徐芬,李春花(2015)对初中七至八年级的4 000余名学生的调查研究也显示推理能力直接对学业成绩产生正面影响[4];Greiff等(2015)研究发现,儿童12岁左右时的演绎推理能力可对15岁时问题解决情境中的知识获得和知识应用能力进行预测[5];端木彦等(2019)通过对某市高三157

---

[1] 张军翎. 中小学生的逻辑推理能力、元认知及注意力水平与学业成绩的比较[J]. 心理科学, 2008(3): 23-25.
[2] 张潮. 中小学生的逻辑推理能力与学业成绩的比较研究[J]. 教育研究与实验, 2008(6): 64-67.
[3] 巩子坤, 何卫国, 王海. 9~14岁儿童演绎推理认知与概率认知的相关性研究[J]. 杭州师范大学学报(自然科学版), 2013, 12(3): 274-277, 283.
[4] 徐芬, 李春花. 初中生认知能力对学业成就的影响[J]. 心理科学, 2015, 38(1): 11-18.
[5] GREIFF S, WÜSTENBERG S, GOETZ T, et al. A longitudinal study of higher-order thinking skills: working memory and fluid reasoning in childhood enhance complex problem solving in adolescence[J]. Frontiers in Psychology, 2015, 6.

名学生进行测试，采用相关分析、回归分析等统计方法对学生逻辑推理能力和数学学业成绩之间的相关关系进行分析和检验，结果发现学生的逻辑推理能力与学业成绩之间显著相关[1]；杨玉（2020）通过编制测试卷对初中生进行测试，发现逻辑推理能力和问题提出能力呈显著性正相关[2]；王小宁（2013）[3]，唐举（2019）等[4]的研究得到了类似的结论。

综上可以看到，数学逻辑推理能力与各个阶段学生的数学学业成绩之间均有着密切的关系，并对其起到预测作用。这些研究为通过培养数学逻辑推理能力来促进学生数学学业成绩的提升提供了实证依据。

2.2.3 构成、阶段与水平研究

2.2.3.1 构成研究

数学逻辑推理的构成是逻辑推理测评研究的理论基础依据，因此也受到数学教育领域内研究者们的关注。通过文献分析可知，按照逻辑推理结构要素的研究过程和结论，数学逻辑推理主要概括为以下3方面：

（1）将数学逻辑推理等同于演绎推理。在逻辑学中，推理是"由一个或一组命题（前提）推出另一个命题（结论）的思维形式"，而在推理的分类中，"逻辑推理是保持真值的推理"[5]，而对比演绎推理的内涵不难看出，该定义中的逻辑推理特指演绎推理。在数学领域中，很多研究者认同并传承了这一观点。例如，冯跃峰（1992）在研究中指出，数学推理是人们在数学思想观念系统作用下，由若干数学条件，结合数学知识方法形成对数学的某种判断的操作过程，它可以分成逻辑推理和合情

---

[1] 端木彦, 孔德鹏, 黄智华. 高三年级学生逻辑推理能力与数学学业成绩的关系研究[J]. 数学通报, 2019, 58（6）: 30-34, 38.
[2] 杨玉. 初中生数学逻辑推理能力和数学问题提出能力的关系[D]. 武汉: 华中师范大学, 2020.
[3] 王小宁. 小学生数学推理能力发展的研究[D]. 南京: 南京师范大学, 2013.
[4] 唐举, 黄智华. 高一年级学生逻辑推理能力与数学学业成绩关系研究[J]. 数学通报, 2019, 58（7）: 11-13, 66.
[5] 彭漪涟, 马钦荣. 逻辑学大辞典[M]. 上海: 上海辞书出版社, 2010.

推理[1]。由此可见，该研究将逻辑推理跟演绎推理等同看待。

（2）将数学逻辑推理分为演绎推理和合情推理。经过较长时间的认识转变，人们对数学推理的理解越来越深入与透彻，从其构成的划分基本上赞同这种观点：数学推理不能理解为纯粹分析与证明的、得到必真结论的推理，……，它在一定程度上存在着归纳的性质，而归纳、类比均具有创造的特性，从而不应将逻辑推理等同于演绎推理"三段论"，它始终保持着某种绝对严格的特征[2]。Reid（2001）将所有的说理都用证明（演绎）来描述[3]；20世纪末期，著名的匈牙利数学家、数学教育家G.波利亚的著作《数学与猜想》中，明确将数学推理概括为证明推理（即现在的演绎推理）与合情推理（包括类比推理与归纳推理）[4]；此后，诸多著述与研究均沿用了这个分类，如陈水平（1998）[5]、孙名符等（1998）[6]、程靖等（2016）[7]、史宁中（2016）[8]以及PISA测评框架中均沿用了这一分类，也就是将逻辑推理分为演绎推理、归纳推理和类比推理（或将归纳和演绎合称为合情推理），并认为，虽然演绎推理和合情推理在内涵以及得到结论的或然性方面截然不同，属于两种完全不同的推理方法，但二者却又相互补充，构成了一个完整的数学推理体系[9]，这也是目前使用最多的分类方法。可见，数学逻辑推理并不等同于类似于几何中严格证明的、纯演绎的逻辑推理，在数学活动或数学交流中包括猜想、观察、实验、联想、直观、类比、抽象等一切发现新结论的过

---

[1] 冯跃峰. 对数学教育若干问题的认识[J]. 数学教育学报，1992（1）：64-65.

[2] 彭加勒. 科学的价值[M]. 李醒民，译. 北京：光明日报出版社，1988.

[3] REID D, ZACK V. Aspects of teaching proving in upper elementary school[M]. New York: Routledge, 2001.

[4] G. 波利亚. 数学与猜想：数学中的归纳与类比（第一卷）[M]. 李心灿，等，译. 北京：科学出版社，2001.

[5] 陈水平. 合情推理在数学学习建构中的作用[J]. 数学教育学报，1998, 7（3）：47-49.

[6] 孙名符，蒙虎. 波利亚合情推理的成功与不足[J]. 数学教育学报，1998, 7（3）：43-46.

[7] 程靖，孙婷，鲍建生. 我国八年级学生数学推理论证能力的调查研究[J]. 课程·教材·教法，2016, 36（4）：18.

[8] 史宁中. 试论数学推理过程的逻辑性——兼论什么是有逻辑的推理[J]. 数学教育学报，2016, 25（4）：1-16, 46.

[9] 马复. 数学推理的内涵与价值[J]. 小学数学教育，2015（6）：3-6.

程均属于逻辑推理范畴，而且合情推理往往是创新性发现数学问题的重要手段，因此在数学教学活动中应十分关注学生合情推理能力的培养[1]。

（3）其他分类。除上述两种分类之外，国内外基于测评的目的或其他研究方法下关于数学逻辑推理的结构探索成果也较多。美国心理学家、数学教育家斯滕伯格根据对学生认知过程的实践调查和分析，认为数学推理的3个方面（分析性推理、创造性推理、实践性推理）同时起着重要作用，只是侧重点各有不同，分析性推理倾向于演绎式逻辑分析，主要用于严格的证明，从系列条件得到必真的结论；创造性推理倾向于通过猜想、归纳、类比，发现新的数学结论的活动过程；而实践性推理则强调应用性，即倾向于解决具体的问题，结合情境进行推断、策划，寻求解决问题的办法[2]；在Polya和Schoenfeld的问题解决相关理论基础之上，Lithner将数学推理分为模仿性推理和创造性推理两部分[3]，其中，模仿推理包括记忆推理（Memory Reasoning，MR）和规则推理（Regular Reasoning，RR）；Christou认为，归纳推理过程可分为相似（Similarity）推理、相异（Dissimilarity）推理与综合（Integration）推理3种，并给出了归纳推理的框架结构，如表2-1所示[4]。

表2-1 Christou关于归纳推理的结构

结构	属性水平	联系水平
相似	识别事物间的共同性质	识别数学关系
相异	识别不满足某种性质的个体	识别不满足某种关系的个体
综合	对两个或更多的性质进行判断	对两个或更多的关系进行判断

此外，近年来，有研究者用量化分析的方法探索逻辑推理的结构因素。刘兰英（2000）采用验证性因素分析方法，将小学生数学推理能力结构成

---

[1] 殷娴. 小学阶段数学推理目标实施综述[J]. 小学数学教育，2015（6）：7-9.
[2] STERNBERG R J. The nature of mathematical reasoning[J]. National Council of Teachers of Mathematics, 1999(1): 37-44.
[3] LITHNER J. A research framework for creative and imitative reasoning[J]. Educational Studies in Mathematics, 2008, 67(3): 255-276.
[4] CHRISTOU C. A framework of mathematics inductive reasoning[J]. Learning and Instruction, 2007, 17(1): 55-66.

分概括为可逆推理能力、类比递推能力、归纳推理能力、整分变换推理能力和演绎推理能力[1]；吴宏（2014）从问题解决过程的角度出发，将推理的结构要素从推理的有效性、清晰和条理性、灵活性、创造性、反省性5个层面进行了具体的分析[2]；严卿等（2018）在编制初中生逻辑推理能力测验时，通过探索性因素分析，对逻辑推理能力的因素进行修订，修订后的5个维度为简单推理、选言推理、命题演算、假言推理和合情推理[3]。

整体上来讲，关于数学逻辑推理结构的研究虽然理论与研究方法多样，但整体呈现出零碎状态。吴宏（2014）认为，我国还需完善对学生数学推理能力的评价指标和学习水平的研究，只有在结构清晰、可操作性强的评价标准的指导下，才能有效地将数学推理能力从内隐的心理活动外显化[4]。因此，在未来的研究中，数学逻辑推理结构还需要进行理论升华和将研究方法进一步科学化。

2.2.3.2 阶段与水平研究

逻辑推理能力的形成与发展有其自身的特点和规律，是一个连贯的逐步上升的缓慢过程。高质量的数学教育应以顺应学生的心理发展规律、日常经验和知识体系为前提，并关注不同年龄、不同阶段的学生在逻辑推理方面表现出来的层次，才能提高培养学生的逻辑推理能力的实效性。因此，为了更好地明确教学目标，需按学生的年龄与学段对其需达到的水平进行划分，其相关研究已得到诸多国家和学者的关注。

我国《义务教育数学课程标准（2011年版）》关于数学推理能力的要求体现在"数学思考"内容中，分3个学段分别提出了水平要求[5]：

---

[1] 刘兰英. 小学生数学推理能力结构的验证性因素分析[J]. 心理科学，2000，23（2）：227-229.
[2] 吴宏. 推理能力表现：要素、水平与评价指标[J]. 教育研究与实验，2014（1）：47.
[3] 严卿，黄友初，罗玉华，等. 初中生逻辑推理的测验研究[J]. 数学教育学报，2018，27（5）：25-32.
[4] 吴宏. 推理能力表现：要素、水平与评价指标[J]. 教育研究与实验，2014（1）：47-51.
[5] 中华人民共和国教育部. 义务数学课程标准（2011年版）[M]. 北京：北京师范大学出版社，2012.

第 2 章　数学逻辑推理模型研究的相关理论基础和文献综述

在第一学段（一至三年级），只要求学生能进行简单、独立的思考，提出一些简单的猜想，表达自己的想法，对推理形式并未提出具体的要求；第二学段（四至六年级）要求发展合情推理，能进行有条理的思考，并对思考过程和推理得到的结果进行较为清晰的交流和表达；第三学段（七至九年级）增加了对统计推断的明确要求，且要求学生能够通过归纳、总结、类比等合情推理探索数学结论，运用演绎推理进行严谨的证明，体会数学思想和思维方式。可见，该标准关于逻辑推理能力的要求随着学段的上升而呈现出从低到高的明显差异，但表述较为笼统、不具体。

在国外，英国国家数学课程标准将学生的数学逻辑推理能力发展按照不同的水平层次划分为 4 个关键阶段，并结合具体的数学教学内容对不同层次水平的推理能力进行了内涵阐述[1]；澳大利亚维多利亚州《课程与标准框架》同样对数学推理能力进行了由简单判断到解释、验证与调整、推断过程的一致性到精确性和适宜性、直观的数学情境问题到抽象的数学模型、简单的问题解决到数学方法的综合运用等 6 个水平的划分[2]。

此外，一些数学教育研究者也对此进行了深入的探讨。林崇德（1999）根据运算中推理结果的正确性、推理范围的广度、推理步骤的数量（简单推理还是多步推理）、推理的形式（直接还是间接），以及推理品质的抽象概括程度（重复过程还是创新性地获得本质结论），把小学生运算中的归纳推理能力划分为从低到高的 4 个水平：直接进行算术运算的归纳推理、具有简单文字梳理及运算的直接归纳推理、算术运算中的间接归纳推理以及包含初步代数式的间接归纳推理，同样，将演绎推理能力也从低到高划分为 4 个水平：根据简单数学原理与计算规律和法则进行的直接具体化的运算，运用一定数学简单原理与运算法则的包含字母与符号的运算，以某些算术原理、运算法则和既有公式作为大前提进行多步演绎推理，以初等代数中的定理或几何原理为大前提，进行多步

---

[1] 曹一鸣. 十三国数学课程标准评介[M]. 北京：北京师范大学出版社，2012.
[2] 丛立新，章燕. 澳大利亚课程标准[M]. 北京：人民教育出版社，2005.

演绎推理并得到正确的结论[1]；王瑾（2011）对 200 余名小学生进行了调查研究，将小学阶段归纳推理学习分为前归纳阶段、归纳推理的初级阶段、归纳推理的完善阶段和归纳推理的前演绎阶段 4 个水平[2]。

2.2.4 测量与评价研究

由于数学逻辑推理本身概念不统一，具有模糊性，因此在对学生进行测验时，逻辑推理、数学推理、推理能力并未得到清晰的区分，这里对已有的跟逻辑推理相关的测验研究工作进行笼统的阐述。Senk（1985）研究了美国中学生在几何证明过程中所表现出来的演绎推理能力情况[3]；Peressini 等（1999）构建了一个四步骤的框架，用于评价学生在解决自己熟悉的现实环境中的问题时表现出来的数学推理能力[4]；Hoyles 和 Küchemann（2002）考察了学生对假言命题的内涵认识、实际问题中的运用以及进行演绎证明的能力[5]；ENGLISH（2004）使用经典类比问题构造了类比推理测验，并在此基础上研究了类比推理和数学推理之间的关系[6]；张锋（2013）编制了应征青年数学推理能力测验，应用项目反应理论对各项目进行分析，并利用信息函数对各水平的能力误差进行估计，分别采用双参数 Logistic 模型、贝叶斯后验期望估计方法进行了项目参数估计[7]；严卿（2018）结合中学数学知识的特点，依据逻辑推理

---

[1] 林崇德. 学习与发展——中小学生心理能力发展与培养[M]. 北京：北京教育出版社，1999.
[2] 王瑾. 小学数学课程中归纳推理的理论与实践研究[D]. 长春：东北师范大学，2011.
[3] SENK S L. How well do students write geometry proofs[J]. Mathematics Teacher, 1985, 78(6): 448-456.
[4] PERESSINI D, WEBB N. Analyzing mathematical reasoning in students' responses across multiple performance assessment tasks [C] // STIFF L V, CURCIO F R. Developing mathematical reasoning in grade K-12. Reston VA, 1999: 156-174.
[5] HOYLES C, KÜCHEMANN D. Students' understandings of logical implication[J]. Educational Studies in Mathematics, 2002, 51(3): 193-223.
[6] ENGLISH L D. Mathematical and analogical reasoning of young learners [M]. Lawrence Erlbaum Associates, Mahwah NJ, 2004: 47-74.
[7] 张锋. 应用项目反应理论对中国应征青年数学推理能力测验的编制[D]. 西安：第四军医大学，2013.

能力框架编制了较好的结构效度和信度的测验题；褚滨楠（2019）[①]和武惠芬（2020）基于 SOLO 分类理论，从内容、过程、情境和情感态度价值观 4 个维度编制了高中生逻辑推理素养测试卷与调查问卷，并通过对测试卷进行实测，利用数据建立了高中生逻辑推理素养测评体系[②]，但维度之间的关系和权重并未得到更深入的研究。

从以上研究可以发现：首先，在数学教育领域的逻辑推理测验与评价相关研究中，关于具备较强操作性的测量与评价工具的详细编制过程研究较少，尤其专门针对小学阶段逻辑推理素养的测量与评价工具还未曾涉及。其次，在多数关于逻辑推理或数学推理能力水平的测量研究中，研究者均是用现成的测验量表，例如韦克斯勒量表、瑞文标准推理测验、斯坦福-比奈智力量表等。但是，这些量表不具有数学学科以及年龄的针对性，且测评范围是推理能力，而不集中于逻辑推理以及逻辑推理素养；即便编制了新的测评量表或者测试卷，但测试卷的科学性与信度、效度并未得到较好的实践验证，实证研究的样本量较少，研究方法较为单一，理论依据也不足。再次，数学逻辑推理的测评限于中学阶段，目前还未见有小学生数学逻辑推理素养测评的相关研究，且已有的测评研究止步于测评体系的构建，但没有形成最终的测评模型，这对于学生的质量评价贡献其实是有限的。

2.3 数学素养的相关研究

随着社会的现代化、信息化、网络化，社会对人才的要求从"能力"本位迅速向"素质""素养"发展。因此，"素养"成为 21 世纪人才培养的教育目标，受到世界各国教育者们的重视并被纳入教育改革与课程改

[①] 褚滨楠. 高中生逻辑推理核心素养的测量与评价[D]. 黄石：湖北师范大学，2019.
[②] 武慧芬. 高中生数学逻辑推理素养水平的测量与评价研究[D]. 南昌：江西师范大学，2020.

革的核心①。在《现代汉语词典》中,"素养"即平日的修养,是人们通过后天的训练、实践与习得而养成的,包括道德素养、人文素养、艺术素养、职业素养等诸多方面。自20世纪以来,经济合作与发展组织(OECD)、欧盟、美国、新加坡、俄罗斯及中国等国家或组织对(核心)素养内涵界定和测评框架的研究可谓风起云涌。由于数学在社会生活和科技领域有着不可替代的重要作用,数学素养已成为公民融入社会、从事各种社会工作、进行各种信息交流的必备素养之一。所以,数学学科素养研究逐渐成为国际数学教育研究、数学学业质量测量与评价、数学课程改革共同关注的热点。本文研究内容为小学生数学逻辑推理素养,它是小学阶段学生重要的数学素养之一。因此,必须首先了解目前国际数学教育领域对数学素养的研究概况。本节仅就数学素养(素质)的相关研究进行综述。目前,国内外有关学生数学素养的研究主要集中在内涵界定、教学与培养、测量与评价等方面。

2.3.1 内涵研究

在"新课改"的背景下,素质、素养及学科素养备受教育家和学者们关注。我国数学课程标准和数学教学大纲也将数学学习从知识与能力的掌握上升到素养的要求,如《义务教育数学课程标准(2011年版)》指出:"数学是人类文化的重要组成部分,数学素养是现代社会每一个公民应该具备的基本素养"②;《普通高中数学课程标准(实验稿)》在前言中指出,高中数学课程的总目标是"在获得数学基础知识和基本技能的基础上,使学生获得作为未来公民所必需的数学素养,理解数学概念的本质,理解数学问题解决的思想与方法,学会数学知识在实际问题中的应用,以满足个人发展与社会进步的需要"③,并在正文中11次提及"数学素养"一词。但素养到底是什么?什么是数学素养?怎样培养?现

---

① 林崇德. 21世纪学生发展核心素养研究[M]. 北京:北京师范大学出版社, 2016.
② 中华人民共和国教育部. 义务教育数学课程标准(2011年版)[M]. 北京:北京师范大学出版社, 2012.
③ 中华人民共和国教育部. 普通高中数学课程标准(实验稿)[M]. 北京:人民教育出版社, 2003.

第2章 数学逻辑推理模型研究的相关理论基础和文献综述

在并没有统一的说法[①]。只有明确其内涵及外延，我们才能有的放矢，将核心素养的培育真正落实到课程改革、数学教学和学生的发展中。对此，国内外数学教育专家、学者们从不同的视角对数学素养进行了阐释。

在英文单词中，与数学素养有关的术语主要有 Literacy、Numeracy、Numerate、Quantitative Literacy、Mathematical Literacy（或 Matheracy）等。何小亚（2015）罗列了13种国外关于数学素养具有代表性的内涵描述，如英国科克罗夫等报告（Cockcroft Peport）定义"Numerate"的内涵为"个体在日常生活运用数学知识与技能的能力，理解与欣赏数学符号和数学语言所包含数学信息的能力"[②]；经济合作与发展组织（OECD）在国际学生评价项目数学测试中认为，数学素养包括：数学思考与推理、数学论证、数学交流、数学建模、问题提出与解决、数学表征、符号化、工具与技术[③]；美国国家教育与科学委员会（National Council on Education and the Disciplines，NCED）认为数学素养包括文化欣赏、解释数据、逻辑思考、决策、情景中的数学等[④]；新西兰课程框架（The New Zealand Curriculum Framework）中的数学素养包括能够进行准确计算，能够熟练使用计算器和测量工具，能够识别、理解与分析数学方法所表达的信息，能够对数学信息进行逻辑推理，善于识别和使用数量、几何关系和代数式[⑤]；美国国家教育和科学委员会（NCED）的数学部分负责人伯纳德（L. Bernard）和斯蒂恩（L. A. Steen）将数学素养分为具有必备的数学知识、具备数感、较好的符号感、对数学体现出自信、欣赏数学文化、对数据进行分析和解释、进行逻辑思考、依据推理作出决

---

① 张奠宙. 数学教育研究导引[M]. 南京：江苏教育出版社，1998.
② NEIL L W A. The Essentials of Numeracy. Paper Prepare for New Zealand Association of Research in Education Conference [EB/OL]. (2008-06-17) http://www.nzcer.org.nz/system/files/10604.pdf.
③ OECD. The PISA 2003 assessment framework mathematics, reading, science and problem solving knowledge and skills[M]. Mathematical Literacy, 2003: 26-30.
④ STEEN L A. Mathematics and Democracy:The Case for Quantitative Literacy[J]. New Jersey: The Woodrow Wilson National Fellowship Foundation, 2001: 56.
⑤ NEIL L W A. The Essentials of Numeracy. Paper Prepare for New Zealand Association of Research in Education Conference [EB/OL]. (2008-06-17) http://www.nzcer.org.nz/system/files/10604.pdf.

定、从情景中提取出数学信息、掌握一定的实践技能等 10 个部分[1]。

国内，数学素养观也呈现出"知识""知识+能力"以及"多维度"等多种取向，仅关于"多维度"的数学素养要素的研究就达 20 个[2]。王庆南（1994）从社会需求的角度，认为数学素养是人们理解有关数学术语表达的信息所应具备的基本数学知识和能力，以及用数学思维进行思考，以满足日常生活对数学的需求的良好习惯[3]；蔺云（1998）从"内化"的视角认为数学素质是数学文化知识内化于个体的结果，包含数学情感意向素养、数学智能素养和个性心理素质 3 个方面[4]；孔企平（2001）最早对西方"Numeracy"相关理论进行研究，并指出数学素养的内涵包括逻辑思维、常规数学方法与数学运用[5]；郑强（2005）从数学素养表现形式的角度，将其分为数学知识与技能、数学思想方法、数学观与人文精神等要素[6]；孔凡哲等（2017）从中国学生发展的视角，认为数学核心素养中包含的关键能力包括运算能力、数学抽象能力、直观想象能力、数学推理能力、数学建模能力和数据分析观念[7]；林崇德（2016）从教育的角度，将数学素养的内涵定义为学生在数学教育过程中逐渐形成的数学知识、能力和态度等方面的综合表现[8]；何璇（2019）通过对美、英、澳大利亚、日本和新加坡五国的小学数学课程目标中构成要素进行分析，认为小学数学核心素养可以按照功能和情意两个方面来划分为 5 个组成要素，即功能素养（具体指推理能力、模型思想、表达交流

---

[1] BERNARD L, STEEN L A. Quantitative Literacy: Why Numeracy for School and Colleges[M]. Princeton, Nj: National Council on Education and Discipline, 2001.
[2] 何小亚. 学生"数学素养"指标的理论分析[J]. 数学教育学报，2015, 24(1): 13-20.
[3] 王庆南. 数学素质教育的实验设计——模式、心理导向教学法[J]. 课程·教材·教法，1994（9）: 28-30.
[4] 蔺云. "数学素质"探析[J]. 嘉应大学学报，1998（6）: 92-93.
[5] 孔企平. 西方数学教育中"numeracy"理论初探[J]. 全球教育展望，2001（4）: 56-59.
[6] 郑强. 数学素养与数学教学[J]. 山东教育学院学报，2005（5）: 1-3.
[7] 孔凡哲, 史宁中. 中国学生发展的数学核心素养概念界定及养成途径[J]. 教育科学研究，2017（6）: 5-11.
[8] 林崇德. 21 世纪学生发展核心素养研究[M]. 北京：北京师范大学出版社，2016.

和问题解决），情意素养（即为数学态度）[1]。可见，数学素养的内涵不再仅仅是数学知识与能力，而是包含数学意识、数学思想与方法、数学问题解决、数学交流、数学评价、数学欣赏等内容，任何与素养下定义的问题都离不开数学知识与情境。

可见，在知识和技能要求的基础之上，"数学素养"更注重学生感悟、理解在实际情境中应用数学知识与技能的特质。关于数学素养内涵的研究成果层出不穷，研究思路有数学教育、素质教育、社会需要、外在表现、文化价值等角度，但关于"什么是数学素养"的讨论一直没有形成共同的看法[2]。目前学者们关注较多的"多维度"数学素养观主要有 2 种：① 包括数学知识、数学能力和情感态度价值观[3]的数学素养，很好地体现了数学课程目标的要求；② PISA 测试框架中的数学素养观，即分为内容、过程和情境 3 个维度[4]，这一界定更注重数学素养的外在表现，有利于对数学素养的测试，具有较强的操作性。

2.3.2 教学与培养研究

学生的数学素养的形成是一个逐渐内化的漫长过程，数学在学生学习、科技创新乃至社会发展中的重要性使得数学教育者尤其关注数学素养的教学与培育。王庆南（1994）在阐述数学素养内涵的基础之上，认为要提升学生的数学素养，须重视开放题的教学以激发学生的发散思维、引导学生善于收集和积累数学信息、增强数学习题的问题性、多开展数学实践活动，重视对"街头数学"的吸收与加工并融入教学，努力提高学生运用现代信息技术的能力[5]；Kramarski 等（2006）针对以色列 86

---

[1] 何璇. 小学数学核心素养要素与内涵研究——基于美英等五国数学课程目标比较[J]. 数学教育学报，2019，28（5）：84-91.
[2] 康世刚. 数学素养的生成与教学[M]. 北京：教育科学出版社，2013.
[3] 何小亚. 学生"数学素养"指标的理论分析[J]. 数学教育学报，2015，24（1）：13-20.
[4] OECD. PISA 2012 assessment and analytical framework: mathematics, reading, science, problem solving and financial literacy[M/OL]. OECD Publishing. http://doi.org/10.1787/9789264190511-en.
[5] 王庆南. 数学素质教育的实验设计——模式、心理导向教学法[J]. 1994（9）：28-30.

名七年级学生设计了多种教学方案，用于研究网络学习和自我监控学习对数学素养形成的影响，其研究发现，面对面讨论的学生的数学素养高于没有面对面讨论的学生，对于是否有元认知导引的网络讨论学生的数学素养高低有类似的结果，而二者相比较，网络线上讨论和面对面讨论环境下学生数学素养并没有显著差异[1]，说明无论是哪种方式，相互讨论的学习均有利于学生数学素养的形成与发展；马萍（2007）基于 PISA 测试，认为新加坡数学教育特色对我国学生数学素养培育的启示在于：要丰富对"问题解决"概念的理解、要提高学生高水平思维能力、重视数学知识的获得过程中技能的培养、加强培养学生元认知能力以及数学素养评价形式要多样化[2]；姬梁飞（2019）基于 PISA 数学素养的测试分析框架，从 4 个维度探索了数学素养的培育路径：课程设计要从经验探索到科学论证、教学实践要从多元建构到领悟内省、评价体系要从诊断监测到跟踪指导、提升工程要从专项培训到跨界思维[3]。

从数学素养的内涵与功能来看，数学素养的培育最终是为了培养能适应社会、在真实情景中灵活使用数学知识与方法的合格公民，使其能够在现实生活中处理各种数学情景问题。目前的数学素养培育研究大多是根据数学课程标准、PISA 测试或者综合各种观点之后总结出来的数学素养内涵来制定的，也就是数学素养的内涵中包含什么，就在数学教学中教什么；或者学生缺什么，就培育什么，其研究思路并没有从根本上解决问题，因此还须提出切实可行、操作性好的教育教学策略。

2.3.3 测量与评价研究

在基于核心素养的数学教学中，测量与评价是衡量学生已学知识以

---

[1] KRAMARSKI B, MIZRACHI N. Online discussion and self-regulated learning:effects of instructional methods on mathematical literacy[J]. The Journal of Educational Research, 2006, 99(4): 218-230.
[2] 马萍. 以问题解决为核心，培养学生数学素养——新加坡数学教育特色及启示[J]. 中学数学杂志, 2007（5）：1-4.
[3] 姬梁飞. PISA 视野下的数学核心素养培育路径探究[J]. 教学与管理, 2019（24）：98-100.

第 2 章 数学逻辑推理模型研究的相关理论基础和文献综述

及制定未来培养方案的重要手段。对数学素养的关注旨在改变唯分数论、唯成绩论。史宁中（2017）指出，对学生数学核心素养的评价应该遵循 3 条评价原则：重点关注学生的思维品质原则、考查学生的思维过程的满意原则、不过分强调计算速度原则等，整体体现出重思考深度与过程、轻技巧与训练的思想[①]。

随着关注数学素养的国际项目在全世界范围内展开，国内外数学教育领域的专家、学者展开了对学生数学素养测量与评价的相关研究。其中，有的研究将数学素养作为一个整体进行测评，也有的学者将其按照结构要素拆分，只关注其中某一个要素；有测评方法或评价原则的研究，也有测评工具或测评模型的制定和构建，得到较多的成果，为学生数学素养水平的高低提供了理论依据和衡量的工具。

国际上影响最广泛的关于数学素养的测评有国际数学和科学教育成就趋势调查研究项目（TIMSS）、国际学生评价项目（PISA）和美国全国教育进步评价（National Assessment of Educational Progress，NAEP），这几个测评项目在工具研制、测试题目内容和评价方式等方面都具有一定的相似性：第一，测试的目的不仅仅注重知识，更关注学生认知能力即素养的发展；第二，在学生成绩的影响因素方面，均考虑了学生的家庭、学校、社会环境等多方面因素；第三，这些项目的测试框架经过了多次验证，测试工具与评价方法成熟；第四，测验成绩不仅限于分数的形式，而是按照等级或水平的方式；第五，它们均融合了现代测量学、教育学和心理学的相关理论，用于指导试题的编制。但也有差异：TIMSS 和 NAEP 重在考察学生对具体知识、概念和方法技能的掌握，而 PISA 更关注学生对情境问题的解决。以上 3 个测评项目均有值得中国学习、借鉴和运用的有益经验，不仅体现在学业测试题的编制与成绩的反馈，还应体现在数学课程设置与学生的学业评价等方面[②]。

[①] 史宁中. 学科核心素养的培养与教学——以数学学科核心素养的培养为例[J]. 中小学管理, 2017（1）: 35-37.

[②] 王娅婷, 毛秀珍. 数学素养的测量及评价[J]. 数学教育学报, 2017, 26（3）: 73-77.

除此之外，许多国家都建立和完善了本国的基础教育阶段学生学业测量与评价体系。例如，自1988年起，对英国7，11，14和16岁学生的国家课程所规定的各科目学习情况进行综合测试与评定；日本的"日本中小学生数学学力测验"和法国教育部评估司主办的"法国全国中小学诊断测验性数学评价"也运用于"数学素养"的测量和评价[①]；从2008年开始，澳大利亚推出全国性的评价项目（National Assessment Program，NAP），对中小学三、五、七和九年级的各学科情况进行全面测评[②]；为顺应时代发展趋势，在全球数学教育改革的浪潮下，中国基础教育对学生的培养要求也开始从"以知识为核心"向"素养本位"转化。2015年，中国教育部组织成立了国家义务教育质量监测体系，对义教育阶段的语文、数学、科学、体育、艺术、德育等学科中的相关素养以3年为周期轮流进行测评[③]。

此外，致力于教育研究的学者也积极展开了对学生数学素养测评方式的探索，相关成果主要分为3大类：

（1）直接借用国际已有的测评系统或借鉴其测试框架，重新编制题目对学生的数学素养进行施测和比较研究。

如卢光辉（2007）[④]，肖云霞（2014）[⑤]，盛秋玲（2014）[⑥]和李建美（2015）[⑦]等直接用现有测试题对我国学生进行数学素养的测量，杨燕等（2018）基于PISA 2012研制了测评框架，并编制数学素养测试题，

---

① 孔企平. 国际数学学习测评：聚焦数学素养的发展[J]. 全球教育展望，2011，40（11）：78-82.
② 占盛丽，文剑冰，朱小虎. 全球化背景下PISA在美国基础教育质量评估体系中的贡献[J]. 外国中小学教育，2010（5）：1-6.
③ 国务院教育督导委员会办公室.国家义务教育质量监测方案[EB/OL]. http://www.ec.js.edu.cn/art/2015/4/23/rt_10347_170979.html
④ 卢光辉. 八年级学生数学素养测量与评价研究[D]. 兰州：西北师范大学，2007.
⑤ 肖云霞. 基于PISA的高二学生数学素养的调查研究[D]. 南京：南京师范大学，2014.
⑥ 盛秋玲. 基于TIMSS 2011数学测验框架的小学数学试题研究——以上海市小学三、四年级为例[D]. 上海：上海师范大学，2014.
⑦ 李建美. 巍山县彝族八年级学生数学素养现状的调查研究[D]. 昆明：云南师范大学，2015.

对三万余名小学四年级学生进行实测。通过对测试分数进行分析发现：从知识方面看，学生在几何与图形、数据简单描述与分析领域掌握较好，而在变化与关系、数量方面比较欠缺；在过程方面，学生具有较好的数学表述能力，但综合运用能力较弱[1]。

（2）研究按照定义可测维度→构建测试指标→编制测试题→分析测验数据的思路，构建面向不同群体（如小学生、初中生、高中生、数学师范生等）的数学素养测评工具。

如刘喆（2012）在 PISA 测试中数学素养的数学知识、数学能力、数学情意维度基础之上，增加了数学教学技能维度，构建了数学师范生的数学素养测评框架，编制出"师范生数学素养调查问卷"，并进行了不同性别、年级、学校的数学师范生数学素养现状的差异比较[2]；王光明等（2016）首先从数学内容维度、现实情景维度与数学过程维度给出了高中生数学素养的操作性定义，然后构建测试框架，编制测试题，最后对学生的作答情况进行了水平划分[3]；彭艳贵等（2019）认为在数学核心素养的测评中，要以数学知识为基础，同时应该考察数学思维形式和数学应用能力，于是从数学知识的准确性、思考方向的正确性、应用方法的合理性和数学推理的有效性 4 个维度构建了关于核心素养的三维立体框架[4]。

（3）对数学中的某一方面素养进行测评研究。

数学素养是一个具有综合性的概念，其内涵和外延均因学段和年龄而异。因此，对于不同阶段的学生，数学课程标准对学生的数学素养也提出了不同的要求。如义务教育阶段应该注重发展学生的数感、数

---

[1] 杨燕，周东明. 小学四年级学生数学素养测评研究[J]. 教育研究与实验，2018（6）：64-68.
[2] 刘喆. 数学师范生数学素养现状的调查研究[J]. 数学教育学报，2012，21（5）：23-40.
[3] 王光明，张楠，周九诗. 高中生数学素养的操作[J]. 课程·教材·教法，2016（7）：50-55.
[4] 彭艳贵，徐伟. 高中生数学核心素养测评框架的理论分析[J]. 教育理论与实践，2019，39（23）：49-52.

学符号意识、几何直观能力、空间观念、数据分析观念、推理能力、运算能力、模型思想、应用意识与创新意识[1]；在高中阶段，数学课程标准更加明确地提出了要培养学生的六大核心素养，即数学抽象、数学运算、逻辑推理、数学建模、直观想象与数据分析[2]。正是由于数学素养的内容丰富，很多学者仅就其中某一方面的数学素养进行了细致的测评研究，如苏洪雨（2013）从6个维度构建了学生在几何学习方面的综合成就测评框架，分析了学生在几何背景、几何知识、几何能力、几何应用、几何文化和几何信念等方面各个层次的表现，建立了学生几何素养的评价模型[3]；李艳琴等（2016）从小学低段数学符号意识的内涵、表现形式与操作性定义入手，通过编制测试卷进行实证研究，构建了数学符号的抽象、识记和应用3个测评一级维度指标和对应的二级指标体系，并通过赋权构建了测评模型，为小学生数学符号意识的测评提供了参考指标[4]；张和平（2017）通过专家访谈、问卷调查等实证方法，探索了小学生几何直观能力的测评指标，在此基础之上构建了小学生几何直观能力与其测评指标之间的数学关系式，即小学生几何直观能力测评模型：$Y = 0.30X_1 + 0.35X_2 + 0.35X_3$，为小学生几何直观能力的测评提供了有效工具[5]。

数学素养的国际测评历史悠久，测评体系逐步完善，在许多国家得到应用和推广，评价方法也从传统经典测量理论（如研究基了于经典测量理论分析学生个体在数学素养水平的差异[6]）发展到项目反应理论，

---

[1] 中华人民共和国教育部. 义务教育数学课程标准（2011年版）[M]. 北京：北京师范大学出版社，2012.

[2] 中华人民共和国教育部. 普通高中数学课程标准（2017年版）[M]. 北京：人民教育出版社，2018.

[3] 苏洪雨. 学生几何素养评价的指标和模型设计[J]. 数学教育学报，2013，22（6）：85-89.

[4] 李艳琴，宋乃庆. 小学低段数学符号意识测评指标体系的初步构建[J]. 教育学报，2016，12（4）：23-28, 38.

[5] 张和平. 基于结构方程的几何直观能力测评模型构建[J]. 贵州师范大学学报(自然科学版)，2017，35（2）：104-108.

[6] 李建美. 巍山县彝族八年级学生数学素养现状的调查研究[D]. 昆明：云南师范大学，2015.

第 2 章 数学逻辑推理模型研究的相关理论基础和文献综述

如卢光辉（2007）运用三参数的 Logistic 模型分析了数学素养调查试卷的项目，并用 BILOG 对参数进行了估计[1]，再到多维项目反应理论，它实现了从单参数估计到同时估计被试多个能力维度的值的跨越，能够有效描述学生在某方面的潜在特质与其在测试过程中完成题目的程度之间的关系，并深入分析被试在每个测试项目与维度上的表现，进而实现认知诊断功能[2]。但是，各国都还缺乏一套适合于本国各学段学生、结构完整、科学易操作的数学素养测评体系。为了增强国家的综合竞争力，提高人才整体质量，中国也亟需建立一套能充分了解学生的数学知识、数学能力和数学思想的数学素养测评体系，以期为我国数学教育和国家数学课程改革提供依据。

从数学素养测量与评价相关研究的文献来看，数学素养的测量工具大部分都是直接选用现有的测量工具或者编译国外的测量工具，自己研究编制的较少。使用现有测量工具所带来的缺陷非常明显：不同国家具有文化差异，不同的学段学生的数学知识储备与思维发展也不尽相同，这些教育理念、课程体系、所处年龄的异同会导致直接借用的工具不具备年龄特点针对性，编译的工具也不能很好地反映中国学生的实情。因此，构建系统、科学、可靠的，符合中国国情的学生数学素养测评的框架体系刻不容缓[3]。此外，在小学阶段学生必备的数学素养中，几何直观、符号意识、数据观念的测评都已有相应的工具和模型，但目前专门针对数学抽象、逻辑推理、数学运算等素养的测评还鲜有文献涉及，亟待进一步的研究，以形成对小学生数学素养的整体测量与评价。

---

[1] 卢光辉. 八年级学生数学素养测量与评价研究[D]. 兰州：西北师范大学，2007.
[2] ZHANG B, STONE C A. Direct and indirect estimation of three-parameter compensatory multidimensional item response models[A]. San Diego, CA: Paper Presented at the Annual Meeting of the American Educational Research Association, San Diego, CA, 2004.
[3] 王娅婷，毛秀珍. 数学素养的测量及评价[J]. 数学教育学报，2017, 26（3）：73-77.

2.4 测评模型的相关研究

本书的主要问题是构建小学生数学逻辑推理素养的测评模型，根据模型的内涵定义，该测评模型是在对小学阶段学生的数学逻辑推理的特征进行定量刻画并抽象出来，用字母、数字及其他数学符号建立起来的理论结构和数学公式，因此是一个数学模型，其重点在于数学模型的构建过程及检验。本节将对数学模型及测评模型的有关研究成果进行综述，为小学生数学逻辑推理素养的测评模型构建研究提供思路和方法。

2.4.1 内涵及分类研究

2.4.1.1 内涵研究

数学模型的历史可以追溯到人类开始使用数字的时代，在中国，20世纪80～90年代以来，作为用数学解决实际问题的一个重要方法，数学建模的思想以不同的方式被引入大学、中学甚至小学的数学教育中[①]。事实上，当我们将物体的形状、大小、材质、颜色、用途等特性隐去，只用一个数学符号代表它的数量的时候，就是一次简单地建立数学模型。可以说，数学模型建立起了现实问题与数学工具之间的一座桥梁，它将现实中某些问题或现象进行简单化、理想化和抽象化后，用某个数学问题与之对应，通过进行数学的计算与深入分析，从而从定量的角度来刻画问题。对于数学模型的内涵定义，目前还没有统一、准确的说法。

在数学辞海中，数学模型被笼统地表述为"既可以是文字、图表、公式，也可是计算机程序或其他实体模型"[②]；贺建勋（1994）的著作中归纳了关于数学模型的若干种定义，如：数学模型是以数学图形、数学符号、数学表达式来代表现实情境中的真实系统及其组成部分之间的

---

① 王尚志. 数学建模在中国各学段的发展历程及展望[J]. 数学教育学报，2017, 26 (6): 8.
② 数学辞海编辑委员会. 数学辞海：第 3 卷[M]. 南京：东南大学出版社，2002.

第 2 章 数学逻辑推理模型研究的相关理论基础和文献综述

相互关系，以便使非数学问题和目标数学化、具体化和明确化，通过数学求解以获得最优解答；也有定义认为，数学模型是对客观实体的特征，尤其是某个或某些特定的、研究者多关注的属性以及这些属性变化规律的一种数学表示或定量抽象；有的甚至更加宽泛地认为，对现实现象或过程或其中某一部分的任何一种概念性描述都是一个模型等[1]；沈以淡（2003）认为，模型是为了刻画客观现实事物有关因素之间的关系而在它的某些特征与内在联系所做的一种抽象[2]；姜启源等（2011）从建模过程的角度将数学模型描述为：为了一个特定目的，将现实世界的一个特定对象按照其特有的内在规律，做出一些必要的简化假设后，运用适当的数学工具得到的一个数学结构[3]。

总地来说，数学模型的本质是根据不同的研究目的，用数学符号、数学图形、数学语言、数学公式、数学程序等对实际物体、现象或问题进行简化后，模拟抽象和刻画其本质属性，以用于从数学的角度解决实际问题、解释客观现象、预测事物发展规律或者提供最优策略。

2.4.1.2 分类研究

按照不同的标准，数学模型有不同的分类方法。贺建勋（1994）在《系统建模和数学模型》详细总结了模型的不同类型[4]，如表 2-2 所示。

表 2-2 数学模型的分类示例表

分类标准	所属数学模型名称
按客观事物表征	形象模型、符号模型、模拟模型
按时间变量是否连续	连续模型、离散模型
按变量特征	确定性模型、随机模型
按模型所属领域	经济学模型、教育测评模型、社会学模型、医学模型、生物模型等

---

[1] 贺建勋. 系统建模与数学模型[M]. 福州：福建科学出版社，1994.
[2] 沈以淡. 简明数学词典[M]. 北京：北京理工大学出版社，2003.
[3] 姜启源，谢金星，叶俊. 数学模型[M]. 4 版. 北京：高等教育出版社，2011.
[4] 贺建勋. 系统建模与数学模型[M]. 福州：福建科学出版社，1994.

续表

分类标准	所属数学模型名称
按建立模型的数学方法	几何模型、图论模型、微分方程模型、马氏链模型、统计模型等
按人们对事物发展的了解程度	白箱模型、灰箱模型、黑箱模型
按总体的分布形式是否已知	非参数模型、参数模型
按变量之间的关系	线性模型、非线性模型
按研究对象	人口模型、经济模型、交通模型、城市模型、机械模型等
按目的分类	决策模型、预测模型、功能模型、评估模型、测评模型、分析模型、优化模型、控制模型等
按功能分类	结构模型、概念模型、优化模型、状态模型、实验模型等
……	……

可见，数学模型的内涵表述与分类方式多样。本书中的小学生数学逻辑推理素养测评模型按目的分类属于测评模型，是为了对小学生的数学逻辑推理素养进行测量与评价；按变量之间的关系，它又是一个线性模型，因为在模型假设中，设定了小学生数学逻辑推理素养这个因变量与其测评指标之间呈线性关系；同时，该模型从使用的数学方法上分类又属于统计模型，因为它将用到统计学中的多种方法对模型进行构建和检验。

2.4.2 教育测评模型构建研究

为了对社会公众满意度、企业文化、教育质量、培训效果等进行科学的数字化测量，并在此基础之上给出客观的评价，构建一个行之有效的测评模型显得尤为重要。随着计算机的普及、各种统计软件的广泛使用以及数学与统计方法的不断改进，处理大规模、多样化、来源广、时效性强的各种实测数据变成可能，测量与评价也由以往主观、笼统的定性描述向较准确且能表达测量对象内部结构关系的定量刻画转变。

第 2 章 数学逻辑推理模型研究的相关理论基础和文献综述

近年来,测评模型的构建逐渐成为统计学、心理学、社会学、教育学、经济学和医学等多个学科和领域交叉应用研究的热点。从中国知网收录的关于"测评模型"的文献来看,它最开始出现较多的领域是企业,主要测评对象是公司人事考核、企业员工满意度、工厂产品竞争力等方面。教育领域模型构建的相关研究始于 20 世纪末,但构建测评模型的方法较为简单和粗糙,多数采用层次分析法(Analytic Hierarchy Process, AHP)、模糊综合评价法(Fuzzy Comprchensive Evaluation)与精确值测评法中的一种或者几种方法,并应用计算机编程实现计算。如李友宝(1988)应用模糊综合评价法与精确值测评法,从德育、智育、文体和能力 4 个维度,16 个指标构建了数学模型,对学生进行了综合测评[1];张汝梁等(1989)在以前的方法上加上了多元统计方法及计算机模式识别技术,提出了一些新的数学方法、计量模型理论和对教育质量进行分析测评的步骤,并进行了实测[2],这些系列研究逐渐形成了教育测量与评价模型的雏形。

随着 PISA、TIMSS 等国际测评项目的推广,以及我国基础教育质量监测体系的形成,义务教育阶段学生的综合素质、学科素养等都成为教育界高度关注的对象,相关测评模型研究可谓风起云涌。由于本书所属小学阶段,下面仅对义务教育阶段的测评模型构建研究进行综述。

蔡庆有等(2013)应用文献分析、问卷调查、专家访谈等方法,应用探索性因子分析等统计方法,从内容难度、习题难度和例题难度三个维度和其下属的 9 个二级指标,构建了小学数学教材难度的测评模型:$N = 0.30C + 0.36W + 0.34E$,并进行了模型有效性的验证[3];宋乃庆等(2015)首先给出了学生课业负担的操作性定义,编制了测量工具,进行

---

[1] 李友宝,刘兴育. 学生德智体能综合测评数学模型[J]. 云南大学学报(自然科学版),1988(3):197-203.
[2] 张汝梁,段宜武,张晋安,等. 电大教育测评的近代数学模型及软件包[J]. 中国电大教育,1989(12):35-39.
[3] 蔡庆有,邱孔秀,宋乃庆. 小学数学教材难度模型研究[J]. 教育学报,2013,9(5):97-105.

- 53 -

了大规模的抽样调查，并对调查问卷35个指标进行了探索性因素分析，得到学生课业负担的指标理论模型[①]；朱亚丽（2015）从义务教育资源配置与均衡发展的内涵定义入手，在文献梳理、专家访谈、问卷调查的基础上得到一系列评价指标，然后用统计方法进行筛选和重组，构建出义务教育均衡发展的测评模型：$Y = 0.28A_1 + 0.41A_2 + 0.31A_3$[②]；张和平（2017）通过问卷调查和因子分析等统计方法对小学生几何直观能力的测评指标进行了筛选与分析，最终得到线性测评模型：$Y = 0.3A + 0.3B + 0.4C$，为测评小学生几何直观能力提供了科学、有力的测评工具[③]；白雅娟等（2017）结合一线教学经验，运用成本-效益分析方法，从层次性、生活性、探索性和操作性4个方面对小学作业的有效性进行评价，利用德尔菲（Delphi）法和层次分析法确定了上述4个指标的权重分别为0.094，0.301，0.046，0.559，最后运用改进的TOPSIS方法构建了小学作业有效性评价模型[④]；李化侠等（2018）通过构建小学生统计思维测评指标、研制测评工具及计算指标权重，得到测评模型的线性表达式为$Y = 0.25X_1 + 0.35X_2 + 0.40X_3$，对数学教材中统计知识的内容安排及教师教学均具有启发意义[⑤]；宋乃庆等（2018）以操作性定义为切入点，从识、记、读、思、说、写六项指标构建了小学生阅读素养测评指标，并运用层次分析法对指标进行赋权和一致性检验，最终得到线性测评模型 $Y = 0.05×识+0.10×记+0.24×读+0.34×思+0.15×说+0.12×写$[⑥]；李健等（2020）以感知识别、审美表达、创新联结为一级维度，结合实证，用

---

① 宋乃庆，杨欣，王定华，等.学生课业负担测评模型的构建研究——以义务教育阶段学生为例[J].西南大学学报（社会科学版），2015，41（3）：75-81.

② 朱亚丽.义务教育资源配置均衡发展测评模型的构建研究[D].重庆：西南大学，2015.

③ 张和平.基于结构方程的几何直观能力测评模型构建[J].贵州师范大学学报（自然科学版），2017，35（2）：104-108.

④ 白雅娟，刘婧雯.小学作业布置有效性评价模型的构建与分析[J].教育测量与评价，2017（8）：41-45.

⑤ 李化侠，辛涛，宋乃庆，等.小学生统计思维测评模型构建[J].教育研究与实验，2018（2）：77-83.

⑥ 宋乃庆，罗士琰.学生阅读素养测评指标体系构建研究——以小学生为例[J].东北师大学报（哲学社会科学版），2018（4）：201-206.

统计方法对一、二级指标进行权重赋值，构建了具有科学性和可操作性的小学生美术表现素养测评模型[①]。

教育测评模型是将教育中某种现象的核心要素（测评指标体系）及其之间的关系进行结构化的定量描述，并对此作出价值判断。因此，测评模型的构建是监测与评估学生的学习效果、制定教学及方案、实施教育实践的重要支撑，测评的数据是我国教育发展和改革实施的指挥棒。

通过众多学者的潜心研究和方法上的不断改进，教育测评的构建模式已经逐步成熟，形成相对固定的研究范式，其主要步骤与方法为：首先，确定模型的意义和价值取向，明确测评对象的操作性定义；然后用因子分析等统计方法构建测评指标体系，并确定它的权重，从而得到模型表达式；最后在实践中对模型进行验证和修正[②]。当然，由于测评对象不一样，其内涵与操作性定义完全不同，测评指标体系自然迥异，所用的数学方法和统计方法也不完全相同，因此在貌似相似的模型构建过程中，所历经的每个环节仍然是全新的过程。

2.5 小学生逻辑推理素养测评模型构建的相关研究

随着教育测评模型构建成为教育质量监测与评价的研究热点，学生的学科素养测评模型构建已有丰硕的研究成果，而推理能力、逻辑推理素养作为学生重要的数学素养之一，也得到数学教育领域专家、学者的关注。通过对中国知网、万方数据知识服务平台、维普期刊网等主要论文期刊数据库进行关键词搜索，发现与"逻辑推理素养模型构建"相关的文献3篇：王宽明（2021）构建了高中生数学推理能力测评模型[③]，

[①] 李健，于泽元. 小学高段学生美术表现素养测评模型构建研究——以重庆、成都、拉萨西南三市为例[J]. 西藏大学学报（社会科学版），2020，35（1）：202-208.

[②] 范涌峰，宋乃庆. 大数据时代的教育测评模型及其范式构建[J]. 中国社会科学，2019（12）：139-155，202-203.

[③] 王宽明. 高中生数学推理能力测评模型的研究[D]. 贵阳：贵州师范大学，2021.

蔡天娇（2021）研究了物理演绎推理能力的测评模型[1]，胡爱斌（2020）从认知阶段、主要表征、结构模式、水平层次等4个维度构建了高中数学逻辑推理素养评价模型[2]。从国内现有研究成果来看，逻辑推理素养（能力）测评模型研究的对象仅限于高中和初中阶段，小学生数学逻辑推理素养的测评模型构建还未曾有学者进行尝试。而对于外文文献，以"Evaluation model of logical reasoning literacy"以及其近义词作为主题进行模糊搜索，出现的文献主要是逻辑推理（推理能力）的实验研究、案例研究和对比研究等，暂没有发现与"小学生逻辑推理素养测评模型构建"较为匹配的文献。

综上，小学生数学逻辑推理素养测评模型构建相关研究在国内外暂未发现既有成果，这对本书既是一个挑战，也是一个机遇。

2.6　文献评述

通过对逻辑推理、数学素养以及测评模型构建等与本书紧密相关的研究成果进行综合梳理、分析与思考，得到以下主要结论：

（1）数学逻辑推理素养在数学学科、在人的思维形成、在国家创新人才培养以及在社会发展中的重要作用得到数学教育、心理学等领域的广泛认可，尤其是在小学这个非常关键的"过渡期"，对数学逻辑推理素养进行科学有效的评估和培育的重要性不言而喻。

（2）学界对数学逻辑推理的内涵和外延认识不统一，研究主要集中在中学和大学阶段，小学阶段的研究较少，部分学者甚至对小学阶段逻辑推理素养的存在性都还存在质疑，因此亟待研究和厘清。

（3）通过对学生数学逻辑思维形成与发展过程的研究，大部分学者

---

[1] 蔡天娇. 初中生物理演绎推理能力模型建构与测评工具的开发研究[D]. 长春：东北师范大学，2021.
[2] 胡爱斌. 逻辑推理核心素养水平层次测评模型探索[J]. 中国数学教育（高中版），2020（1）：28-30，36.

认同小学四至五年级是学生的形象思维向抽象思维转变、逻辑理性思维形成与发展的一个转折期或者关键期，因此应该得到重点关注。

（4）数学逻辑推理进行测评的相关研究较少，有研究者仅以思辨的方法提出数学逻辑推理的测评模型，但缺乏数据和实证研究，即该模型只具有一定的理论意义，其普适性和可靠性并没有得到检验。

（5）小学阶段数学逻辑推理测评模型的构建研究几乎处于空白状态，主要原因在于小学阶段数学逻辑推理的内涵不确定，具有操作性的表现形式难以定义，使得测评工具研制、构建测评模型等相关研究具有很大的挑战。

通过对国内外相关研究成果综述和分析得出，致力于数学教育的专家学者们在数学逻辑推理的理论和实践方面已经得到了很多有影响力的成果，为后续小学生逻辑推理素养的测评模型构建研究提供了理论指导和方法借鉴。但整体来看，该课题在许多方面有待进一步研究：

首先，学界对逻辑推理的内涵认识不统一、不深入。已有研究在确定其内涵维度时大多是根据经验、套用数学课程标准或者照搬逻辑词典中阐释，给出的内涵定义笼统、抽象，没有建立完整的理论体系，也未结合学生的年龄阶段与学科特点。而事实上，各阶段学生的逻辑推理内涵与要求有所不同，各学科中逻辑推理的表现也有差异，目前还未见聚焦于小学阶段的数学逻辑推理内涵的相关研究，更缺乏具备外显性、可测性的操作性定义。内涵和操作性定义是进行实证研究的基础，如果内涵不清，操作性定义不明，则会导致实证研究缺乏有力的理论支撑，所有的实证研究结果将无意义。因此，厘清小学生数学逻辑推理素养的内涵，明确其操作性定义将是本书中测评模型构建的基础和关键步骤。

其次，小学生数学逻辑推理缺乏测试工具。由于进行有关小学生数学逻辑推理的实证调查研究需要有较为科学、客观的测试工具，而目前关于测试工具的相关研究较为欠缺，致使诸多数学逻辑推理水平划分、测评模型构建等研究大多仅停留在理论层面。在少部分的实证调查研究中，作者使用的是现成的推理能力测试卷，如瑞文标准推理测验等。它们虽然是比较经典的测试工具，但对学龄的针对性不强，小学生、中学生、大学生乃至所有人均可使用；同时，其测试题的背景往往与数学知识无关，故不够有学科针对性，不能体现数学的属性。因此，编制针对小学阶段逻辑推理素养的测试卷也是亟待攻克的一个难点。

最后，小学生数学逻辑推理素养测评模型构建还未见有研究。在当今世界各国对教育质量监测非常重视的大背景下，数学逻辑推理素养作为小学生非常重要的核心素养之一，其测量与评价成为诸多教育者关心的问题。但是，由于其内涵和操作性定义不明确，甚至由于小学阶段数学知识中几乎不涉及严谨的演绎证明，其存在性还受到部分学者的质疑，故测评指标体系和测评模型构建的难度非常大，这将是本研究将面临的巨大挑战。

第 3 章
数学逻辑推理模型的研究设计

根据本书要解决的小学生数学逻辑推理素养模型构建相关问题,本章将从研究问题与目标、研究重点与难点、研究对象与方法、研究思路与框架等方面进行阐述,以展示本书的整体设计构架。

3.1 研究问题与目标

3.1.1 研究问题

本书的目的是运用教育统计方法解决教育问题,即构建小学生数学逻辑推理素养的测评模型,按照一般教育测评模型构建的研究思路与步骤,将其分解为以下若干子问题:

(1)小学生数学逻辑推理素养是什么?其内涵及操作性定义是什么?

(2)如何确定小学生数学逻辑推理素养的测评框架和测评指标体系?

(3)如何编制科学、有效的小学生数学逻辑推理素养测评工具?

(4)如何运用教育统计方法构建小学生数学逻辑推理素养测评模型?如何对其进行可操作性和有效性验证?

3.1.2 研究目标

根据上述须解决的问题,制定如下阶段性目标:

(1)通过对文献中"数学素养""逻辑推理""测评模型构建"等相关关键词的分析研究以及相关专家咨询结果,结合小学这个特定的学段,厘清小学生数学逻辑推理素养的内涵、教育价值及其表现形式。

(2)结合小学生数学逻辑推理素养的内涵和课程改革目标、PISA测试框架、数学素养的要素等,探析其操作性定义和内涵测评维度,从理论上构建测评指标体系。

(3)根据一般测试卷的编制原则,研制小学生数学逻辑推理素养测评试卷,进行初试后进行修订,并作信度、效度、区分度和难度等测评工具质量检验,检验通过后用作正式测试。

(4)利用编制的测试卷对四年级学生进行大样本实测,并对所测得的数据进行探索性因素分析、验证性因素分析等统计分析,确定各个测评指标以及权重，运用结构方程模型方法构建小学生数学逻辑推理素养的测评模型。

（5）通过层次分析法和与学业成绩进行相关性检验，从主观与客观两方面对所构建的小学生数学逻辑推理素养测评模型作可操作性及有效性验证。

3.2 研究重点与难点

本书的重难点如下：

3.2.1 研究重点

根据主要研究内容及目标，研究重点主要在两方面：

（1）探析小学生数学逻辑推理素养的内涵及其表现形式是形成操作性定义，进而构建测评指标、编制测试卷乃至构建测评模型的基础，因此是本书的第一个重点；

（2）通过探索性因素分析（Exploratory Factor Analysis，EFA）等教育统计方法构建测评模型的框架是本书的主体内容，也是重点内容。

3.2.2 研究难点

由于小学阶段数学逻辑推理素养研究成果较少，目前还没有现成的测评工具，理论体系也不太成熟，所以测评工具是需要攻克的第一个难点；此外，测评模型的构建是重点，也是难点。

综上，本研究的难点有：

（1）小学生数学逻辑推理素养测评工具的研制。测评工具的编制涉及到试卷的整体设计、题型的规划、题目的选取、评分标准的设定等诸多内容，在目的性和科学性的基础之上，一方面要考虑到全面性，另一方面又要关注典型性。同时，测试卷还必须通过信、效度、难度、区分度等质量检验，因此，测评工具的编制也是本书的难点之一。

（2）小学生数学逻辑推理素养测评指标的萃取。测评指标是构建测评模型的骨架，其合理性将直接影响到模型的科学性。由于小学生数学逻辑推理素养涉及到很多方面，如何从诸多方面中保证尽量无遗漏地提取其主要因素作为测评指标也是本书的难点。

（3）小学生数学逻辑推理素养测评模型的构建。模型构建是本书的主体内容，涉及的研究难点有：数学模型类型的选择（选用何种回归模型？如何平衡模型的有效性与简易性？）、教育统计方法的选取[验证性因素分析（Confirmatory Factor Analysis，CFA）、多元回归分析、结构方程模型（Structural Equation Model，SEM）等]、模型的拟合度评价（模型拟合参数是否符合统计要求？）及模型修正（是否需要修正？如何修正？）、模型的验证（选用何种统计方法或角度验证模型的有效性与普适性？）等内容。

3.3 研究对象与方法

3.3.1 研究对象

无论是从知识的深度、广度，还是从数学思维和方法上，小学、初中、高中的逻辑推理素养均呈现明显递增趋势，在各个阶段，学生须具备的数学素养的内涵、表现形式和层次水平也有着显著区别。根据人们思维的形成过程与发展规律，随着年龄的增长，儿童学习数学、解决数学问题时由具体、形象思维为主导向抽象思维为主导转变。在小学一至三年级，学生所学的数学知识较少，以简单的数字计算和数学符号认识为主。大量的研究表明，四、五年级正好是学生从感性思维向理性思维转变的关键时期，也就是说，小学生思维发生转变的"关键期"或"过渡期"在四、五年级[1]-[6]。

因此，本书选取已经学完小学四年级所有课程的学生作为研究对象，通过测试构建测评模型。由于在对模型进行效度标准检验时须将其与学生四年级期末考试成绩进行对比，因此将测试时间定在四年级结束后的暑假期间。

3.3.2 研究方法

按照研究范式，本书运用的研究方法总体可分为两大类：第一类是质性研究方法，包括文献资料法与文本分析法，用于对多元化、多维度、多面向的文献资料进行综合与整理，对小学生数学逻辑推理素养的内涵、操作性定义、测评指标和测评框架进行分析，以此增强理论研究的信度；第二类是量化研究方法，主要包含专家咨询法、问卷调查法和系列教育统计分析方法，用于搜集、整理与分析数据，构建小学生数学逻辑推理素养的测评指标体系及测评模型，并对模型进行检验。具体地有以下几种：

（1）文献研究法：利用图书馆的中国知网、维普期刊网、万方数据库、Springer LINK、Web of Science 等网络资源，通过查询关键词，搜集、整理和分析国内外有关逻辑推理、数学逻辑推理、数学素养及测评模型构建等研究相关的著作、期刊文章、硕博士论文及其他电子和文本资料 500 余份，获取与本书相关的信息，进一步了解小学阶段逻辑推理

---

[1] 曹传咏. 皮亚杰关于儿童智慧发展的年龄阶段理论及其有关的方法学问题[J]. 心理学报，1962（2）：151-167.
[2] 刘静和，王宪钿，范存仁. 关于我国儿童思维发展年龄阶段和有关的几个问题[J]. 心理科学通讯，1965（1）：7-11, 20.
[3] 田中，戴洪萍. 4-7 岁儿童空间认知和推理能力的测试研究[J]. 数学教育学报，2007, 16（4）：35-41.
[4] 朱智贤. 儿童掌握让步连接词的年龄特点.儿童发展心理学问题[M]. 北京：北京师范大学出版社，1982.
[5] 张潮. 中小学生的逻辑推理能力与学业成绩的比较研究[J]. 教育研究与实验，2008（6）：64-67.
[6] 董奇，林崇德. 中国儿童青少年心理发育特征调查项目总报告[M]. 北京：科学出版社，2011.

素养测评的重要性与必要性。通过对已有的研究成果进行整理、总结、审视与反思，形成对小学生数学逻辑推理素养内涵和价值的进一步认识。

（2）文本分析法：结合文献资料、小学一年级至四年级数学教科书、教辅资料和《义务教育数学课程标准（2011版）》的文本分析，获得小学生数学逻辑推理素养的表现形式，并在此基础之上，初步构建小学生数学逻辑推理素养的操作性定义，初拟测评指标与测评框架。

（3）专家访谈法：通过面谈、网络或电话等形式，对国内数学教育学、数学哲学、教育心理学、统计学、测量与评价等相关学科或领域的专家、学者、数学教研员和小学一线数学教师进行访谈，获取他们对小学生数学逻辑推理素养的内涵、测评维度等相关研究内容认识的一手客观材料，在本书中起到理论指导作用。访谈内容主要分为两部分：一部分是关于小学生数学逻辑推理素养的内涵界定，数学教育专家从教育理论上审视，而一线数学教师则从教学实践、可操作性的角度给出建议；另一部分是关于小学生数学逻辑推理素养的测评工具即测试题的编制是否合理，即检测测试卷的内容效度。

（4）问卷调查法：专家访谈具有针对性和很高的权威性，但是对精力、财力、人力的要求较高，而问卷调查有着便捷、快速、数据易于处理等诸多优点。本书中问卷调查主要分为3部分：第一部分是在查阅文献和专家访谈的反馈和建议基础之上，制定针对数学教育领域内的专家、一线数学教师或者教研员等人群的调查问卷，目的在于客观、科学、准确地把握小学生数学逻辑推理素养的内涵，修订并最终确定测评指标体系和测评框架型；第二部分是在完成测量模型之后，编制小学生数学逻辑推理素养的测试卷，抽取小学生样本进行测试，其目的在于用测试结果对统计模型进行检验和修正；第三部分是在构建完成模型之后，编制专家调查问卷以检验模型是否与教育实践相符合，即对模型进行认同度调查。

（5）教育统计分析方法：本书旨在运用教育统计方法研究与解决教育中的问题，即构建小学生数学逻辑推理素养与其测评变量之间的数学表达式。过程中所用到的教育统计方法有：

① 德尔菲（Delphi）法：咨询和统计专家意见，通过SPSS、Excel

等统计分析软件，对调查问卷收集的数据进行整理和描述性统计分析，并基于经典测量理论（CTT）计算测试卷的信度、效度、区分度和难度等质量评价指标；

② 探索性因素分析（EFA）：在实测的基础之上，两次运用探索性因素分析（EFA）方法提取指标的公共因子，对初拟测评指标进行降维；

③ 验证性因素分析（CFA）：首先，通过一阶验证性因素分析（CFA）计算与验证指标的结构效度，由于潜在因子之间具有较大的相关性，故运用二阶验证性因素分析（CFA）构建测量模型，将因素负荷量作为权重，建立数学关系式，即测量模型；

④ 结构方程模型（SEM）：探索与分析 5 个潜在因素之间的因果关系，建立小学生数学逻辑推理素养的结构模型；

⑤ 层次分析法（AHP）：构建主观权重模型，并将其与构建的 SEM 进行配对样本 t 检验，以验证本书中模型的有效性；

⑥ 相关性检验方法：计算学生的学业成绩与模型计算所得综合评分的皮尔逊（Pearson）相关系数，以检验模型的普适性。

3.4 研究思路与框架

关于基础教育测评模型的构建，目前已有诸多专家、学者进行了研究，取得了丰硕的成果。如小学数学教科书难度测评模型[1]、学生课业负担测评模型[2]、义务教育资源配置均衡发展测评模型[3]、学校特色发展测评模型[4]、数学文化对小学生数学学习兴趣影响的测评模型[5]、小学生

---

[1] 蔡庆有．小学数学教科书难度测评模型研究[D]．重庆：西南大学，2014．
[2] 宋乃庆，杨欣，王定华，等．学生课业负担测评模型的构建研究——以义务教育阶段学生为例[J]．西南大学学报（社会科学版），2015，41（3）：75-81．
[3] 朱亚丽．义务教育资源配置均衡发展测评模型的构建研究[D]．重庆：西南大学，2015．
[4] 范涌峰，宋乃庆．学校特色发展测评模型构建研究[J]．华东师范大学学报（教育科学版），2018，36（2）：68-78，155-156．
[5] 付天贵．数学文化对小学生数学学习兴趣影响的测评模型构建研究[D]．重庆：西南大学，2020．

统计思维测评模型[1]、小学生几何直观能力测评模型[2]、小学高段学生美术表现素养测评模型[3]、初中生信息技术素养测评模型[4]等，这一系列教育测评模型构建研究为本书中小学生数学逻辑推理测评模型构建提供了思路及方法上的借鉴。按照范涌峰等（2019）提出的教育测评模型构建的一般范式和步骤[5]，本书将遵循"明确小学生逻辑推理素养测评模型构建的内涵、价值与意义→明晰其表现形式与操作性定义→筛选与确定测评指标→根据调查数据确定测评指标权重→构建测评模型→对模型进行修正与检验"的思路与步骤开展研究。

以上思路主要分为以下4个阶段：

第一阶段，构建研究框架。由于关于小学阶段学生数学逻辑推理素养的成果较少，其测量模型构建研究更为缺乏，故本书将对其他阶段逻辑推理的要素进行合理迁移、综合分析义务教育数学课程标准与小学数学教科书，在心理认知理论、分类学理论、测量理论等基础之上，明确小学生逻辑推理素养的内涵、测评模型构建的价值与意义并初拟操作性定义和基础分析框架。

第二阶段，遴选测评指标。在上一阶段初拟的框架基础上，对致力于中小学数学教育和逻辑推理等方面的专家及教研员进行深度访谈和面对面咨询，对原拟小学生数学逻辑推理素养内涵的指标进行合理增删和修改，再通过问卷对大量各个层次的小学数学教学一线教师进行认同度调查，通过定量数据对初拟的内涵指标进行统计分析，最终确定指标体系。

第三阶段，构建测评模型。根据研究对象和研究目标，在一定的模型假设下，结合小学生数学逻辑推理素养测试卷的实际调查数据，利用

---

[1] 李化侠，辛涛，宋乃庆，等.小学生统计思维测评模型构建[J].教育研究与实验，2018（2）：77-83.
[2] 张和平.小学生几何直观能力测评模型的构建研究[D].重庆：西南大学，2018.
[3] 李健，于泽元.小学高段学生美术表现素养测评模型构建研究——以重庆、成都、拉萨西南三市为例[J].西藏大学学报（社会科学版），2020，35（1）：202-208.
[4] 张辉蓉，杨欣，李美仪，等.初中生信息技术素养测评模型构建研究[J].中国电化教育，2017（9）：33-38.
[5] 范涌峰，宋乃庆.大数据时代的教育测评模型及其范式构建[J].中国社会科学，2019（12）：139-155，202-203.

- 66 -

系列统计方法和结构方程模型建模，配置出各个测评指标的权重，计算得出小学生数学逻辑推理素养与其一、二级测评指标之间的数学关系表达式，即测评模型。

第四阶段，对测评模型进行验证。模型要用于教育实践中，须事先对其可靠性、科学性以及适配性进行验证。本书将从统计学意义和教育学意义两方面进行验证：统计学意义的验证主要通过与学生期末测试分数进行相关性比较，若二者具有较强的相关性，则说明模型较为可靠；而教育意义上的验证则通过数学教育专家和一线教师的认同度调查问卷进行，利用层次分析法计算专家打分数据所得结果显示的指标权重，并将其与统计方法构建的模型进行对比和检验，以表明模型的适用性和科学性。

研究的整体思路及流程如图 3-1 所示。

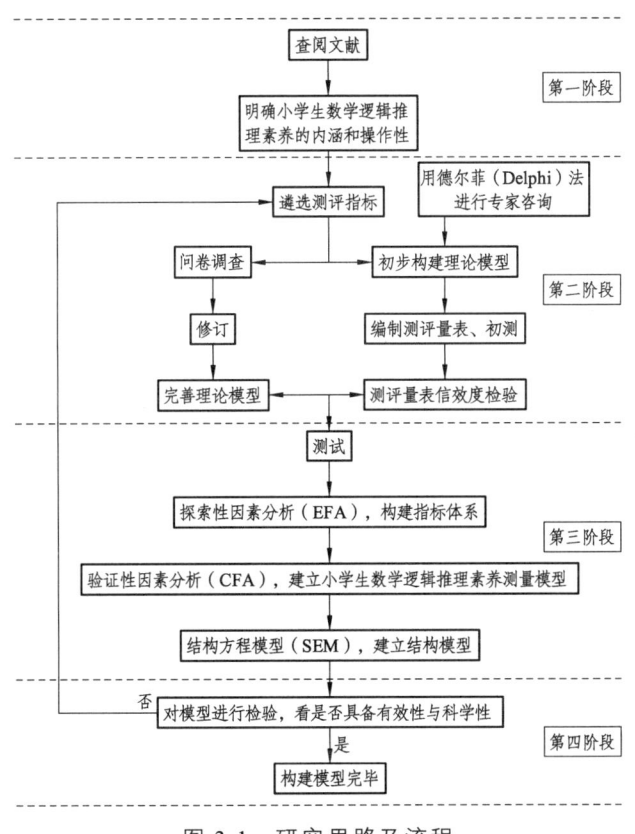

图 3-1 研究思路及流程

第 4 章
小学生数学逻辑推理素养的内涵与操作性定义

为了构建小学生数学逻辑推理素养的测评指标以及测评模型，对小学生数学逻辑推理素养的相关问题进行探析是首要和必要的。本章将从多方面对小学生数学逻辑推理素养的存在性进行探讨，然后给出小学生数学逻辑推理素养的内涵与操作性定义，为测评指标和模型的建构打下基础。

第4章 小学生数学逻辑推理素养的内涵与操作性定义

4.1 小学生数学逻辑推理素养存在性探析

通过文献研究发现，逻辑推理素养是学生数学素养中非常重要的组成部分，也是数学教育研究者非常关注的一个话题，但研究成果主要分布在初、高中以及大学阶段，专门研究小学阶段逻辑推理的成果较少[①]，即便有，也是一个相对模糊笼统的概念。本书在初期访谈过程中，也有专家提出质疑：在小学阶段谈"数学逻辑推理素养"是否合适？总之，学界对"小学生逻辑推理素养"的存在性尚存质疑，而主要原因来自以下3个方面：

（1）逻辑推理是《普通高中数学课程标准（2017年版）》中提出的六大数学核心素养之一，但《义务教育数学课程标准（2011年版）》的十大核心概念表述为"推理能力"，而非"逻辑推理"。

（2）小学阶段的推理主要是合情推理（找规律、猜想等），几乎没有要求证明的内容，而严格的证明主要是从初中几何开始的，所以小学阶段不存在逻辑推理。

（3）"素养"比"能力"有更高的要求，对小学生而言，"逻辑推理能力"都尚不具备，何谈得上"逻辑推理素养"？

针对以上几点质疑，分别评析如下：

首先，虽然《义务教育数学课程标准（2011年版）》的核心概念表述为"推理能力"，而非"逻辑推理"，但同时该课标中也明确说明：推理能力包括合情推理和演绎推理，而演绎推理就是"……按照逻辑推理的法则进行证明和计算"[②]。此外，课标在第四部分（实施建议）中说明，虽然义务教育阶段要求注重学生思考的条理性，不过分强调推理的

[①] 王志玲，王建磐. 中国数学逻辑推理研究的回顾与反思——基于"中国知网"文献的计量分析[J]. 数学教育学报，2018，27（4）：88-94.
[②] 中华人民共和国教育部. 义务教育数学课程标准（2011年版）[M]. 北京：北京师范大学出版社，2012.

形式，但同时也指出，老师应该通过列举实例让学生意识到通过实践、观察、猜想等数学活动所得数学结论的正确性需要通过演绎推理进行确认[①]。史宁中（2017）也认为，《义务教育数学课程标准（2011年版）》的十大核心概念中，运算能力和推理能力事实上都属于逻辑推理，因为它们均符合逻辑推理的定义，即从一些事实和命题出发，依据规则推出其他命题的思维过程[②]。很显然，作为数学教材编写、教学评估和考试命题的依据与从事数学教育教学及研究的纲领性文件，该课标已然对小学逻辑推理（合情推理和演绎推理的两大形式）作出了要求。《义务教育数学课程标准（2021年版）》中，逻辑推理作为数学思维的重要元素，已赫然被列为小学生的数学核心素养之一。

其次，逻辑推理不等同于证明，证明只是逻辑推理的其中一种论证形式。逻辑推理遍布我们生活、学习的各个角落，有着非常广泛的应用，在不同的学科（如化学、数学、语文学科）或现实背景，甚至日常的语言表达中都不乏逻辑推理的应用，其内涵也各有差别。虽然一般我们认为，几何证明是发展与训练学生逻辑推理能力的一种非常重要的途径，但它绝不是唯一的途径。在数学教学和数学活动中，"数与代数""量与测量""概率与统计"和"实践与综合应用"等领域中广泛存在着发展学生逻辑推理素养的载体[③]。虽然在小学阶段，学生的逻辑思维还处于"合情说理、初步认识"的水平，在教学中也并未专门系统地训练逻辑推理的方法，但从一年级的数数、加减法运算、找规律到高年级的面积体积公式推导、根据法则和定律解决问题等，都已体现逻辑推理的思想。正如高尔斯所说："所有关于数学本身的基本问题都算是逻辑"。即便一年级最简单的"数的计算"也需要逻辑推理，如：计算3+2，学生最初的算法是先数出3个手指头，然后加1，等于4，再加1，得到结果5；或

[①] 中华人民共和国教育部.义务教育数学课程标准（2011年版）[M].北京：北京师范大学出版社，2012.

[②] 史宁中.学科核心素养的培养与教学以数学学科核心素养的培养为例[J].中小学管理，2017（1）：35-37.

[③] 刘晓玫，杨裕前.关于推理能力问题的几点思考[J].数学教育学报，2002（2）：54-56.

第 4 章 小学生数学逻辑推理素养的内涵与操作性定义

者先数出 3 个手指头，再数出 2 个手指头，并在一起，数数即得到 5。无论是一个一个加的过程，还是数数的过程，都不是没有理由的约定俗成，而是以"皮亚诺公理"为前提，经逻辑推理而得到的。苏联心理学家伊格纳奇耶夫、彼得罗夫斯基，中国心理学工作者李崇德、朱智贤、李丹等均对小学生思维发展进行过研究。且研究表明，三至五年级是小学生具体形象思维占主导向抽象逻辑思维占主导转变的时期，即抽象逻辑思维初步形成的关键时期[1]，此时学生已掌握简单的逻辑推理方法，具备一定的逻辑推理能力。因此，因小学阶段没有证明而否认数学逻辑推理的存在性是片面的。

此外，虽然"素养"是比"能力"上位的一个概念，但二者并非包含关系，而是相互交叉的关系。一个学生逻辑推理技能掌握很好，但他若不会将其应用于实际生活中解决现实问题，则逻辑推理素养就不高，反之亦然。也就是说，逻辑推理素养并非只有逻辑推理能力极高或达到一定水平的学生才具备，素养是伴随能力而生的，它可高、可低，甚至还可以是负面的、消极的。事实上，小学阶段的数学（核心）素养早已成为基础教育的研究热点。如，顾沛（2012）指出："小学生、中学生、大学生，数学学习的内容虽然不相同，但渗透数学思想、提高数学素养这一点是共同的，数学思想的渗透，应该是长期的，应该从小学一年级就开始，也完全可以从小学一年级就开始"[2]；李星云（2016）就根据 PISA 数学素养测试理念，构建了小学生六大数学核心素养框架，其中，逻辑推理素养是重要的一部分[3]；杨燕等（2018）也研究了小学阶段学生数学核心素养的测评方法[4]；宁锐等（2019）认为，小学生的数学核

---

[1] 张军翎. 中小学生的逻辑推理能力、元认知及注意力水平与学业成绩的比较[J]. 心理科学，2008（3）：707-710.
[2] 顾沛. 小学数学教学也要注重渗透数学思想[J]. 小学教学（数学版），2012（Z1）：14-18.
[3] 李星云. 论小学数学核心素养的构建——基于 PISA2012 的视角[J]. 课程·教材·教法，2016，36（5）：72-78.
[4] 杨燕，周东明. 小学四年级学生数学素养测评研究[J]. 教育研究与实践，2018（6）：64-68.

心素养不仅存在，还通过专家咨询与访谈分析了其组成要素，即功能素养和情意素养，并具体细化为推理能力、表达交流、模型思想、问题解决、数学态度等五项组成要素[1]。可见，作为数学素养中的重要组成部分，逻辑推理素养自然也蕴含在数学的一切思想与方法中，是学生自小学阶段学习数学开始，就应该得到培育和重视的。

综上，小学生逻辑推理素养在课标中有要求，在教材中有体现，在研究中有涉及，它不仅是存在的，而且是可测量的，这为下一步小学生逻辑推理素养的测评模型构建研究提供了理论支撑。

4.2 小学生数学逻辑推理素养的内涵探析

如上所述，小学生数学推理逻辑素养是存在的。而由前面的文献综述知，学界对逻辑推理、数学逻辑推理的描述和认识并不一致，对小学生数学逻辑推理的研究非常少，而本书中，模型构建的基础便是明确其内涵与操作性定义。那么，小学生数学推理逻辑的内涵到底是什么？它与普通的逻辑推理、与中学阶段的数学逻辑推理又有何不同？在本节中将探讨以上问题，以明确小学生数学逻辑推理素养的含义，为进一步确定其操作性定义奠定基础。

4.2.1 数学逻辑推理的三要素

顾名思义，"逻辑推理"就是具有逻辑性的推理。那么，到底什么样的推理才是有逻辑的呢？从古希腊时期，人们就对"逻辑推理"有了浓厚的研究兴趣。众多学者的著述从逻辑学、心理学和教育学的视角对"逻辑推理"进行了解读，但至今仍没有一个确定的定义[2]。《哲学大辞典》

---

[1] 宁锐，李昌勇，罗宗绪. 数学学科核心素养的结构及其教学意义[J]. 数学教育学报，2019，28（2）：24-29.

[2] 张军翎. 中小学生的逻辑推理能力、元认知与学业成绩的相关研究[D]. 上海：华东师范大学，2007.

第 4 章 小学生数学逻辑推理素养的内涵与操作性定义

中,逻辑推演(推理)泛指从一个思想(概念或判断)推移或过渡到另一个思想(概念或判断)的逻辑活动;史宁中详细阐述了何谓"形式或结构正确",他认为逻辑推理的本质在于命题的前后连贯,因此逻辑推理是具有传递性的推理形式[1]。本书仅从数学教育、数学教学的角度讨论逻辑推理的内涵,认为逻辑推理是按照逻辑推理的法则,从一些命题推导出新命题的过程。

德国哲学家黑格尔说:"思维形式是具有内容的形式,是同活生生的内容不可分割地联系着的形式。"数学逻辑推理就是与数学内容联系着的逻辑推理形式,它比"逻辑推理"多了"数学"(内容)的要求,同时比"数学推理"多了"逻辑"(形式)的要求。也就是说,讨论数学逻辑推理时,内容上要关注数学命题,形式上要关注逻辑规则[2]。"数学"的要求即推理的前提及结论是数学命题,"逻辑"的要求是形式正确,推理有效,这也是区别"数学推理"与"数学逻辑推理"的关键所在。关于数学逻辑推理,学界对其范畴看法不一:《义务教育数学课程标准(2011年版)》中,数学推理分为合情推理(包括归纳、类比推理)和演绎推理,并认为数学中的演绎推理就是逻辑推理,而合情推理不是逻辑推理;史宁中(2016)通过论述表明:首先,数学中的演绎推理是逻辑推理;其次,虽然归纳与类比推理不一定得到正确的数学结论,但归纳推理和类比推理满足连贯性要求,故也属于逻辑推理的范畴[3]。这与《高中数学课程标准(2017 年版)》中对数学逻辑推理素养外延的描述一致。通过对相关的文献分析研究也发现,对数学逻辑推理的认识基本可以归于以上两种观点。

本书在赞同史宁中(2016)观点的同时,认为数学逻辑推理不仅从内容上要求针对数学命题,从推理结构或形式上要求有效性,更要考虑

---

[1] 金炳华. 哲学大辞典·逻辑学卷[M]. 上海:上海辞书出版社,1988.
[2] 李织兰,蒋晓云,卿树勇. 初中生逻辑推理核心素养的认识与培养策略研究[J]. 数学通报,2020,59(4):18-23.
[3] 史宁中. 试论数学推理过程的逻辑性——兼论什么是有逻辑的推理[J]. 数学教育学报,2016,25(4):1-16,46.

数学知识本身的正确性。也就是说，数学逻辑推理具有如下的 3 个要素：

1）数学逻辑推理的逻辑起点是数学命题

数学逻辑推理是建立在对数学概念、数学命题的掌握以及逻辑推理形式的理解上的，具备数学的内容和逻辑的形式双重特性，它首先必须处于数学知识与数学应用的背景中。而作为现代逻辑的代表，数理逻辑中的单纯逻辑推理具有一系列表意符号（如 ¬、→、∧、∨……）及严格、精准演算体系，其有效性不依赖于前提的真实内容，只与运算法则有关，即可利用符号计算的方法代替人们思维中的逻辑推理过程。比如，必要条件假言判断的运算如表 4-1 所示。

表 4-1　必要条件假言判断计算表[①]

p	q	只有 p，才 q
真	真	真
真	假	真
假	真	假
假	假	真

以"只有他买了新自行车（p = 他买了新自行车），他才会开心（q = 他开心）"为例（为了后面表述简单，不妨将这个判断记为"*"），根据逻辑推理运算法则，不难看出：当 p、q 同为真或同为假，以及 p 真、同时 q 假时，*均为真；p 假而 q 真时，*为假。事实上，p 和 q 可以换成任意的两句话，如判断"只有他买了新自行车，雪才是白色的"的真假，p 与 q 之间看似毫无关联，但是，除了"他没有买新自行车（p 为假）而且雪是白色（q 为真）"这一种情况之外，这个判断都是真的。也就是说，并不需要考虑 p 与 q 所描述的两个事实之间的实际关联，只需要掌握表 4-1 的逻辑推理规则，就可以得到判断的真假。虽然推理过程是按照逻辑推理的规则进行，属于逻辑推理的范畴，但整个推断过程与数学无关，因此不是数学逻辑推理。

---

① 金岳霖. 形式逻辑[M]. 北京：人民出版社，2006.

第4章 小学生数学逻辑推理素养的内涵与操作性定义

2）数学逻辑推理的推理形式要遵循逻辑规律和定律

① 逻辑规律：逻辑推理的基本原理和人类理性思维的基本原理是一致的。人们在长期的生活实践和科学研究中，看待事物都有一定的思维基础和原则。这些原则纷繁复杂，不同的人有不同的看法和表述方法，形式逻辑中最古老的逻辑学三大基本规律为：同一律（一个事物只能是其本身）、排中律（一个命题或判断要能够明确判断出"真"或"假"，不存在似是而非的中间状态，即悖论）和矛盾律（一个命题不可以同时既为真又为假）[1]，数学逻辑推理同样要遵循以上三大逻辑规律。

② 逻辑定律：随着形式逻辑的发展，数理逻辑建立了一套严密的符号系统来对推理进行描述或者计算。它们按照一定的法则进行，而这些规则是建立在推理定律的基础之上的。逻辑符号与逻辑推理定律如表4-2和表4-3所示。

表4-2 逻辑符号

符号	名称	含义	举例
$\Rightarrow$	蕴含联结词	$p \Rightarrow q$：如果p，则q	p：天不下雨，q：我去图书馆看书，则$p \Rightarrow q$：如果天不下雨，我就去图书馆看书
$\neg$	非联结词	$\neg p$：非p，即p不真	p：3是偶数，则$\neg p$：3不是偶数
$\wedge$	合取联结词	$p \wedge q$：p并且q	p：2是素数，q：2是偶数，则$p \wedge q$：2既是素数，又是偶数
$\vee$	析取联结词	$p \vee q$：p或者q	p：6能被2整除，q：6能被3整除，则$p \vee q$：6能被2或3整除
$\Leftrightarrow$	等价联结词	$p \Leftrightarrow q$：p当且仅当q	p：3+3=6，q：9是奇数，则$p \Leftrightarrow q$：3+3=6当且仅当9是奇数
$\forall$	任意的	对每一个	若$F(x)$：x是整数，$\forall x F(x)$：每个x都是整数
$\exists$	存在	至少存在一个	若$G(x)$：x是整数，$\exists x G(x)$：存在x是偶数

---

[1] 史宁中. 数学思想概论：数学中的演绎推理[M]. 长春：东北师范大学出版社，2009.

表 4-3　逻辑定律[1]

定律	名称	解释
$A \Rightarrow (A \vee B)$	附加	A 为真，那么 A 或 B 为真
$(A \wedge B) \Rightarrow A$	化简	A 而且 B 为真，A 一定为真
$((A \to B) \wedge A) \Rightarrow B$	假言推理	A 蕴含 B，而且 A 真，那么 B 为真
$((A \to B) \wedge \neg B) \Rightarrow \neg A$	拒取式	A 蕴含 B，而且 B 不成立，那么 A 不成立
$((A \vee B) \wedge \neg A) \Rightarrow B$	析取三段论	A 或者 B 真，而且 A 不真，那么 B 真
$((A \to B) \wedge (B \to C)) \Rightarrow A \to C$	假言三段论	A 蕴含 B，B 蕴含 C，那么 A 蕴含 C
$((A \leftrightarrow B) \wedge (B \leftrightarrow C)) \Rightarrow A \leftrightarrow C$	等价三段论	A 与 B 等价，B 与 C 等价，那么 A 与 C 等价
$((A \to B) \wedge (C \to D) \wedge (A \vee C)) \Rightarrow B \vee D$	构造性二难	A 蕴含 B，C 蕴含 D，且 A 或者 C 成立，则 B 或者 D 成立

数学是按照公理体系来建立知识结构和表述的，它从无须证明的一些公理出发，依赖归纳推理和类比推理发现新的命题、利用演绎推理的逻辑规则证明其正确性，从而不断地向纵深及其各个分支发展，符合逻辑地演绎出一个令人信服、清晰严明、庞大而不杂乱的系统。归纳推理、类比推理和演绎推理构成数学逻辑推理的规则。它们在进行推理的过程中会遵循上述一般数理逻辑的规律和定律，如常见的三段论、假言推理、选言推理等。

3）数学逻辑推理落脚点是获得正确的数学结论

推理正确不能保证得到正确的结论，因为前提可能是错误的[2]。但在数学逻辑推理中，我们不仅要考虑数学内容的逻辑起点以及推理形式的逻辑有效性，还要判断作为前提或结论的数学知识（定理、命题、性质、定律等）的正确性。从测评的角度，本书将在推理过程中，前提判断错

---

[1] 耿素云，屈婉玲，张立昂. 离散数学[M]. 北京：清华大学出版社，2013.
[2] 耿素云，屈婉玲，张立昂. 离散数学[M]. 北京：清华大学出版社，2013.

误或者推理、判断后得到的结论错误的推理过程都不列为数学逻辑推理的范畴，这也是数学逻辑推理区别于形式逻辑推理最大的异同。以下举例说明。

例1 三段论"所有的偶数末位都是0，12是偶数，所以12的末位是0"。此推理是数学学科所属内容，如果不考虑内容的正确性，仅仅就其形式来说，这是有效的推理（为三段论的AAA式）。但是很显然，大前提出现了数学知识性错误，从而最终得出错误的结论，因此它不是数学逻辑推理。

例2 寻找规律：

① 通过观察 1+2 = 3，1+2+3 = 6，1+2+3+4 = 10，……，从而得到 1+2+3+…+n = _____。

答：$1+2+3+\cdots+n = \dfrac{n(n+1)}{2}$

② 3可被3整除，33可被3整除，63可被3整除，93可被3整除，你发现什么规律？

生1答：个位数是3的数均能被3整除。

生2答：若一个数的各个数位上数字之和能被3整除，那么这个数就能被3整除。

易知：①②均采用了归纳推理这种推理形式，归纳推理的思想是归纳与猜想，其得到的结论是或然的，即可能正确，也可能错误。

在例2①中，学生采用了归纳推理，而且得到了正确的结论（虽然小学生尚无法证明）；例2②中，学生也采用了归纳推理的方法，但个位上是3的数能被3整除只是从题面所看到的表面现象，而不是本质，该命题从数学的角度判断是错误的。故生1所答错误，生2所答正确。因此，只将①和②中生2所作的推理过程认为是逻辑推理，而不将②中生1的推理过程认为是数学逻辑推理。

从逻辑推理的常见分类来看，演绎推理从为真的前提（数学定义、公理、定理、法则），按照逻辑规则进行推理，得到为真的数学结论，因此毋庸置疑是数学逻辑推理；合情推理是创造、发现数学命题的重要工具，如数论中几乎所有的结论都是源于归纳推理；类比推理将几何的许多结论从二维、三维扩展到多维，庞加莱猜想推动了现代拓扑学的发展……，这些推理形式合理、结论被证明为正确，为数学的发展作出了巨大的贡献，也理应归于逻辑推理的范畴。但是，若得到的结论错误（如费马数猜想）或还未被证明为正确之前（哥德巴赫猜想），则不将其列入数学逻辑推理的范畴。

综上，本书定义数学逻辑推理为以数学命题（概念、公理、定理或某种假设）为前提，按照逻辑规则及运算定律，推出正确结论的过程，它包含演绎推理和得到正确结论的合情推理。

4.2.2 小学生数学逻辑推理素养的内涵

由前文的探析可知，数学逻辑推理素养即为将现实情境转化并表述为数学问题（情境维度），并以数学概念、公理、定理或某种假设为前提（内容维度），按照逻辑规则及运算规律进行思考或运算，并得出正确结论（过程维度）的综合能力和品格。由于不同阶段的学生在知识结构、心理发展上的异同，数学素养的发展现状和增长速度也会有较大差异，小学、初中、高中各有不同。因此，从有效性的角度，同一个数学逻辑推理素养工具或模型不可能同时对所有学段的学生进行有效测评。所以，必须根据学段对数学逻辑推理素养的内涵分别进行定义。

事实上，"小学生数学逻辑推理素养"只需将"数学逻辑推理"限定在小学的数学知识和涉及的逻辑规则即可。此外，根据小学生的知识体系和逻辑思维发展水平，他们提出类似于哥德巴赫猜想那样短期无法证明的数学命题几乎是不可能的，其经过推理得到的命题或计算结果是可以判断正误的，也就是说，数学逻辑推理素养的内涵中"得出正确结论"的要求在小学阶段具有可操作性。

综上，定义小学生数学逻辑推理素养的内涵为：将现实情境转化并表述为数学问题，并以小学阶段的数学概念、命题、运算法则或某种假

第 4 章 小学生数学逻辑推理素养的内涵与操作性定义

设为前提，按照逻辑规则及运算规律进行思考或运算，并得出正确结论用以解决实际问题的综合能力与品格[1]。可见，小学生逻辑推理素养的内涵不仅体现了对知识掌握与推理技能的要求，更体现了应用这些知识和技能进行创造性思考、真实情境转化、有理有据地表达交流以及解决实际问题以及对逻辑推理价值认识、反思、感悟等"素养"的要求。

4.3 小学生数学逻辑推理素养的表现形式

在上一节中，我们对小学生数学逻辑推理素养的内涵进行了分析和阐释，但还只是停留在比较笼统的概念上。到底哪些内容涵盖在小学生数学逻辑推理素养的内容维度中？小学阶段常见的逻辑推理包括哪些种类？应该如何对情境进行转化、对结果进行表达和交流？这些内容都还很抽象，很不具体。因此，根据小学生数学逻辑推理素养的含义，我们需要更进一步去探讨小学生数学逻辑推理素养的表现形式，从而更加深入地理解小学生数学逻辑推理素养的内涵和外延，为其操作性定义和测评体系的建构打下基础。

小学生逻辑推理素养涉及到内容、过程、情境的若干方面，尤其是推理过程，它包括了推理方法和推理技巧等诸多复杂繁多的分类，随着学生学习知识的增多和年级的增长，逻辑推理素养的表现形式也会随之发生变化。根据本书的研究对象，仅从数学课标和教材的角度对小学阶段四至五年级学生逻辑推理素养的表现形式进行探析。

不难看出，从内容方面，小学阶段学生已经学习了整数、分数、小数的四则混合运算，图形初步以及简单的统计学等内容，涉及到了相当数量的定理、性质和运算法则；从技能与过程方面，学生已能够简单运用多种类型的数学逻辑推理形式和方法，解决一些实际问题；从情境方

---

[1] 易亚利，宋乃庆，胡源艳. 小学生数学逻辑推理素养：内涵价值表现形式[J]. 数学教育学报，2022，31（4）：28-31.

面，小学生已经具备从较为熟悉的生活情境中识别、理解和抽取数学成分，并对推理结果通过符号或者数学语言进行较为准确和严谨的描述和交流的能力。下面将通过对《义务教育数学课程标准（2011年版）》、教材内容、教学研究成果中关于小学生数学逻辑推理素养相关内容的分析，总结得出小学生数学逻辑推理素养的表现形式，如表4-4所示。

表4-4　小学生数学逻辑推理的类型和逻辑推理素养的表现形式

小学生逻辑推理类型	小学生数学逻辑推理素养的表现形式	应用举例	所属知识板块
归纳推理	主要指不完全归纳推理，即在观察、实践、猜想活动中进行比较与分析，归纳总结普遍规律或变化趋势，得到数学结论，并认识到归纳推理的或然性，会对结论返回到真实情境中进行反思与验证	找规律、运算定律的推导等	数与代数
		面积、体积的公式推导等	图形与几何
		统计推断：由部分推断总体特征	统计与概率
类比推理	在实际问题中理解类比的含义，即能够通过观察和对比寻找出两类不同事物A和B的相似性，用A的性质去类比推出B事物具有相同或者类似的性质	将两位数的乘法推广到三位数的乘法运算、整数的运算律推广到小数和分数	数与代数
		由长方形面积公式推出三角形、正方形、平行四边形等平面几何图形的面积公式	图形与几何
完全归纳推理	能理解和熟练运用完全归纳推理的方法，即若某类中每一对象（或子类）都具有或不具有某一属性，则该类对象的所有对象都具有或不具有该属性，并能够用该方法解决简单的实际问题	计算前100个自然数的和	数与代数
		由锐角三角形、直角三角形、钝角三角形的内角和均为180°，归纳推导出故所有三角形的内角和均为180°的结论	图形与几何
三段论	理解第一格AAA式直言三段论，即"所有M是P，所有S是M，所以所有S是P"的推理形式，会从实际问题中提取出大小前提，应用三段论推理解决实际问题	物体的计数过程、数的四则运算等	数与代数
		角的求解、面积的公式推导等	图形与几何

第4章 小学生数学逻辑推理素养的内涵与操作性定义

续表

小学生逻辑推理类型	小学生数学逻辑推理素养的表现形式	应用举例	所属知识板块
选言推理	在实际问题中,会应用不相容选言推理,即一个事物只有两个互斥的属性,则:要么 p,要么 q,若非 p,则 q;若 p,则非 q 的推理形式	数、角等的类型判断等,如一个分数如果不是真分数,就一定是假分数	数与代数、图形与几何
假言推理	对应复合命题的蕴含式,主要掌握充分条件假言推理,即如果 p,则 q,若 p,则 q;若非 q,则非 p。能用假言推理进行判断和推理,解决实际问题	真、假分数的判断,奇偶数的识别等	数与代数
		锐角、直角、钝角的判定、平面图形形状的判定等	图形与几何
关系推理	掌握数学中的常见对称关系、反对称关系、传递关系,并能对其进行推导和运算,得到新的数学结论	相等、大小比较、整除关系等	数与代数、图形与几何

4.4 小学生数学逻辑推理素养的操作性定义构建

素养本身是一个非常抽象的概念,而逻辑推理又涉及心理学、逻辑学等多个学科,虽然前文已对小学生数学逻辑推理素养的内涵进行了分析,并给出了定义,但该定义仍停留在理论的层面,属于定性描述,不利于开展测评活动和量化研究。从测量与评价的角度,测评对象的各个维度应该具备可操作性和可测性,才便于进行实证调查,才能使测量更具客观性和可重复性,才能有效避免争论和歧义。操作性定义实际上就是一个将抽象的概念具体化的过程,是建构在理论概念与现实操作之间的中介与桥梁,三者之间的关系如图 4-1 所示。[1]

---

[1] 荣泰生. AMOS 与研究方法[M]. 重庆:重庆大学出版社,2010.

图 4-1　理论概念、操作性定义与测评模型之间的关系

4.4.1　操作性定义的概念与方法

1923 年，美国的布里奇曼（P. W. Bridgman）提出操作性定义（也称操作分析方法）的概念，被美国《科学》杂志列为世界五大哲学成就之一。在教育测量与评价相关研究中，操作性定义就是将所要测评的对象按照可观察、可量化和可操作的目标来界定其含义，目的在于将笼统的、抽象的概念从行为过程、典型特征或测评指标等方面转换成具体的细化项目[1]，以便于操作和测量。因此，操作性定义的本质就是规定在对一个变量进行测量的过程中研究者应该具体做些什么，按照什么样的标准、程序或者步骤进行。换句话说，操作性定义是对整个测评活动的详细说明，也就是相当于研究者开展测评研究的一份行动指南。本书中，操作性定义的本质就是在小学生数学逻辑推理素养的内涵和表现形式的基础之上，详细描述对小学生数学逻辑推理素养进行测量与评价的操作程序和测量过程。

一般来说，常见的操作性定义的方法有以下 3 种[2]：

（1）条件描述法：通过语言对测评对象的测量或操作程序及过程进行陈述，或者用其特征、现象、规定要达到的特定条件来对概念进行界定。例如，"自信心"是一个非常抽象的心理学、教育学上的概念，无法直接测量。其操作性定义可以由"学生对即将来临的考试或测验可能获得分数的估计值"来给出，很显然，估计值越大，就可表明该生对该次测验的自信心越强，使原本抽象的概念具体化、数量化、可操作化。

（2）指标描述法：通过对指标进行量化来界定一个概念。例如，课

---

[1] 董奇. 研究变量操作性定义的设计[J]. 教育科学研究，1991（3）：21-24.
[2] 郑金洲，陶保平，孔企平. 学校教育研究方法[M]. 北京：教育科学出版，2003.

标定义"学困生"为在某次标准测验中的分数低于根据其智力所预测所得成就分数的学生,或者低于同一个团体平均分若干个标准差的学生,这样就易于从数值上划分或操作其范畴,提高评价的可操作性。

（3）行为描述法：通过对所测评的对象在完成某一任务过程中的动作特征、可观测到的行为步骤或者行为结果进行描述来定义。例如,将某种"教学方法"定义为若干个具体的步骤,就将笼统的概念分解成若干个可操作的小块；又如,定义"合作"为"对某团体的活动给予某方面的支持,并直接参与活动,成为其中一员",就是通过行为的结果对"合作"进行定义,使观测者易于对其进行评判。

操作性定义是进一步探析变量测评维度的重要依据,根据李方（2009）的研究,在教育研究中,构建操作性定义的一般逻辑和步骤为：明确变量—探析变量的理论定义和内涵—将内涵和本质特征描述为具体的操作要点—按照一定的逻辑与语法进行修正和排列—形成操作性定义[1]。同时,操作性定义是为实际测评服务的,因此既不能太宽泛笼统,也不能太狭窄,要兼顾排他性与普遍性,指标成分分解到能直接观测为止,并且要具体、清楚、明确,具备可观测、可重复和便于操作的特性。

4.4.2 小学生数学逻辑推理素养的操作性定义

根据小学生数学逻辑推理素养含义及其表现形式,小学生数学逻辑推理素养主要是要求学生能够将现实生活情境中的数学成分进行表达,将其作为逻辑推理的前提进行合理有效的推理,得到正确的数学结论,并且能对得到的结论进行反思与交流,最终还原到具体的实际情境中,解决实际问题。我们知道,数学中的各个素养之间不可能完全相互独立,逻辑推理素养也不可能完全脱离其他数学素养,而一定会与数学抽象、数学建模、数学运算等其他素养具有一定的正相关关系。比如,将现实

---

[1] 李方. 教育研究的概念性定义和操作性定义[J]. 教育导刊, 2009（9）: 12-15.

情景抽象成数学语言，这似乎考察了学生的数学抽象能力，但是，从实际情境中寻求数学逻辑推理的前提是整个逻辑推理过程的首要任务，也必须被纳入数学逻辑推理素养考察的范畴。

根据行为描述方法，小学生数学逻辑推理素养的操作性定义包括以下几个方面：

（1）学生能够从较熟悉的现实情境中提取出逻辑推理的前提（已知条件、数学概念、数学命题或者数学假设），并用数学语言或者数学符号进行表述。

（2）能够根据题设，选择合理的推理形式（归纳推理、类比推理、演绎推理）进行推理或运算。

（3）在逻辑推理前提的基础上，按照逻辑推理规律和原则，选择合适的推理方法（假设法、排除法、反证法等）进行正确推理或计算，得到新的数学命题或计算结果。

（4）能用数学语言或者符号对推理过程进行表述和交流，做到有理有据，符合逻辑。

（5）能够正确认识数学逻辑推理的价值、认识自身对逻辑推理的理解，对提升数学逻辑推理有自信心和学习兴趣。

可见，该操作性定义是依据前文小学生数学逻辑推理素养的内涵及其表现形式而进行表述的，但是更加具体、明确和直观，更具操作性，更有利于实证研究过程中测试卷的设计，为本书后续小学生数学逻辑推理素养的测评指标与测评模型的构建提供了依据和框架。

第 5 章
小学生数学逻辑推理素养测评指标的构建与验证

　　对教育现象的测评需要以系列指标为依托，指标体系是构建测评模型的基础，指标体系的好坏直接关系到测评工具的信度和效度，并最终影响到模型的有效性。由于学科结构、人的发展都极具复杂性，教育现象呈现出多样性、抽象性、间接性和模糊性等特性，因此教育测量不像客观实体如重量、长度那样用一个单纯的工具即可得到较为准确的数据。

　　教育测评要求将反映教育现象本质特征的主要因素用具体的、可测量的指标分解出来，形成具有逻辑结构的指标体系。小学生数学逻辑推理素养的测评指标是指一组具有内在联系的、能综合反映小学生数学逻辑推理素养发展状况的可测项目，使其测量与评价的方向、方面和预期达到想要的标准。从理论上讲，测评指标体系应该尽可能全面地囊括测评对象的所有特征。但是，"大而全"往往会将主要方面和次要方面同等对待，反而显得主次不分，而且指标之间容易产生交叉重复。因此，构建指标体系一般遵从精简、准确的原则，须权衡好全面与主要之间的关系。

　　由于小学生数学逻辑推理素养的测评模型还未曾有研究，因此其测评指标体系没有相应的参考。根据测评指标设计的一般方法和原则，本书将结合小学生数学逻辑推理素养的操作性定义，将小学生数学逻辑推理素养的测评指标体系的实证研究过程分为3个步骤：首先，通过借助相关文献研究和专家咨询、问卷调查，初步确定小学生数学逻辑推理素养的内涵指标；然后，通过小学生数学逻辑推理素养测试卷提取数据，用探索性因素分析等统计方法探索出小学生数学逻辑推理素养的主要测评指标；最后，编制问卷，调查相关专家对测评指标的满意度，对构建的测评指标体系进行验证。

第5章 小学生数学逻辑推理素养测评指标的构建与验证

5.1 研究对象与方法

5.1.1 研究对象

在本书中，研究对象为小学四年级的学生，主要来源于两方面的考量：一方面，按照国际大规模学生学业测试，如国际数学与科学教育成就趋势调查项目（TIMSS）、美国国家教育进步评价（NAEP）等的惯例，测试对象一般为四、八、十二年级，即小学阶段的测试对象主要为四年级学生；另一方面，小学四、五年级是儿童逻辑思维形成与发展的关键期和转折点，而且在小学低段（一至三年级），学生数学学习以数学运算居多，涉及逻辑推理的种类和技能较少，不能全面地对学生的逻辑推理素养进行测评。

对小学生的测试一共有3次：

一是测评工具的试测：按照设计方案，进行了两次试测。第一次选取了某小学2个班共92名学生进行试测，主要目的是评估试题难度、判断题量是否适中、题目是否有语义不清或歧义、测试题设置的情境是否符合学生的年龄认知等。第二次同样选取了该小学2个班共87名学生进行试测，主要目的是检验修订过的试题测试效果。

二是测试卷编制完成后的正式初测：按照分层抽样的方法，在广西4所小学（城市和乡镇各2所）的6个班级随机抽取了350个样本，一共发放测试卷350份，回收试卷350份，以对测试卷进行信效度、区分度、难度等质量分析。

三是大规模正式测试：样本来源于湖北、贵州、重庆、广西四省（市）中的14所小学，26个班级，共1036名四年级学生。正式现场测试过程中学生独立完成测试卷，每个班各1名教师监考，测试时间为60分钟，基本保证了99%以上的学生有充分的时间完成答题，试卷回收率100%。

试卷回收后，剔除无效卷和有数据缺失的试卷，剩下 1 023 份（样本情况见表 5-1），测试卷的有效率为 98.75%。对照参考答案和评分细则对每一小题进行批改计分，将所有的数据录入 SPSS20.0 进行处理和分析。其中随机抽取 350 份作探索性因素分析，剩下 673 份作验证性因素分析（具体内容见第 6 章）。

表 5-1 测试样本基本情况

省（市）	学校类型	班级编号	被试人数
湖北	城区小学	A11	42
		A12	39
		A13	42
	市郊小学	A14	37
		A15	43
	乡镇小学	A16	32
		A17	35
贵州	城区小学	A21	40
		A22	41
		A23	39
	市郊小学	A24	42
		A25	31
		A27	34
重庆	城区小学	A31	38
		A32	40
		A33	43
		A34	42
广西	城区小学	A41	43
		A42	42
		A43	44
		A44	40
	市郊小学	A45	41
		A46	42
		A47	45
	乡镇小学	A48	34
		A49	32

5.1.2 研究方法

在本节中，用到的研究方法有以下 4 种。

1）德尔菲法

在测试题编制前，用德尔菲法对测试工具的指标进行遴选。通过访谈、问卷等方式，让数学教育领域的专家、小学一线数学教师、教研员对测评指标、测试项目等进行匿名反馈和评判。

2）描述统计法

描述统计法用于：对专家的测评指标认同度调查数据进行频数统计、绘制折线图，以比较不同的职称群体对五个维度的认同度差异的大小；对初测后学生的答题情况进行简单分析，如计算分数的均值、方差、标准差、最大（最小）分数等，以对测试卷进行评价指标的计算。

3）专家咨询法

在通过文献分析所得到的小学生数学逻辑推理素养内涵测评指标的基础之上，通过访谈、调查问卷等形式对相关专家进行咨询和讨论，进一步优化已拟指标，并据此编制测试工具。

4）探索性因素分析方法

根据测试工具所测得的数据进行探索性因素分析，从初拟的若干内涵维度中萃取小学生逻辑推理素养的主要测评因素，确定因子的个数、指标名称以及因子之间的关系，以构成小学生数学逻辑推理素养的测评指标体系。

5.2 小学生数学逻辑推理素养测评指标的设计

5.2.1 测评指标构建方法与基本原则

按照逻辑顺序，教育测量与评价的指标体系构建一般有 3 种方式：第一种是自上而下的方式，即先根据查阅的文献资料和相关理论基础初拟一系列指标，然后通过问卷调查、专家咨询等方式收集意见，对指标进行适当的增添、删除和修改，从而完成对指标体系的修订和完善；第二种是自下而上的方式，也就是从课堂或实践出发，先通过课堂观察、专家咨询、问卷调查等方式征求意见，提炼指标体系，然后根据理论和文献进行修订；第三种就是混合式，即综合以上两种思路，理论研究和实践研究同时进行，相互结合，相互补充。可见，无论是哪一种方式，指标体系的构建都是从操作性定义出发，从理论中来，在实践中进行检验，将理论和实践相结合，遵循一定的逻辑构架而建立起来的。好的指标体系应该是价值框架、结构框架和逻辑框架相协调的整体，达到结构统一、指标融合和目标一致[1]。本书采用混合式的构建方式，首先结合理论和专家意见初拟指标，再根据数据检验指标的有效性，进行不断修订，最终完成测评指标的构建。

为了保证测量与评价的科学性、合理性和有效性，汤光华等（1997）提出构建指标要遵循以下原则：从研究问题的目的着手（目的性原则）；选取的指标尽可能全面反映对象的各个方面（全面性原则）；指标测量要易于操作，数据要易获得（可行性原则）；指标数据变化要规律，受偶然因素影响尽量小（稳定性原则）；指标选取与所使用的统计方法相协调一致（协调性原则）；指标选取要能够使定量研究和定性分析相结合（结合性原则），同时还要处理好全面性和独立性之间的关系[2]。李响等（2012）提出，一个合理的指标体系首先应该具备完整性，即对评价对象特性的全面覆盖；其次具有有效性，即指标能对测评对象在某一方面的描述达到最佳效果，指标之间的冗余度尽可能小，且不存在冲突；最后，指标要可操作、可评价、可量化，以保证指标体系在实际操作过程中的可行性[3]。

---

[1] 高书国. 教育指标体系——大数据时代的战略工具[M]. 北京：北京师范大学出版社，2015.
[2] 汤光华，曾宪报. 构建指标体系的原理与方法[J]. 河北经贸大学学报，1997（4）：60-62，65.
[3] 李响，邢清华，王小光，等. 指标体系的构建原理与评价方法研究[J]. 数学的实践与认识，2012，42（20）：69-74.

可见，在小学生数学推理逻辑素养测评指标体系构建过程中，全面性原则是基础，初拟指标时尽可能完备地考虑小学生数学逻辑推理素养所包含的各个方面；有效性原则是关键，选取的每一个指标的指向性要明确，不能出现与小学生数学逻辑推理素养无关或者关联度较小的指标点；可操作性原则是保障，由于测评指标其最终目的要用于测量与评价，因此指标不能仅停留于理论层面，必须具备可操作性，此外还要兼顾指标之间的独立性和全面性。

5.2.2 小学生数学推理逻辑素养测评指标构建依据

1.《义务教育数学课程标准（2011年版）》课程目标

数学课程标准是进行教材编写、教学设计、课堂教学、教学评价等与数学教学和数学教育研究相关活动的导向性文件，它致力于实现各个阶段的培养目标，反映了社会的需要和数学学习和教学的特点。《义务教育数学课程标准（2011年版）》明确提出了在数学课程中要注重发展学生的数感、符号意识、推理能力等10个关键能力，以适应时代发展的需要。同时，该标准将义务教育阶段学生的学习课程目标从知识技能、数学思考、问题解决和情感态度4个方面分别进行了阐述，对小学生（四至六年级）数学逻辑推理素养方面提出了具体的要求：① 知识技能方面，要掌握数与代数、图形与几何和概率统计的基础知识和基本技能，这里虽然没有明确提到逻辑推理，但这些基础知识中的定理、公理、性质、运算定律等却是逻辑推理能够进行的重要前提；② 数学思考方面，要求学生不仅要在参与观察、实践过程中进行猜想，培养合情推理能力，还要能够有理有据地进行数学思考，并清晰地表达自己的想法，判断结果的合理性，即提高演绎推理能力；③ 问题解决方面，能够从数学的角度发现问题、提出问题和解决问题，也就是将逻辑推理用于解决实际问题；④ 情感态度方面，逐渐形成严谨求实、反思质疑、合作交流、言必有据的科学态度和学习习惯[1]。

可见，虽然《义务教育数学课程标准（2011年版）》对不同学段的学生在数学逻辑推理素养方面提出了不同的要求，但是水平的定位与划分还不够明确和具体，更不宜直接作为测量与评价的指标，因此需要以此为依据进行细化，才能真正对数学逻辑推理的教学策略起到指导性作用，促进学生数学逻辑推理素养的达成。

2. 国际学生评价项目（PISA）的测评框架

PISA是一项由经济合作与发展组织（OECD）组织统筹举办的目前国际上影响力最大的学生基础素养监测国际评估计划，其目的在于监测学生是否具备参与社会所需要的知识与技能，以阅读素养、数学素养及科学素养构成评估的循环核心。PISA拥有较为完整和成熟的评价体系，可以说是国际数学素养测评的导向，为世界各国学生数学素养的测评起到借鉴作用。

2003—2009年期间，PISA数学素养测评框架分为数学情境、数学知识、数学能力和数学问题4个板块。PISA 2012的数学测试框架在此基础之上做了较大改动，将原本相对割裂的数学素养4个测评板块划分成相互联系的3个维度：数学内容、数学过程和数学情境，测评试卷的编制也围绕这3个维度进行。其中，内容维度包括数量、变化及其关系、数据和不确定以及图形与几何4个部分；过程维度包括数学符号或语言的表述、数学方法的运用、数学结果的描述与诠释；情境维度包括来自个人、职业、社会和科学4个方面的真实情境。

PISA 2021将数学素养定义为个人表达、应用或解释（评估）数学的能力，测评框架一个显著的改变是将数学推理放在了核心位置，重点突出了数学推理在数学素养中的地位[2]。其测试题从以下3个方面体现

---

[1] 中华人民共和国教育部.义务教育数学课程标准（2011年版）[M].北京：北京师范大学出版社，2012.
[2] 刘冬梅.PISA2000—2021数学素养测评框架的演变研究[D].成都：四川师范大学，2020.

数学素养：① 将问题情境进行数学化地表达；② 从数学概念、数学命题、数学事实、运算程序、运算法则进行运算或推理；③ 将运算或推理的数学结果回到情境中予以解释、应用和评估[①]。换句话说，数学素养的内涵应用数学知识解决问题情境的完整过程，即评估问题情境→选择问题解决策略→勾勒逻辑结论→形成和描述解决方案→识别如何应用这些方案，体现了学生应用数学知识，主动参与解决问题的能力。同时，这也蕴含了运用数学知识解决实际问题的 3 个阶段或者方面：将真实情境中的问题转化为数学问题，然后解决数学问题，最后再回到真实情境中反思并验证数学结果[②]。

可见，从 2003 到 2021 年，PISA 对数学素养的内涵定义逐渐完善、全面和更加富有时代性，逻辑推理的重要性越来越凸现，测评框架随之进行了调整。但是，演变中仍然保持着不变的特征就是数学素养测评的主体框架，即主要从过程、情境、内容 3 个维度入手。虽然 PISA 数学测评项目是数学的整体素养，面向的是 15 岁的青少年，但是，数学逻辑推理贯穿数学知识解决问题的全过程，是数学素养中最重要的组成部分之一，因此，其框架在小学生数学逻辑推理素养测评中是值得借鉴的，它们也可以而且应当构成小学生数学逻辑推理素养的测评维度。

3. 数学素养的分析框架

近年来，在 OECD 测评的"关键能力"与欧盟各国"21 世纪型能力"两股潮流的影响下，数学素养已经成为国内外数学教育研究的热点问题。尤其是我国"新课改"实施以及数学教育大纲中提出"提高学生的数学素养"以来，数学素养以及数学核心素养的研究更得到广大数学教育专家、学者和一线教师的关注，关于数学素养包含的要素分析研究也风起云涌。

[①] 桑贾伊·马汉贾恩，兹比格涅夫·马齐尼亚克，比尔·斯密特，等. 2021 年 PISA 数学——来自 CCR 的分析[J]. 王铭军，盛群力，译. 数字教育，2019，5（5）：83-92.

[②] 李娜，赵京波，曹一鸣. 基于 PISA2021 数学素养的数学推理与问题解决[J]. 课程·教材·教法，2020，40（4）：13-137.

早期研究中，数学素养大部分为"知识"取向，如谢恩泽等（1991）认为数学素养就是代数、算数、几何、分析等数学知识内容[①]和"知识+能力"，如束仁武（1997）将数学素养分为运算能力、空间观念、逻辑思维能力和辨别猜想能力[②]。但是，更被研究者接受的是除知识和能力之外的多维度取向。张奠宙（1994）提出，数学素质应包括知识观念、思维品质、创造能力和科学语言4个层面[③]；顾沛（2000）认为数学素养应包含抓住数学本质、建立数学模型、提出数学猜想与概念、表达数学思想、探寻解决方法等方面的素养[④]；孔企平（2001）认为数学素养的要素包括常规数学方法、逻辑思维和数学应用[⑤]；朱德全（2002）将数学素养分为数学方法、数学思想与数学人文精神[⑥]；桂德怀等（2008）认为数学素养由数学情感态度价值观、数学知识和数学能力三大部分构成[⑦]；康世刚（2013）将数学素养分为数学知识、数学应用、数学思维、数学思想方法和数学精神等五大要素[⑧]。

同样，国外的数学素养观也经过了从"数学知识与技能"双维度取向向多维度取向的发展历程[⑨]。而多维度取向的数学素养观中，逐渐被数学教育研究者接受和认可的是 PISA 测试中的"数学情境+数学知识+数学过程"三因素表述，它将数学素养看作是数学知识、数学能力以及数学情感在真实情境中发挥作用的整个过程。

通过梳理这些关于"素质""素养"或"能力"表述的国内外关于数

[①] 谢恩泽，滕福星，徐本顺，等.文科学生的自然科学素养[M]. 济南：山东教育出版社，1991.
[②] 束仁武.充分利用"想一想"培养学生的数学素养[J]. 中学数学，1997（11）：10-12.
[③] 张奠宙.数学教育研究导引[M]. 南京：江苏教育出版社，1994.
[④] 顾沛.十种数学能力和五种数学素养[J]. 高等数学研究，2000（11）：5.
[⑤] 孔企平.西方数学教育中"Numeracy"理论初探[J]. 全球教育展望，2001（4）：56-59.
[⑥] 朱德全.数学素养构成要素探析[J]. 中国教育学刊，2002（5）：53-55.
[⑦] 桂德怀，徐斌艳.数学素养内涵之探析[J]. 数学教育学报，2008（5）：22-24.
[⑧] 康世刚.数学素养的生成与教学[M]. 北京：教育科学出版社，2013.
[⑨] 何小亚.学生"数学素养"指标的理论分析[J]. 数学教育学报，2015，24（1）：13-20.

学素养的研究可以发现，数学素养大体可以囊括为3种构成要素：包括读写能力、数学能力、处理数据信息在内的"基础素养"，具有批判性思维和学习方式的高阶的"认知技能"，实现自律、自我管理以及处理与他人或社会关系的"社会技能"[1]。于是，人们对多维度的数学素养观基本达成共识，即把数学知识、数学能力和数学情感态度价值观作为数学素养的三大要素。逻辑推理素养是非常重要的一种数学素养，是人们在现实生活情境中将逻辑推理知识、方法与情感态度统一发挥作用而体现出来的综合素质。

4. 逻辑推理的构成要素

根据文献研究，无论是内涵探索，还是测评模型构建，对于特定的小学阶段学生的数学逻辑推理素养都还未曾有相关成果[2]。但是，由于逻辑推理素养本身的重要性，它一向是数学教育研究领域的热点问题，数学教育专家、学者以及一线教师等对中学逻辑推理素养及逻辑思维能力、逻辑推理能力等进行了较为广泛的研究。

刘兰英（2000）利用因子分析方法对小学生数学推理能力进行了测评指标的相关研究[3]。武锡环，李祥兆（2004）从推理的过程将影响学生归纳推理能力发展的主要因素表述为信息表征、形成猜想、归纳识别和假设检验4个方面，并依此建构了数学归纳推理的认知模型[4]；程靖等（2016）从内容、结构和过程3个维度构建了学生数学推理论证能力的三维"金字塔式"测评框架，其中内容维度是指学科知识内容，结构维度是指学生进行合情推理和论证推理的能力结构，过程维度是指学生

---

[1] 钟启泉. 学科教学的发展及其课题：把握"学科素养"的一个视角[J]. 全球教育展望，2017，46（1）：11-23，46.

[2] 吴维维，邵光华. 逻辑推理核心素养在小学数学课堂如何落地[J]. 课程·教材·教法，2019，39（3）：88-95.

[3] 刘兰英. 小学生数学推理能力结构的验证性因素分析[J]. 心理科学，2000（2）：227-229.

[4] 武锡环，李祥兆. 中学生数学归纳推理的发展研究[J]. 数学教育学报，2004（3）：88-90.

进行推理的水平层次，包括复制、联系和反思等①；吴昊锦（2017）通过专家分析和实证研究，从逻辑推理态度、逻辑推理知识、逻辑推理能力（逻辑判断、逻辑分析、逻辑表达、逻辑运算、逻辑推理）、逻辑推理方法（三段论、关系推理、完全归纳法、数学归纳法、排除法、代入法）、逻辑推理应用（识记、理解、探究、建模、反思）5 个方面构建了高中生逻辑推理素养评价模型②；吴巧治（2019）从逻辑推理知识、逻辑推理思想、逻辑推理活动以及逻辑思维品质 4 个层面来构建高中生数学逻辑推理素养的测评体系塔③。

虽然以上研究成果是关于小学生数学推理能力或者非小学阶段数学逻辑推理素养的测评维度，但是其思路和方法是有借鉴之处的，可以将其在小学生的认知结构基础之上进行迁移和适当修正，结合数学课程标准和 PISA 测评框架，构成小学生数学逻辑推理测评指标体系。

5.2.3　小学生数学逻辑推理素养测评指标初拟

5.2.3.1　专家咨询

根据小学生数学逻辑推理素养测评指标的理论依据和设计原则，通过访谈、问卷等形式对数学教育领域的相关专家进行咨询，作为编制测评工具的依据。

1. 咨询对象

本书针对的学段是小学，因此专家咨询的主要对象是致力于数学教育尤其是基础教育的专家、高校教师以及小学一线数学教师，咨询他们对小学生数学逻辑推理素养的认识和理解、对小学生数学逻辑推理素养测评指标的建议和意见。本书先后对境外及国外知名大学的数学教育专

---

① 程靖, 孙婷, 鲍建生. 我国八年级学生数学推理论证能力的调查研究[J]. 课程·教材·教法, 2016, 36（4）: 17-22.
② 吴昊锦. 高中生逻辑推理素养的评价研究[D]. 福州: 福建师范大学, 2017.
③ 吴巧治. 高中生数学逻辑推理素养的测评研究[D]. 福州: 福建师范大学, 2019.

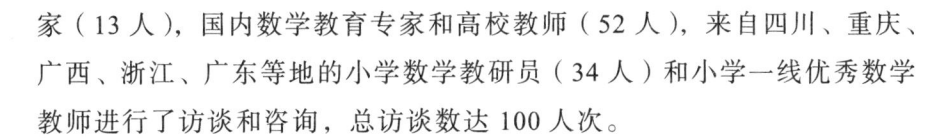

家（13人），国内数学教育专家和高校教师（52人），来自四川、重庆、广西、浙江、广东等地的小学数学教研员（34人）和小学一线优秀数学教师进行了访谈和咨询，总访谈数达100人次。

2．咨询内容

本次咨询主要针对小学生数学逻辑推理素养的测评指标展开，访谈涉及的主要问题有：什么是小学生数学逻辑推理素养？小学生数学逻辑推理素养测评的可能性如何？小学生的数学逻辑推理素养包含哪些方面？

3．咨询结果

在研究初期的咨询中，有专家和教师指出，小学阶段学生的逻辑推理素养尚不具备，因为该阶段学生的数学知识中几乎不涉及证明的内容。但是经过交流、解释和讨论，所有的专家、教研员和教师均认为逻辑推理不等同于严格的证明，小学阶段的数学逻辑推理是存在的，且分为合情推理和演绎推理两部分，从而小学生数学逻辑推理素养的存在性得到了认同，进而可测性也得到一致认可，只是测评研究难度较大。

在关于"什么是小学生数学逻辑推理素养"的问题上，一半以上的小学一线教师并不能给出较为系统和理论的内涵定义，回答较为碎片化。如有老师认为小学生数学逻辑推理素养就是能够作答找规律的题目；有的老师认为能够正确解答题目并说出理由就是具有较高的数学逻辑推理素养等。数学教育专家在这一问题上则建议参考数学素养和PISA测试中对逻辑推理素养的定义，并结合逻辑推理本身的特点给出内涵，也有专家建议借鉴文献，尤其是对专门研究逻辑推理方面的已有成果进行凝练。在后期的咨询中，专家对本书中小学生数学逻辑推理素养的内涵持赞同意见。

对于"小学生的数学逻辑推理素养包含哪些方面"的问题，有较多的不同意见。有专家认为可以采取自下而上的研究，从课堂观察获得数据进行分析；有部分专家认为数学逻辑素养也是数学素养之一，因此应该落脚到"素养"上，按照数学素养的要素，结合逻辑推理进行迁移；有教研员认为要从"逻辑推理"入手，将数学逻辑推理素养分为合情推理素养和演绎推理素养；有小学一线教师则觉得可以从小学单元测试和期中期末考试试卷中进行分析。对本书初拟框架，专家提出，技能只是逻辑推理的形式选择，而方法是实现推理技能的具体途径，应区分开来，即将"逻辑推理技能与方法"分为"逻辑推理技能"与"逻辑推理方法"两个部分。此外，有专家认为，逻辑推理态度作为逻辑推理素养中的非智力因素和学生学习逻辑推理的动机，可以帮助或影响学生逻辑推理素养的培育和发展，因此应该纳入到测评指标体系中。

5.2.3.2 小学生数学逻辑推理素养内涵指标阐述

在小学生逻辑推理素养的测评过程中，"小学生"特指测评对象的年龄阶段，限制了逻辑推理起点（或前提）的知识结构和层次；"逻辑推理"是区别于数学抽象、数学建模等其他数学思维的本质属性，逻辑推理本身包含了一个完整的思维过程：从真实情境或者题目中提取出所需的数学定理、公式、假设等推理前提，到选择合适的推理方法或者形式进行推理或者运算，再到对推理或运算结果进行反思、交流，并应用于真实情境，解决问题，并强调了此过程中学生运用知识的能力以及态度；"素养"是落脚点，最直观地反映在学生能够自觉地应用数学逻辑推理的知识和能力解决真实情境中的实际问题。可见，素养是区别于知识与能力的，是更注重知识和能力的应用和实际问题解决的一种综合素质。

综合专家咨询结果、《义务教育数学课程标准（2011年版）》课程目标、国际学生评价项目（PISA）的测评框架、数学素养的分析框架以及逻辑推理构成要素研究成果，并根据逻辑推理过程本身固有的要素，将小学生数学逻辑推理素养的内涵指标概括为逻辑推理知识、逻辑推理技能、逻辑推理方法、逻辑推理情境转化与交流及逻辑推理态度与价值观5个方面。下面对其分别进行阐述：

第5章 小学生数学逻辑推理素养测评指标的构建与验证

数学逻辑推理知识是进行数学推理活动和数学逻辑推理素养形成的基础。这里的数学逻辑推理知识包含两方面的内容：数学学科知识，一切逻辑推理都是从前提出发的，数学逻辑推理的前提就是数学概念和已知的正确的数学事实、数学命题、运算法则和运算规律等；逻辑推理知识，即推理需遵循的逻辑规则、推理形式、逻辑关系、表达符号以及联结词等，如"只有……才……""只要……就……""因为……所以……"等，它们是进行逻辑推理的支撑点，是逻辑思维形成的保障。

数学逻辑推理技能是指学生在数学问题的探究和解决过程中所应用的归纳概括、类比推理、演绎分析等逻辑推理手段和技巧。如前文所述，逻辑推理从大的方面可分为合情推理和演绎推理两大部分，二者联合推动着数学学科的创新与发展，如波利亚在《怎样解题》一书中所说："严格表述的数学是一门系统的演绎科学，但在形成过程中的数学则是一门实验性的归纳科学。"[1]合情推理是学生通过归纳、类比、猜想等思维活动而探索得到新的数学结论的过程，它虽不是必然性推理，却是得到新的数学命题的重要途径，也是小学生尤其是低年级小学生进行数学逻辑推理的主要形式，讲究计算和说理有据可依，主要有不完全归纳推理、类比推理、统计推理3类。演绎推理是从正确的数学前提出发，经过有效的逻辑推理形式推导出新的数学命题，是数学中的严格的论证和计算方法，是数学知识、经验和技能的有效迁移，是数学严谨性的重要保障。在小学阶段，虽然学生并未系统地学习形式逻辑和证明方法，但在课程标准要求、数学教材和儿童的思维发展过程中已经体现了演绎推理的思想和内容。孙保华（2018）认为小学阶段比较常见的演绎推理有三段论模式、假言推理、选言推理、关系推理等[2]。因此，总地来说，小学生数学逻辑推理包含归纳推理、类比推理、演绎推理和统计推理四大类。

---

[1] G. 波利亚. 怎样解题[M]. 涂泓, 冯承天, 译. 上海: 上海科技教育出版社, 2011.
[2] 孙保华. 小学数学演绎推理的表现形式及渗透[J]. 教学与管理, 2018（11）: 43-45.

方法是为达到某种目的或者获得某项技能而采取的途径、步骤与手段等。经常我们会看见如"提高……技能的有效方法"等表述，初级技能可经过有计划、有目的地反复练习而达到技巧性技能阶段。可见，逻辑推理方法是逻辑推理技能提高的具体途径。在进行数学逻辑推理的过程中，一般方法有排除法、假设法、反证法，它们融合在各种逻辑推理的过程中。

真实的生活与社会情境是数学素养生成的外部环境，学生已有的数学经验（知识）是数学素养生成的基础和源泉，数学的各类课堂内外实践活动是数学素养生成的载体，体验、感悟、反思和表现是数学素养生成的环节[1]。对于数学逻辑推理素养的生成也是如此，仅仅有逻辑推理知识和逻辑推理技能与方法是不够的，还需要让学生从数学的角度理解和把握情境，能够从现实情境的大量信息中进行提取和选择，结合自己的数学知识体系对信息进行解释和重建，作出有逻辑的推理，最后将推理的结果进行数学化地表达，并回到现实情境进行反思、检验和应用，最终形成良好的价值观。可见，数学逻辑推理的情境转化与应用是通过学生在日常生活和现实情境中应用数学逻辑推理而实现的。

问题解决和情感态度是义务教育阶段数学课程标准中重要的课程目标，也是数学素养的一个重要方面。在进行学生的学习评价尤其是数学素养的测量与评价时，我们不仅仅要关心学生的学业水平，也要重视学生在所有的数学活动中表现出来的情感和态度，帮助学生认识数学逻辑推理的价值、认识自身对逻辑推理的理解、培养自信心和学习数学的兴趣[2]。数学逻辑推理素养中的问题解决和情感态度要求学生能够从日常生活提取出数学逻辑推理的前提、对问题进行分析和推理并得到最终的结论的同时，能与他人合作、交流，感受通过数学活动而获得的成功喜悦，领悟数学逻辑推理在生活中的应用价值。顾沛

---

[1] 康世刚. 数学素养的生成与教学[M]. 北京：教育科学出版社，2013.
[2] 中华人民共和国教育部. 义务教育数学课程标准（2011年版）[M]. 北京：北京师范大学出版社，2012.

（2000）提出，数学素养就是通过数学教学，使学生能够探寻实际生活背景中的数学本质，解决实际问题，从而赋予学生的一种学数学、用数学、创新数学的修养和品质，包括 5 方面的内容：探寻数学问题；用准确、简练的数学语言进行表达；合理提出猜想的良好科学态度和创新精神；提出猜想后的逻辑理性思维和探寻解决问题的方法；对现实世界的现象和过程进行简化和量化等素养[1]。数学逻辑推理应用是数学逻辑推理知识与技能最终的落脚点，也是逻辑推理素养中情感、态度、价值观的直接体现。事实上，《义务教育数学课程标准（2011年版）》指出："数学思想蕴含在数学知识形成、发展和应用的过程中，是数学知识和方法在更高层次上的抽象与概括，如抽象、分类、归纳、演绎、模型等。学生在积极参与教学活动的过程中，通过独立思考、合作交流，逐步感悟数学思想。"也就是说，学生的数学思想、数学情感、数学自信等并不能脱离具体的知识而单独存在，而是依附和伴随数学知识的应用而形成的。

5.2.3.3　小学生数学逻辑推理素养测评的内涵指标初拟

综上，经多次专家咨询、讨论和文献查阅，本书从"素养"着手，结合"逻辑推理"本身的要素特点，借鉴 PISA 测试中数学素养测评框架，从义务教育阶段数学课程目标、小学生数学逻辑推理素养的理论依据和国际数学素养测评框架出发，初步设想小学生数学逻辑推理素养的内涵指标主要包括逻辑推理知识、逻辑推理技能、逻辑推理方法、逻辑推理应用和逻辑推理态度 5 个方面。具体如表 5-2 所示。

按照初拟的内涵指标，下一步编制小学生数学逻辑推理测评工具，用实测数据探索内涵指标中的主要因素，讨论测量变量之间的相互关系，以构成最终的测评指标体系。

---

[1] 顾沛. 十种数学能力和五种数学素养[J]. 高等教育研究，2000（1）：5.

表 5-2 小学生的数学逻辑推理素养的测评指标和具体行为表现

数学素养测评点	内涵指标	具体行为表现
知识	逻辑推理知识	数学概念的识记
		数学命题、运算法则与运算律的掌握
		逻辑符号与关联词的含义的理解与应用
能力（过程）	逻辑推理技能	归纳推理（能从个别性知识中寻找规律，推导出正确的一般性知识）
		类比推理（根据两个或两个以上对象在某些属性上相同或相似，通过比较而推断出它们相同的其他属性）
		演绎推理（从一般性的前提出发，通过逻辑推演，得出正确结论，小学主要表现为逻辑判断和逻辑运算）
		统计推理[根据样本的某属性（如均值大小等）推出总体具有某属性]
	逻辑推理方法	假设法（对可能的情况做出假设，再根据条件进行推理，若得到的结论和条件不矛盾，则假设正确）
		排除法（通过逐步排除不可能的情况，从而得到正确的结论）
		反向思维法或反证法（先假设命题不成立，推论得到矛盾，从而得到原命题成立）
	逻辑推理情境转化与交流	现实情境的转化（从现实情境提取有用的数学信息作为推理前提）
		逻辑推理过程的表达（能够用逻辑语言和逻辑符号简单表述推理过程）
		逻辑推理结果的还原与反思（能将推理结果还原到真实情境中进行检验，若不符合现实情况，能主动查找错误）
情感态度价值观	逻辑推理态度与价值认识	逻辑推理价值认识（对数学逻辑推理素养在数学学习中重要性和价值的认可程度）
		对数学逻辑推理的兴趣与情感体验
		对逻辑推理学习的态度与自信度

5.3 小学生数学逻辑推理素养测评工具编制

5.3.1 测评工具设计原则

由于让一线教师对小学生逻辑推理素养测评指标的确定难度较大，而且测试卷比问卷更加适合对"学生素养"进行调查，因此本书选择测试卷为量表，作为数据获取方式，本书中测试题的总体设计原则如下：

（1）目的性原则：本测试卷的编制目的是对小学生数学逻辑推理素养进行测评，根据此目的和研究对象，测试卷编制将结合其内涵和操作性定义，试卷的结构、层次和试题难度将围绕这一目的进行，在试卷编制过程中将考虑题目是否符合测评对象的认知水平，是否能够反映小学生的数学逻辑推理素养，测评内容是否与课程标准要求相匹配。

（2）科学性与有效性原则：测试卷的科学性是指每一道试题均是正确的、有解的，测试卷中的表述简洁明晰、用语规范无误、图形准确无歧义，不存在知识性的错误，适合小学四年级学生的理解水平；有效性是指要使测试卷的设计与研究目标一致，测试题要覆盖所有小学生数学逻辑推理素养测评的内涵维度，即保证测试卷的效度。

（3）教育性与实践性原则：由于测试内容包含了对数学逻辑推理素养的价值判断，因此应该体现不同时代的教育性，要选取正面教育素材，提高学生的思想教育价值。此外，在设计与实际生活背景相联系的题目时，还应注重真实性，题目中所用的材料与情境都应与不同生活环境的学生密切联系,题目的选取过程中注意不使用脱离学生生活实际的素材，不使用学生觉得晦涩难懂的语句。

（4）创新性原则：主要体现在试题结构和试题本身的创新两方面。试题结构的创新是指根据研究目的，摒弃学生平时所接触的考试试卷的模式，采用多样化的题型设计，客观与主观相结合，封闭式与开放式相结合，让学生觉得新颖、有趣、乐于完成测试；试题的创新是指试题的选取和考察角度的新颖,本测试卷的试题来源于多种渠道,注重了试题现实背景的设置和提问方式的变化。

(5)相对独立性和无属性层级结构原则:由于小学生数学逻辑推理素养分成若干个维度,在构建模型的过程中将维度设定为相互独立,因此在测试卷编制的过程中尽量做到测试题之间的独立性,即答对某一道题目对于答对另一道题目与否没有影响。此外,测试卷编制还要求无属性层级结构,也就是说,题目与题目之间不存在知识的层级与所属结构。

5.3.2 测试卷的构成及题项设置

1. 测试卷的构成框架

在以上试题编制原则的保证下,经过西南大学、广西师范学大学、重庆师范大学等数学教育专家与一线数学教师、教研员的商讨,决定测试卷借鉴 PISA2000—2018 的数学测试框架,所有的测试题目紧扣《义务教育数学课程标准(2011 年版)》对小学生数学教材与课程中逻辑推理的要求,题目主要来源有 PISA 测试题(改编)、TIMSS 试题、小学数学教材中的例题、课后作业、练习册、测试卷以及公开发表的文献,题型主要采用选择题、填空和开放性试题 3 种方式,设计答题时间为 60 分钟。

测试卷中的测试题是根据测评维度的具体行为表现编制的,一个具体的行为表现对应 1~2 道题目,4~6 个观测点。经多次讨论和修订,最终确定测试题 16 道,题号分别用 $T_i(i=1,2,\cdots,16)$ 表示,其题型分布和测试题项所对应的测评维度分别见表 5-3 和表 5-4。

表 5-3 测试卷题型分布

测评维度	单选题	多选题	判断题	填空题	解答题
逻辑推理知识	T1(1),T1(2),T1(3),T3(1)	T1(4),T3(2),T3(3)	T2(2)	T2(1)	T2(3)
逻辑推理技能	T7(1)			T4(1),T4(2),T5(1),T5(1),T6(1),T6(2)	T4(3),T7(2)

第5章 小学生数学逻辑推理素养测评指标的构建与验证

续表

测评维度	单选题	多选题	判断题	填空题	解答题
逻辑推理方法	T9(1)			T9(2),T10(1),T10(2)	T8
逻辑推理情境转化与交流			T12,T13		T11
逻辑推理态度与行为倾向		T14,T15,T16			

表 5-4 测试卷中的测试题项所对应的测评维度

测试题题号	内涵指标	具体行为表现
T1,T2,T3	逻辑推理知识	数学定义与概念
		数学命题、运算律等
		逻辑推理符号、关联词等的理解与应用
T4,T5,T6,T7	逻辑推理技能	能通过观察、猜想、比较寻找规律，推导出正确的一般性知识
		根据两个对象在某些属性上相同或相似，通过比较而推断出它们相同的其他属性
		从一般性的前提出发，通过逻辑推演，得出正确结论，如逻辑判断和数学运算等
		通过数据的分析与观察做出合理的推断
T8,T9,T10	逻辑推理方法	对可能的情况做出假设，再进行推理，若得到的结论和条件不矛盾，则假设正确
		通过逐步排除不可能的情况，从而得到正确的结论
		先假设命题不成立，推论得到矛盾，从而得到原命题成立
T11,T12,T13	逻辑推理情境转化与交流	从现实情境提取有用的数学信息作为推理前提
		能够用逻辑语言和逻辑符号简单表述推理过程
		能将推理结果还原到真实情境中进行检验，若不符合现实情况，能主动查找错误
T14,T15,T16	逻辑推理态度与行为倾向	对逻辑推理的价值认识（对数学逻辑推理素养在数学学习中重要性和价值的认可程度）
		对数学逻辑推理的兴趣与情感体验
		对数学逻辑推理学习的态度与自信度

2. 测试题的题项设置

测试题应该尽可能全面、客观地反映学生在每一个观测点的水平。对于小学生逻辑推理知识、能力、技能与方法，可通过对学生对相应测试题的答题得分进行评判，但是情感态度价值观很大程度上是体现在学生学习或者答题的过程中，很难用测试题或量表进行测量。Kumar 等（1997）认为，对于有自我判断能力的人群来说，情感态度价值观的自评是最有权威性的评估手段[①]。四年级的孩子已经能够判断自己在学习过程中对某个事物是否感兴趣，已经具备独立评判价值的能力，故本书中关于小学生数学逻辑推理情感、态度、价值观等就是采用自评式项目进行测量，简便易行；关于知识、技能和方法等可以通过学生对题目的作答来体现，故选用了具有代表性的测试题进行测试。因此，在 16 个测试题中，有 5 个题目（T12～T16）采用李克特量表五分制答题方式，用 5 个特征属性反映评价目标，其余 11 个题目中均包含有多个小题或多个步骤，其目的主要有 3 个方面：

（1）体现题目的层次性。由于学生之间的逻辑推理素养水平可能出现参差不齐的情况，多个小题、多重计分更能测试出学生的不同水平。在测试卷中针对行为表现"排除法"设置了题目 T9（如图 5-1 所示）。例如：测试题 T9 包含两个不同的小题，其中 T9（1）是关于数的奇偶性判断，而数的奇偶性是人教版二年级下册的内容，因此，学生只要能够将四个答案的情况代入题设，注意排除即可得到正确答案，属于稍容易的题目；T9（2）是一个猜数字的题目。由于图形较多，需要学生从这 3 个图中找到解答的关键和本质（每一个图中已经出现的 3 个数字都是相邻的面），通过第 2 个图排除 3 对面的数字 1、2，通过第 2 个图排除 3 对面的数字 4、5，从而得到正确答案 6，而第一个图属于干扰项，（2）的难度比（1）有所提升。整体来说，题目 T9 较好地体现了测试题难度的层次性，有利于提高测试卷的区分度。

[①] KUMAR V K, KEMMLER D, HOLMAN E R.The creativity styles questionnaire-revised[J]. Creativity Research Journal, 1997, 10: 51-58.

第5章 小学生数学逻辑推理素养测评指标的构建与验证

T9．（1）两个自然数的乘积是奇数，关于这两个数，下面哪个结论是正确的？（　　）

A．两个都是偶数　　　　B．两个数中一个是奇数，一个是偶数

C．两个都是奇数　　　　D．无法判断

（2）有一个正方体，它的六个面分别写有 1、2、3、4、5、6 六个数字，三种不同的摆法下显示出来的数字如图 5-1 所示，请问：

① 数字 3 的对面是数字_____。

② 你的理由是什么？_____。

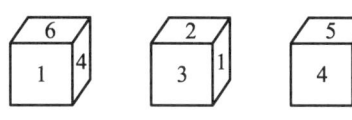

图 5-1 "排除法"测试题 T9

（2）更全面地测试学生某方面的水平。仅仅用一个题目对某个行为因素的考察未免太片面。比如在归纳推理这个行为因素上，如果只有一个测试题，而学生答错该测试题有可能是其他随机因素引起的，并不一定代表该学生的归纳推理能力就很差，多个小题才能更加客观、全面反映学生在某方面的水平。

例如：T3（如图 5-2 所示）考察学生的逻辑推理基础知识，主要内容是逻辑联结词的理解，而逻辑联结词是很多的，仅用一个考察的可靠性不高，故设置了 3 小题，并且第（2）小题是多选，比较有代表性地囊括了测试点的内容。值得注意的是，在第（3）小题中，目的是单纯考察学生的对"否定"这个逻辑运算的理解，而不是其数学知识。因此，即使学生并没有学习"素数"这个概念，也对学生答题并没有任何的影响。如此设置尽可能地避免了数学知识对作答的干扰，也保证了题目之间的独立性。

T3．（1）小明说："今天下午只有小敏去图书馆，我才去"，结果下午小明去图书馆了，那么（　　）

A．小敏一定去图书馆了

B. 小敏一定没有去图书馆

C. 小敏可能去图书馆了，也可能没有去

D. 以上都有可能

（2）从"奥数获奖的学生全部都在我们班"这句话，下面正确的有哪些？（   ）

A. 奥数没有获奖的学生都不在我们班

B. 我们班的学生全部都是奥数获奖的

C. 不是我们班的一定是奥数没有获奖的

D. 我们班的学生不一定都奥数获奖

（3）"否定"表示对一句话持反对意见的表达，比如："这些数中有些比5大"的否定是"这些数全部都比5小"，那么"每一个素数都是奇数"这句话的否定是（   ）

A. 每一个素数都不是奇数　　B. 有些素数不是奇数

C. 不是素数的都不是奇数　　D. 奇数全都是素数

图 5-2 "数学逻辑推理知识"测试题 T3

（3）更完整地展示学生进行数学逻辑推理的思维过程。对于一些比较难或者复杂的题目，直接从答题的结果测试学生的推理水平和思考过程是不科学、不客观的，而应该给与一定的提示语进行引导，从一步一步完成题目的过程观察学生的思维方式和思维水平。例如，小学生数学逻辑推理素养的行为表现"归纳推理"设置的题目T4（如图5-3所示）中包含3个小题，其中第（1）个问题旨在让学生通过计算、比较，针对取得卡片1，4，5的情况得出乘积最大的卡片排序方法；第（2）个问题进一步要求学生进行对比、猜想，从特殊情形归纳出一般规律，考虑到完全由学生自己叙述规律对四年级学生有困难，故设置成了填空的方式，相当于给了学生一定的提示；第（3）个问题是让学生阐述放卡片的主要理由，是展示学生的思维过程和表达能力，体现出解答过程中的归纳思想。

第5章 小学生数学逻辑推理素养测评指标的构建与验证

T4. 有九张卡片，上面分别写上了数字 1、2、…、9，王芳从中抽取了三张数字分别为 1，4，5 的卡片。

（1）请你在右边的方框内填上这三个数字，使得乘积最大。

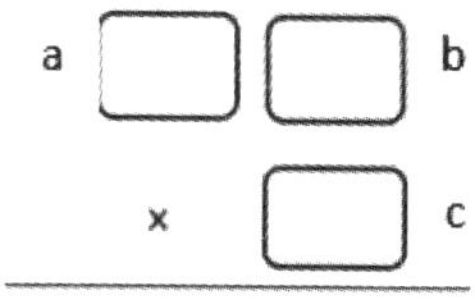

（2）如果任意抽取三张卡片，要使乘积最大，应该这样放这三张卡片：最大的数放在＿＿＿＿＿＿处，最小的数放在＿＿＿＿＿＿处（用 a、b 或 c 表示）。

（3）你认为这样放的理由是什么？＿＿＿＿＿＿

图 5-3 "归纳推理"测试题 T4

3. 测试卷评分细则制定

由于测试卷中 T12～T16 采用单选题，选项按照李克特量表五分制进行设置，因此学生得分的分值为 1～5 分（未答除外）。而除了这 5 道题之外，其余的题目中均包含多个小题，则采用分级、分别计分的形式（如图 5-4 所示），评分细则见附录 B。

T9.（1）C……（1 分）

（2）① 6……（2 分）

② 从图 2 可知，3 的对面一定不可能是 1 和 2，从图 2 可知，3 的对面一定不可能是 4 和 5，所以只可能是 6。……（2 分，酌情给分）

图 5-4 测试卷评分细则示例

根据评分标准，每一道题的卷面总分为 5 分，因此可分为 6 个水平。但是，若大于 3 道题因全部未答（不是答错）的得分为 0，则判断该试卷为无效卷。每个测试项目的评分形式如表 5-5 所示。

表 5-5 各测试题计分形式

题目编号	小题分解	题目类型	计分形式	总分值
T1	T1(1)	单选	0,1	5
	T1(2)	单选	0,1	

续表

题目编号	小题分解	题目类型	计分形式	总分值
T1	T1(3)	单选	0,1	5
	T1(4)	多选	0,1,2	
T2	T2(1)	填空	0,1	5
	T2(2)	判断	0,1	
	T2(3)	问答	0,1,2,3	
T3	T3(1)	单选	0,1	5
	T3(2)	多选	0,2,3	
	T3(3)	单选	0,1	
T4	T4(1)	填空	0,1	5
	T4(2)	填空	0,1,2	
	T4(3)	问答	0,1,2	
T5	T5(1)	填空	0,0.5,1,1.5,2,2.5,3	5
	T5(2)	填空	0,1,2	
T6	T6(1)	填空	0,1	5
	T6(2)	填空	0,1,2,3,4	
T7	T7(1)	单选	0,2	5
	T7(2)	问答	0,1,2,3	
T8		解答	0,1,2,3,4,5	5
T9	T9(1)	填空	0,1	5
	T9(2)	问答	0,1,2,3,4	
T10	T10(1)	填空	0,1,2	5
	T10(2)	填空	0,1,2,3	
T11	T11(1)	解答	0,1,2	5
	T11(2)	解答	0,1,2,3	
T12		单选	0,1,2,3,4,5	5
T13		单选	0,1,2,3,4,5	5
T14		单选	0,1,2,3,4,5	5
T15		单选	0,1,2,3,4,5	5
T16		单选	0,1,2,3,4,5	5

第 5 章　小学生数学逻辑推理素养测评指标的构建与验证

4. 初步试测

测试题编制完成后，选取玉林市两所小学的 92 名学生进行初次试测，主要目的是评估试题难度和题量是否适中、题目是否有语义不清或歧义、测试题设置的情境是否符合学生的年龄认知等。经过初试，对学生和任课教师反馈太难的题目进行了修改和增删，如原测试题 T3（1）中考察学生对逻辑关联词"只要……就……"的掌握情况（如 5-5 所示），在初次试测中几乎没有学生答对，由于四年级学生对充分条件和必要条件还没有达到足够的认知，故改为了"只有……才……"（如图 5-6 所示）；原 T4 关于"角的个数"题目对四年级学生难度太大，换成了数字卡片题，考察学生猜想、比较、归纳推理的能力。

T3.（1）小明说："今天下午只要小敏去图书馆，我就去"，结果下午小明去图书馆了，那么（　　）

A. 小敏一定去图书馆了

B. 小敏一定没有去图书馆

C. 小敏可能去图书馆了，也可能没有去

D. 以上都有可能

图 5-5　原测试题 T3（1）

T3.（1）小明说："今天下午只有小敏去图书馆，我才去"，结果下午小明去图书馆了，那么（　　）

A. 小敏一定去图书馆了

B. 小敏一定没有去图书馆

C. 小敏可能去图书馆了，也可能没有去

D. 以上都有可能

图 5-6　修改后的测试题 T3（1）

在第 T4 第（2）小问（规律的总结）中，大部分学生能理解题目要求，也能大概知道解题思路，但是要有逻辑地、完整地表述出来却十分困难。通过对一线教师进行咨询和访谈，了解到学生在教学过程中的归纳推理、总结规律都是教师通过多个例题进行逐步引导或提示才能够完成，鉴于测试过程中不可能由教师进行语言引导，故将完全开放题改为了填空题（如图 5-7 所示），并将解题过程进行了逐步拆解，对学生的答题起到了一定的提示作用，使得整个题目的难度下降。

T4. 有九张卡片，上面分别写上了数字 1、2、…、9，王芳从中抽取了三张数字分别为 1，4，5 的卡片。

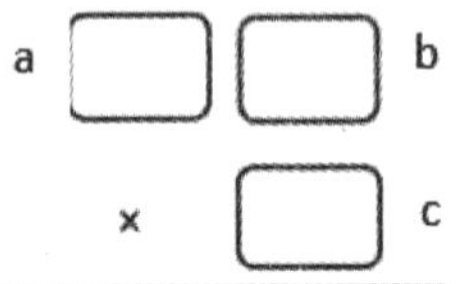

（1）请你在右边的方框内填上这三个数字，使得乘积最大。

（2）如果任意抽取三张卡片，要使乘积最大，应该这样放这三张卡片：最大的数放在_____处，最小的数放在_____处（用 a、b 或 c 表示）。

（3）你认为这样放的理由是什么？_____
_____。

图 5-7　修改后的测试题 T4

用修改后的测试卷进行第二次试测，选取了两个班级共 87 名四年级学生作为被试。测试后发现，修改后的 T3（1）有 38 名同学答对，占学生总数的 43.68%；T4 第（2）小问拆解之后能对学生答题起到一定的指引和提示作用，答对题目的学生比例明显比第一次初测时增多。第二次测试后，小学生数学逻辑推理素养测评工具最终定稿（见附录 A）。

5.3.3　基于经典测量理论（CTT）的测试卷质量分析与评价

无论什么测量工具，必须满足对同一对象进行反复测量的结果之间能够具备一致性和有效性，教育测量工具也不例外，即在对某一测试卷的数据进行分析之前，首先保证该测试卷具有良好的信度与效度，这是测量工具性能的重要质量指标。同时，如果被试与被试之间得分的差异太小，就表明该测试题要么太难，要么太简单，则该题的区分能力弱，即不能提供学生水平差异的相关信息。因此，区分度也是刻画测试题质量与性能的重要指标之一。下面利用测试样本数据对测试工具进行质量的分析与评价。

5.3.3.1 测试对象

本书按照分层抽样的方法,在广西 4 所小学(城市和乡镇各 2 所)的 8 个班级随机抽取了 350 个样本,一共发放测试卷 350 份,回收试卷 350 份,以对测试卷进行信效度、区分度、难度等质量分析。

5.3.3.2 质量分析结果

根据经典测量理论(CTT)测试卷质量评价指标的计算方法,得到小学生数学逻辑推理素养测试卷的信度、效度、区分度及难度系数。

1. 信　度

信度是为了检验该测试卷作为一个测样工具是否稳定可靠,即免于受到随机误差影响的程度。本书的测试卷信度考虑其同质性信度(或内部一致性信度),以检验测试卷的题项间的一致性程度,即保证所有的题项测得均为学生的同一种特质,因此题目的得分之间应该具有较高的正相关性。本测试卷题目项较多,估计测验信度采用克隆巴赫系数(Cronbach's Alpha Coefficient)。

$$\alpha = \frac{K}{K-1}\left(1 - \frac{\sum S_i^2}{S_X^2}\right)$$

其中,S_i^2 表示在某一道题 T_i 上每一个被试学生得分的方差,S_X^2 表示被试总得分的方差,K 为题目数,本书中 $K=16$。通过 SPSS 软件计算,得到本测试卷的 $\alpha = 0.835$,说明该测试卷具有较好的信度(0.7~0.8 表明有些项目需要修订;0.8~0.9 表明信度可以接受;大于 0.9 表明量表的信度较好[①])。

---

① 朱德全,宋乃庆. 教育统计与测评技术[M]. 重庆:西南师范大学出版社,1998.

2. 效　度

量表的效度有内容效度、效标关联效度、结构效度等多种类型。在此先考虑内容效度，即测试卷中的测试题项实际测到的内容与测试题编制者所希望测得的内容之间的吻合程度[①]。本书中，测试卷的效度就是评价测试卷是否集中测量了学生的数学逻辑推理素养，其结构效度在后续的验证性因素分析中进行检验。

本书中，内容效度的验证是通过专家打分的方式确定每一道测试题与测评目标的吻合度。进行测试卷内容效度评价的专家咨询问卷按照四等级评分制设置选项：1~4分别表示不合适、比较不合适、比较合适和合适四个等级，分数越高，表示该条目与测评内容的相关性就越高，即条目的代表性就越好，反之亦然。通过8位数学教育专家及具有十余年教学经验的小学一线教师（分别记为 A，B，…，H）对测试卷中的16个条目分别进行打分评价，结果如表5-6所示。

表5-6　小学生数学逻辑推理素养测试卷内容效度专家评分

题目	专家打分								题目	专家打分							
	A	B	C	D	E	F	G	H		A	B	C	D	E	F	G	H
T1	4	2	4	3	4	2	3	3	T9	3	4	3	3	3	4	4	4
T2	4	4	4	3	3	3	4	4	T10	3	4	3	4	3	3	3	4
T3	4	4	4	4	3	4	4	4	T11	4	3	4	3	4	4	4	3
T4	4	4	4	4	4	4	4	4	T12	3	2	4	3	4	3	3	3
T5	4	4	4	4	4	3	4	3	T13	3	3	4	3	3	3	3	4
T6	3	4	3	3	4	4	4	3	T14	3	4	4	2	4	4	4	2
T7	4	4	3	4	3	4	4	4	T15	3	3	4	4	3	3	4	4
T8	4	4	4	4	4	3	3	4	T16	3	4	4	3	4	2	4	3

记 A 表示打分为3或4的专家人数，N 为参与评分的总专家人数，通过公式 I-CVI $= \dfrac{A}{N}$ 计算得测试卷中16个条目的 I-CVI 值如表5-7所示。

[①] 史静琤, 莫显昆, 孙振球. 量表编制中内容效度指数的应用[J]. 中南大学学报（医学版）, 2012, 37（2）: 49-52.

第 5 章 小学生数学逻辑推理素养测评指标的构建与验证

表 5-7 小学生数学逻辑推理素养测试卷各个条目的 I-CVI 值

题目	T1	T2	T3	T4	T5	T6	T7	T8	T9	T10	T11	T12	T13	T14	T15	T16
I-CVI 值	0.75	1.00	1.00	1.00	0.88	1.00	1.00	1.00	1.00	1.00	0.88	1.00	0.88	1.00	1.00	0.88

由表 5-7 可见，小学生数学逻辑推理素养测试卷中 16 个题目的 I-CVI 值均在 0.75 及以上。根据不同人数专家评估指数标准[1]，8 个专家评分的 I-CVI 0.75 为良好，0.88 以上为优秀，且综合考虑对各 I-CVI 计算均数可得 S-CVI/Ave = 0.95，而 S-CVI/Ave 大于 0.90 表明内容效度较好[2]，因此认为本测试题的 I-CVI 指数为优秀。

为了消除评分过程中专家对选项进行选择的随机一致性，对 I-CVI 计算值进行校正，根据 Polit 等的校正公式 $P_c = \left(\dfrac{n!}{A!(n-A)!} \right) \times 0.5^n$（$n$ 为参与评分的专家人数 8，A 为评分为 3 或 4 的专家人数），结合 I-CVI 值与随机一致性概率 P_c，可得调整后的 kappa 值（记为 K^*），其中

$$K^* = \dfrac{\text{I-CVI} - P_c}{1 - P_c}\text{[3]}$$

通常来看，专家的意见之间的一致性越高，则 I-CVI 指数越高，随机一致性校正后的 K^* 值也越大，内容效度就越优。根据以上数据，最终计算各条目的内容效度，如表 5-8 所示。

表 5-8 小学生数学逻辑推理素养测试卷内容效度专家评分及指数计算

题目	专家评分 A	B	C	D	E	F	G	H	评分为 3 或 4 的专家人数	I-CVI	P_c	K^*	评价
T1	4	2	4	3	4	2	3	3	6	0.75	0.109 4	0.72	良好
T2	4	4	4	3	3	3	4	4	8	1.00	0.003 9	1.00	优秀

---

[1] POLIT D F, BECK C T, OWEN SV.Is the CVI an acceptable indicator of content validity? Appraisal and recommendations [J]. Res Nurs Health, 2007, 30(4): 459-467.

[2] WALTZ C F, STRICKLAND O L, LENZ E R. Measurement in nursing and health research[M]. 3rd ed. New York: Springer, 2005.

[3] 刘影，曾琬婷. 数学教育测量与评价[M]. 北京：北京大学出版社，2015.

续表

题目	专家评分 A	B	C	D	E	F	G	H	评分为3或4的专家人数	I-CVI	P_c	K^*	评价
T3	4	4	4	4	3	3	4	3	8	1.00	0.003 9	1.00	优秀
T4	4	4	4	3	4	3	4	4	8	1.00	0.003 9	1.00	优秀
T5	4	2	4	3	4	4	3	4	7	0.88	0.109 4	0.86	优秀
T6	3	4	3	3	3	3	3	4	8	1.00	0.003 9	1.00	优秀
T7	4	4	3	3	4	4	3	4	8	1.00	0.003 9	1.00	优秀
T8	4	3	4	4	4	3	3	3	8	1.00	0.109 4	1.00	优秀
T9	3	4	3	3	3	4	4	3	8	1.00	0.003 9	1.00	优秀
T10	3	4	3	4	3	3	4	3	8	1.00	0.003 9	1.00	优秀
T11	4	4	3	4	4	4	3	3	8	1.00	0.003 9	1.00	优秀
T12	3	2	4	3	3	4	3	4	7	0.88	0.109 4	0.86	优秀
T13	3	4	3	4	4	3	4	3	8	1.00	0.109 4	1.00	优秀
T14	3	3	4	2	3	4	4	2	6	0.75	0.109 4	0.72	良好
T15	4	4	3	4	3	3	3	4	8	1.00	0.109 4	1.00	优秀
T16	3	4	4	3	4	2	4	3	7	0.88	0.109 4	0.86	优秀

可见，测试卷16个测试题的内容一致性效度K^*均大于或等于0.72，而根据K^*的评价标准，0.40～0.59为一般，0.60～0.74为良好，大于0.74为优秀[1]，本测试卷各条目的内容一致性除T1、T14为良好外，其余的14个条目均为优秀。T1是关于学生数学学科知识中数学概念的选项，T14是为了测试学生在完成测试过程中的感受，考察学生对数学逻辑推理的态度。态度与价值观是数学逻辑推理素养中比较重要的一个因素，但专家可能认为这两个条目不直接涉及学生推理的能力，故认同度稍低，但也在可以接受的范围之内。总体来说，本测试卷的效度优秀，可以用于对小学生数学逻辑推理素养的正式测试。

---

[1] POLIT D F, BECK C T, OWEN S V. Is the CVI an acceptable indicator of content validity? Appraisal and recommendations[J]. Res Nurs Health, 2007, 30(4): 459-467.

3. 区分度

一道题的区分度是指它能多大程度上将不同水平层次的被试区分开来，也称为题目的鉴别度系数。量表区分度的计算方法有相关法和高低分组法，本书采用高低分组法对测试卷的区分度进行检验。

在各个题目的测验分数中各取总人数的 27% 作为高分和低分两个极端效标组，用区分度指数公式 $D = \dfrac{\bar{X}_H - \bar{X}_L}{F}$（其中，$\bar{X}_H$ 表示高分组在某个测试题上得分的均值，$\bar{X}_L$ 表示低分组在同一个测试题上得分的均值，F 为该题目的总分）分别计算。D 值越高，说明测试题越有效。评判标准参照 1965 年艾贝尔(R.L.Ebel)提出的题目区分度鉴别指数标准，如表 5-9 所示。

表 5-9 题目区分度评价标准[①]

区分度值	评价
0.40 及以上	优良
0.30～0.39	合格
0.20～0.29	尚可，建议修改
0.19 及以下	淘汰

将本书将测试卷的初测结果数据录入 Excel 软件，计算得到各个测试题的区分度值如表 5-10 所示。

表 5-10 测试卷各题目的区分度指数

题项	$\bar{X}_H$	$\bar{X}_L$	区分度指数	评价
T1	4.313 2	2.032 8	0.456 1	优良
T2	4.527 5	2.355 2	0.434 5	优良
T3	4.659 3	2.024 0	0.527 1	优良
T4	4.431 3	1.000 0	0.686 3	优良
T5	4.335 2	1.000 0	0.667 0	优良

[①] 黄光扬. 教育测量与评价[M]. 2 版. 上海：华东师范大学出版社，2012.

续表

题项	$\bar{X}_H$	$\bar{X}_L$	区分度指数	评价
T6	4.137 4	1.000 0	0.627 5	优良
T7	4.491 8	1.000 0	0.698 4	优良
T8	5.000 0	1.747 3	0.650 5	优良
T9	4.230 8	1.813 2	0.483 5	优良
T10	5.000 0	2.307 7	0.538 5	优良
T11	4.206 0	1.684 1	0.504 4	优良
T12	3.895 6	1.717 0	0.435 7	优良
T13	4.692 3	2.164 8	0.505 5	优良
T14	5.000 0	3.164 8	0.367 0	合格
T15	4.285 7	2.406 6	0.375 8	合格
T16	4.945 1	2.703 3	0.448 4	优良

可见，按照表 5-9 的标准，所有题目中除 T14、T15 的鉴别度指数为 0.30 ~ 0.39，评价为合格之外，其余题项的区分度指数均大于 0.40，评价为优秀，表明测试卷整体区分度较好。

4. 难 度

测试题的难度指标反映被试在完成试题的过程中所遇到的困难程度量数，用 P 表示。由于本书的测试题采取多值计分，故采用均值法计算各个试题的难度，即 $P = \dfrac{\bar{X}}{X_{max}}$ [①]，其中，$\bar{X}$ 表示某道试题的得分均值，X_{max} 表示该题目的满分。显然，难度系数越大，表明被试在该题上的得分越低。计算得到各测试题的难度值以及评价如表 5-10 所示。

一般来说，测试题项的难度系数在 0.3 ~ 0.7 是合适的，此时该题项对被试在所测能力上具有较好的鉴别度，其测验分数也近似为正态分布。根据表 5-11，16 个题项除 T14 外，难度系数均在合适的范围内，

---

① 黄光扬. 教育测量与评价[M]. 2 版. 上海：华东师范大学出版社，2012.

而 T14 是关于逻辑推理在数学中的价值认识，由于学生普遍认为逻辑推理对数学具有非常重要的意义，故总体得分偏高，导致难度系数超出 0.7。测试卷的平均难度值为 0.623，整体难度适中，可认为该测试卷难度合理。

表 5-11　测试卷各试题的难度值计算结果

题目	难度值 P	评价	题目	难度值 P	评价
T1	0.70	合适	T9	0.54	合适
T2	0.67	合适	T10	0.67	合适
T3	0.69	合适	T11	0.65	合适
T4	0.47	合适	T12	0.57	合适
T5	0.49	合适	T13	0.70	合适
T6	0.49	合适	T14	0.85	较易
T7	0.52	合适	T15	0.66	合适
T8	0.61	合适	T16	0.69	合适

5.3.3.3　质量评价

小学生数学逻辑推理素养测试卷的克隆巴赫系数 $\alpha=0.835$，表明该测试卷的一致性信度较好；经专家打分评判，16 个题目的 I-CVI 值均在 0.75 及以上，内容一致性效度 K^* 均大于或等于 0.72，说明测试题具有良好的内容效度；由区分度指数计算公式得到，除 T14、T15 的区分度指数介于 0.30~0.39，评价为合格之外，其余题项的区分度指数均大于 0.40，评价为优良，表明测试卷能够较好地将学生数学逻辑推理素养的层次区分开来；测试卷的平均难度值为 0.623，整体难度适中，可认为该测试卷难度合理。

综上，数据计算结果表明该测试卷具有较好的信度、效度、区分度和合适的难度，证明本测试卷的质量较好，可以进行大规模的测试，用于因子分析和建模等统计分析。

5.4 小学生数学逻辑推理素养测评指标构建与验证

在文献研究和专家咨询的基础上，表 5-2 已初拟小学生数学逻辑推理素养的 5 个内涵指标及其具体表现形式，并以此为依据编制了测试卷。经过对初测结果数据分析，测试卷的信度、效度与区分度良好，难度适中。但是，这些测量指标都是依据现有理论和主观判断而初步拟定的，未经过客观验证和实证分析，其中可能有相关性较大、不太合理的指标存在，或者存在公共因素（潜变量）的影响。

本节将利用探索性因素分析（EFA）方法将公共因素抽取出来，从而达到用少数几个因子来表达这组变量尽可能多的信息，并解释指标彼此相关的原因，同时使得抽取之后的条目具有局部独立性，最终使测评指标降维的目的。根据王孟成（2014）关于探索性因素分析方法的应用，其关键步骤与思路如图 5-8 所示①。

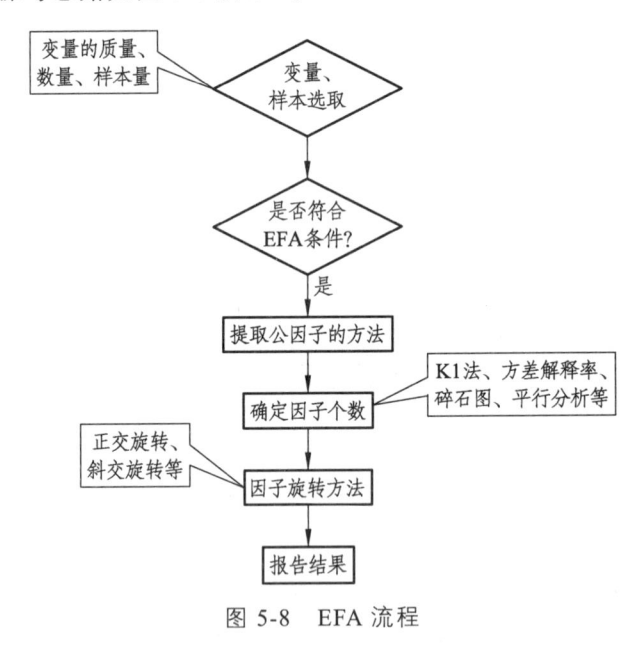

图 5-8　EFA 流程

---

① 王孟成. 潜变量建模与 Mplus 应用. 基础篇[M]. 重庆：重庆大学出版社，2014.

5.4.1 第一次探索性因素分析（EFA）

5.4.1.1 变量与样本选取

根据前期的准备工作，共收集小学生数学逻辑推理素养测评的 16 个条目，条目比较完整地包括小学生数学逻辑推理素养的重要信息。为了保证抽样推断的可靠程度，样本的数量与量表的题目数量有关。关于样本量，很多研究者给出了建议：Nunnally（1994）建议样本量选取为变量数的 10 倍[1]；Keenan 和 James（2002）认为，因素分析程序的样本大小一般的标准是题项数的 2~20 倍[2]；Comrey 和 Lee（1992）认为因素分析时所需的样本数在 300 左右较好、500 左右就非常好[3]。综合以上观点，本书数据分析样本采取较大规模测试，被试为我国中西部湖北、贵州、重庆、广西四个省（市）的市中心小学、市郊小学以及乡镇小学共 1 023 名四年级学生，从中随机抽取 350 个样本作为探索性因素分析的数据来源，余下的样本用作验证性因素分析。

5.4.1.2 因子分析条件检测

探索性因素分析是要从诸多相互联系的变量中提取出几个公共因子，即希望模型能够用数量尽可能少的因子解释尽可能多的方差，从而达到降维的目的。在进行因子分析之前，对数据的分布及变量之间的相关性进行检测，即 KMO 检验和 Bartlett 球形检验。根据 Kaiser 给出的标准，在实际的测试过程中，因子分析方法对 KMO 值的要求至少应该在 0.7，此时才具有较好的适切性[4]。同时，Bartlett 球形检验的卡方统计值的显著性概率（p 值）应该小于 0.05。

---

[1] NUNNALLY J C. Psychometric Theory[M]. 3rd ed. New Yourk: McGraw Hill, 1994.
[2] KEENAN A P, JAMES P S. Applied multivariate statistics for the social sciences: analyses with SAS and IBM's SPSS [M]. 6th ed. Mahwah NJ: Lawrence Erlbaum Associates Inc, 2002.
[3] COMREY A L, LEE H B. A first course in factor analysis[M]. 2nd ed. Hillsdale, NJ: Erlbaum, 1992.
[4] 吴明隆. 问卷统计分析实务——SPSS 操作与应用[M]. 重庆：重庆大学出版社，2013.

通过对 16 个题项进行 KMO 检验与 Bartlett 球形检验，结果见表 5-12。

表 5-12　KMO 检验与 Bartlett 球形检验

KMO 取样适切性量数	Bartlett 球形度检验		
	近似卡方	自由度	显著性
0.738	1 320.446	120	0.000

从表 5-12 可知，KMO 统计量值为 0.738，大于 0.7，且 Bartlett 球形检验的 p 值小于 0.05，说明各题项之间具备较强的相关性，即题项所反映的测量指标有公共因子存在，对相关数据进行因子分析是合适的。

5.4.1.3　研究结果

按照主成分分析方法的思路，其目的是要通过若干次线性变换，将小学生数学逻辑推理素养的一组相关测评变量转换成不相关变量，在保持总方差不变的前提下，将转化成的不相关变量按照方差依次递减的顺序进行排列。因此，排在第一个的变量具有最大的方差，即对因变量的贡献就越大，以此类推。

按照本书测评目的，取前面若干个主要的成分作为小学生数学逻辑推理素养的最终测评变量，即假设变量的总方差以该若干个主成分作解释。利用特征值法提取因子，按照特征值大于 1 的标准，得到碎石图（如图 5-9 所示）和总方差解释率（如表 5-13 所示）。

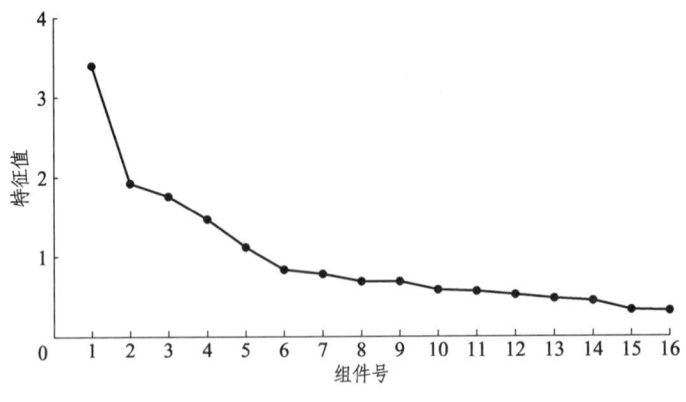

图 5-9　提取出 5 个因子的碎石图

第5章　小学生数学逻辑推理素养测评指标的构建与验证

表 5-13　总方差解释率

成分	初始特征值			提取载荷平方和			旋转载荷平方和		
	总计	方差百分比/%	累积/%	总计	方差百分比/%	累积/%	总计	方差百分比/%	累积/%
1	3.396	21.227	21.227	3.396	21.227	21.227	2.121	13.253	13.253
2	1.928	12.051	33.278	1.928	12.051	33.278	1.958	12.235	25.488
3	1.761	11.009	44.287	1.761	11.009	44.287	1.923	12.018	37.506
4	1.474	9.213	53.500	1.474	9.213	53.500	1.880	11.748	49.255
5	1.131	7.070	60.570	1.131	7.070	60.570	1.810	11.315	60.570
6	0.850	5.310	65.880						
7	0.788	4.926	70.806						
8	0.699	4.372	75.178						
9	0.689	4.308	79.486						
10	0.589	3.684	83.169						
11	0.572	3.576	86.745						
12	0.528	3.300	90.045						
13	0.476	2.976	93.020						
14	0.452	2.825	95.846						
15	0.338	2.111	97.957						
16	0.324	1.022	98.979						

从图5-9可看到，图形在从第五个因子以后明显变得平坦。因此取5个因子是适宜的，公共因子的总方差提取率为60.570%。

从教育理论的角度来看，五个因子之间不完全独立，而且根据本书的理论预期，潜变量之上存在一个高阶因子，故选用对成分矩阵进行斜交旋转，以期在不改变模型对数据的拟合程度的基础之上，改变坐标轴的位置，重新分配各个因子所解释的方差比例。其目的在于：一方面，使得每个变量在尽可能少的因子上有较高的载荷，而在别的因子上载荷低，从而更容易解释；另一方面，使得每个因子的载荷尽可能地拉开距离，即极端化，本身绝对值较大的逐渐向±1靠拢，而绝对值较小的向0靠拢，最终使得因子载荷矩阵的结构简化。

在迭代5次后，成分载荷矩阵收敛。为了视觉上更加清晰，略去小于 0.3 的系数，得到旋转后的成分矩阵，如表 5-14 所示。矩阵中的元素数值越大，表明对应的题项在解释因子时就越重要，同时得到各个变量提取的公因子方差如表 5-15 所示。

表 5-14 旋转后的成分矩阵

题项	成分				
	1	2	3	4	5
T11	0.835				
T12	0.828				
T13	0.803				
T6		0.700			
T5		0.689			
T4		0.670			
T7		0.568			
T16			0.861		
T15			0.849		
T14			0.663		
T3				0.817	
T2				0.814	
T1				0.658	
T10					0.766
T8					0.716
T9					0.700

表 5-15 公因子方差

题项	初始	提取	题项	初始	提取
T1	1.000	0.595	T9	1.000	0.511
T2	1.000	0.690	T10	1.000	0.599
T3	1.000	0.671	T11	1.000	0.772
T4	1.000	0.485	T12	1.000	0.687
T5	1.000	0.524	T13	1.000	0.678
T6	1.000	0.589	T14	1.000	0.446
T7	1.000	0.389	T15	1.000	0.730
T8	1.000	0.578	T16	1.000	0.746

由表 5-14 和表 5-15 可以得到如下的结论：

① 从测试卷中的 16 个题项中提取出了 5 个主成分。除第 7 个题项外，其余的题项在 5 个主成分上的载荷大于 0.6；公因子方差提取率除 T7 外，均接近 60% 或在 60% 以上，整体结构与预设的维度比较符合。

② 根据测试卷的设计方案以及前文的理论，结合测试题的编制方案，将提取出来 5 个成分分别命名为成分 1：逻辑推理情境转化与交流（简称情境）；成分 2：逻辑推理技能的掌握（简称技能）；成分 3：逻辑推理知识的识记（简称知识）；成分 4：对逻辑推理的态度与行为倾向（简称态度）；成分 5：逻辑推理方法的应用（简称方法）。

③ T7 所代表的统计推理测试题在成分 2 上的载荷仅为 0.568，而除此之外的其余题项对应的载荷均在 0.65 以上；同时，从表 5- 也可以看到，除 T7 之外的 15 个变量的公因子方差提取率均大于 0.4，且大部分都大于 0.6，但 T7 只有 0.389，其原因是小学阶段统计知识仅限于简单的概念和认识，还未上升到推理的高度，且统计推断本质上是一种归纳推理[①]，因此考虑将该题项予以删除。

5.4.2 第二次探索性因素分析（EFA）

根据第一次探索性因素分析的结果来看，析取了 5 个公因子，除了 T7 所对应的条目因素负荷量过小外，各个公因子上所归属的观测变量与理论预设基本一致。经过与专家讨论，故考虑删除题项 T7 后，第二次对数据进行探索性因素分析。

5.4.2.1 研究过程

1. 因子分析条件检测

首先对 16 个题项进行 KMO 检验与 Bartlett 球形检验，结果如表 5-16 所示。

---

① 王瑾，史宁中，史亮，等. 中小学数学中的归纳推理：教育价值、教材设计与教学实施——数学教育热点问题系列访谈之六[J]. 课程·教材·教法，2011，31（2）：58-63.

表 5-16 KMO 检验与 Bartlett 球形检验

KMO 取样适切性量数	Bartlett 球形度检验		
	近似卡方	自由度	显著性
0.797	1 108.523	120	0.000

从表 5-16 可知，KMO 统计量值为 0.797，大于 0.7，且 Bartlett 球形检验的 p 值小于 0.05，对数据进行因子分析是合适的。

2. 因素萃取

按照与第一次探索性因素分析相同的方法和步骤，同样析取出 5 个公共因子，得到相应的总方差解释数据和斜交旋转后的成分矩阵如表 5-17 和表 5-18 所示。

表 5-17 删除 T7 后的总方差解释率

成分	初始特征值			提取载荷平方和			旋转载荷平方和		
	总计	方差百分比/%	累积/%	总计	方差百分比/%	累积/%	总计	方差百分比/%	累积/%
1	3.163	21.084	21.084	3.163	21.084	21.084	2.130	14.199	14.199
2	1.921	12.808	33.892	1.921	12.808	33.892	1.922	12.813	27.012
3	1.738	11.587	45.479	1.738	11.587	45.479	1.883	12.554	39.566
4	1.469	9.791	55.270	1.469	9.791	55.270	1.822	12.146	51.712
5	1.141	7.605	62.875	1.141	7.605	62.875	1.674	11.163	62.875
6	0.838	5.589	68.464						
7	0.709	4.728	73.192						
8	0.693	4.622	77.814						
9	0.614	4.096	81.909						
10	0.579	3.859	85.769						
11	0.528	3.521	89.290						
12	0.476	3.175	92.465						
13	0.463	3.083	95.548						
14	0.341	2.273	97.821						
15	0.327	2.179	100.000						

表 5-18　删除 T7 后旋转的成分矩阵

题项	成分				
	1	2	3	4	5
T11	0.840				
T12	0.825				
T13	0.808				
T16		0.860			
T15		0.847			
T14		0.665			
T2			0.822		
T3			0.817		
T1			0.672		
T10				0.758	
T8				0.724	
T9				0.707	
T5					0.723
T4					0.714
T6					0.697

由表 5-17 和表 5-18 可知，删除题项 T7 后，得到的公因子总方差解释量为 62.875%，表明提取 5 个公因子能够获取大部分信息，较删除前有所增加，数据的结构效度较佳；斜交旋转后的成分矩阵中的载荷量均在 0.65 以上，且无交叉载荷，每个题项均落到对应的因素中，表明量表具有良好的结构效度。

提取出的 5 个公因子对应的载荷值、测试卷的内部一致性克隆巴赫信度系数 α 及各因子内部一致性信度分别见表 5-19 和表 5-20。

表 5-19 探索性因素分析结果

| 成分 1 || 成分 2 || 成分 3 || 成分 4 || 成分 5 ||
题项	载荷	题项	载荷	题项	载荷	题项	载荷	题项	载荷
T11	0.840	T1	0.672	T14	0.665	T8	0.724	T4	0.714
T12	0.825	T2	0.822	T15	0.847	T9	0.707	T5	0.723
T13	0.808	T3	0.817	T16	0.860	T10	0.758	T6	0.697

表 5-20 测试卷的内部一致性克隆巴赫信度系数 α

题组	T1、T2、T3	T4、T5、T6	T8、T9、T10	T11、T12、T13	T14、T15、T16	总测试卷
α	0.712	0.703	0.714	0.789	0.684	0.792

表 5-19 体现了测试卷的结构效度。可见，测试卷的内部一致性系数为 0.792，较为理想。各个成分之间的一致性信度除 T14、T15、T16 组外，其余的也全部在 0.7~0.8 范围内。而该组代表对数学逻辑推理的认识与态度测试题，从学生的答题情况来看，学生一方面能够体会到数学逻辑推理在数学学习以及日常生活中的重要价值；另一方面，又由于推理方法与技巧还未经过系统学习与训练，学生在做测试题尤其是表述推理过程时感到具有很大的难度，因此做题的体验并不是太好，造成二者之间的一致性不够高。但根据吴明隆（2013）对内部一致性信度系数要高于 0.5、大于 0.6 最好的判断标准[①]，本书中的这个信度值也在可以接受的范围内。

3. 研究结论

在相同的样本量下，第二次探索性因素分析仍然析取出 5 个公共因子，根据理论假设，分别为数学逻辑推理知识的识记、数学逻辑推理技能的掌握、数学逻辑推理方法的应用、对数学逻辑推理情境的转化与交流、对数学逻辑推理态度与行为倾向。5 个公共因子得到的公因子总方差解释率为 62.875%，较之第一次探索性因素分析公因子的总方差解释率要高。

---

① 吴明隆. 问卷统计分析实务——SPSS 操作与应用[M]. 重庆：重庆大学出版社，2013.

第 5 章 小学生数学逻辑推理素养测评指标的构建与验证

5.4.3 小学生数学逻辑推理素养测评指标的确定

5.4.3.1 小学生数学逻辑推理素养测评指标的构成关系

根据测评指标设计的目的性、层次性、实用性和操作性原则，在查询文献的基础上，经过对小学生数学逻辑推理素养测评指标进行理论分析，专家咨询，两次探索性因素分析等统计分析研究过程，对原理论构设的指标体系进行了修订、删减和完善，最终构建了小学生数学逻辑推理素养的测评指标体系：5 个一级测评指标和 15 个二级测评指标。本节将对小学生数学逻辑推理素养的测评指标体系中的一级和二级指标的构成关系和具体含义进行详细阐述。

由 5.2 节的研究结论，小学生数学逻辑推理素养的 5 个一级测评维度为数学逻辑推理知识的识记、数学逻辑推理技能的掌握、数学逻辑推理方法的应用、对数学逻辑推理情境的转化与交流、对数学逻辑推理态度与行为倾向，而每一个一级维度各自对应 3 个下属二级指标，对应关系具体如表 5-21 所示。

表 5-21　小学生数学逻辑推理素养各级测评指标

一级测评指标	二级测评指标
数学逻辑推理知识的识记	数学概念与定义的识记
	数学命题和运算律的理解与应用
	逻辑关联词的识别、理解和应用
数学逻辑推理技能的掌握	归纳推理
	类比推理
	演绎推理
数学逻辑推理方法的应用	假设法
	排除法
	反证法
对数学逻辑推理情境的转化与交流	提取推理前提
	表达推理过程
	检验推理结果
对数学逻辑推理的态度与行为倾向	价值认识
	兴趣与情感体验
	态度与行为倾向

5.4.3.2　小学生数学逻辑推理素养测评指标的解析

通过实证研究，已得到小学生数学逻辑推理素养的一级、二级测评指标以及它们之间的所属关系，下面对 5 个一级测评指标进行详细解析及举例说明。

1）数学逻辑推理知识的识记

知识是技能与方法的基础，也是进行数学逻辑推理的必备要素。它包括了两部分的内容，一部分是作为数学学科的知识，这是数学逻辑推理区别于一般逻辑推理的地方，主要是指小学阶段的相关数学概念、数学符号、数学命题和数学运算律等；另一部分是关于逻辑推理的知识，主要指逻辑联结词的理解与运用。

在小学数学教材中，已经涉及到相当数量的数学逻辑推理知识。例如，数学概念有数类（整数、小数、自然数、分数等）、计数单位（百、千、万、亿等）、各种图形（三角形、正方形、平行四边形、梯形等）、角（锐角、直角、钝角、平角、周角）、各种度量单位（千克、米、分钟、公顷等）、位置关系（平行、垂直、相交）等；数学命题有"三角形内角和为 180°""两点之间线段最短""平行四边形的面积等于底乘以高"等；数学运算律或运算法则，如加法交换律、加法结合律、乘法分配律、先乘除再加减等。逻辑推理联结词虽然还未有专门的数学章节进行教学，但学生在日常生活的语言交流和其他的学科中已有接触，对联结词的理解也是进行数学逻辑推理非常重要的内容。小学生需掌握的联结词有"因为……所以……"（表示因果关系）、"只要……就……"（表示充分非必要关系）、"只有……才……"（表示必要非充分关系）、"当且仅当"（表示等价关系）等。

2）数学逻辑推理技能的掌握

数学逻辑推理技能是要求学生根据需要，选用不同的逻辑推理形式进行推导，并得到新的正确命题。在小学数学中，主要涉及的数学逻辑推理技能有归纳推理、类比推理和演绎推理 3 大类。由于小学阶段统计推理的本质属于归纳推理,因此在上一节的数据分析中,将二者合在了一起,统称归纳推理。

在小学阶段,学生没有学习数学归纳法,还不能对无穷项的情形进行完全归纳法的证明。因此,本书中的归纳推理主要指有限项的完全归纳和不完全归纳推理,而更多的时候是不完全归纳,即学生通过对题目背景或题设条件进行观察、比较、实践或猜想等活动,从题设给定的一部分条件或事实,归纳总结出一般规律或变化趋势,从而得到数学结论。如人教版数学教科书四年级下册 75 页第 10 题:"找规律填数:0.2,0.4,0.6,0.8,_____"就属于归纳推理的范畴。

类比推理是指将其中一类事物的性质通过类比,迁移到与其相似的另一类事物上,推出其具有相同或者相似的性质。例如,将两位数的乘法原理推广到三位数的乘法运算,将整数的运算律推广得到小数和分数的运算律,由长方形面积公式推导出三角形、正方形、平行四边形等几何图形的面积公式,它们都是利用类比推理,由旧知识得到新知识。归纳推理和类比推理往往是学生通过假设、猜想、联系等思考过程得到或然的结论。

演绎推理是指学生从数学概念、命题、运算律或者某种数学假设出发,进行上下连贯的严格推理,得到新的数学命题。但是,演绎推理又不完全等同于数学证明,只是要求每一步推理都要有理有据,要正确运用相关数学命题和推理形式,因此是必然正确的推理形式。如三段论、关系推理、选言推理等。例如:已知数学命题"各个数位上数字之和能被 3 整除,则这个数就能被 3 整除",从而判断"159 是能被 3 整除"。该判断就属于三段论形式的演绎推理。

值得注意的是,归纳推理和类比推理都是合情推理,也就是说,经归纳或类比推理得到的结论是或然的、不一定是正确的,但在本书中,仅将得到正确数学结论的合情推理认为是逻辑推理,在 4.2.2 小学生数学逻辑推理素养的内涵一节有详细说明。

3)数学逻辑推理方法的应用

数学逻辑推理方法的选择与灵活运用是学生逻辑推理素养的重要表

现，正确、合理的方法选择往往会使得推理变得简单而自然。在进行数学逻辑推理的过程中，经常用到的方法有假设法、排除法和反证法。假设法即根据题目或者情境，假设其中一种情况成立，进行推导，如果结论与题设或现实符合，则假设正确，否则假设错误，此时再假设另一种情况成立，直至最终找到正确的结论。例如本书中测试题T8。

该题目对于初中生来说可以用二元一次方程组求解，但是小学阶段，用假设法可解决：

① 如果用1条大船，剩下的37个人，一定有小船坐不满，不合题意；

② 如果用2条大船，剩下的32个人，一定有小船坐不满，不合题意；

③ 如果用3条大船，剩下的27个人，要有9条小船，共要11条船，不合题意；

④ 如果用4条大船，剩下的22个人，一定有小船坐不满，不合题意；

⑤ 如果用5条大船，剩下的17个人，一定有小船坐不满，不合题意；

⑥ 如果用6条大船，剩下的12个人，要有4条小船，一共要10条船，合题意；

综上，一共要6条大船，4条小船。

排除法是通过排除不可能的情况，从而得到正确的结果，在选择题、判断题中常用。例如，本书的测试卷中T9（2）：有一个正方体，它的六个面分别写有1，2，3，4，5，6六个数字，三种不同的摆法下显示出来的数字如图5-10所示，则数字3的对面是数字_____。

图5-10 题T9（2）图

第 5 章　小学生数学逻辑推理素养测评指标的构建与验证

该题就可以通过图右边两个正方体排除 3 对面的数字为 1，2，4，5，从而得到正确答案 6。对于小学高段的学生来说，已经具备使用排除法进行推理的能力。

反证法是首先假设结论不成立，经过推理得到与题设矛盾，从而推断原假设正确的逻辑推理方法，在判断题或者含有"至少""最多""所有""不大于""一个都没有"等字词的命题推断中常用反证法。如测试题 T10（1）：三角形中可以一个锐角都没有吗？_____。你的理由是_____。用反证法判断，假设结论成立，即"三角形中一个锐角都没有"，那么必然有"三角形中的角全部是直角或者钝角"，推出"三角形的内角和一定大于 180°"，与已知数学命题"三角形内角和等于 180°"相矛盾。因此假设是错误的。

4）对数学逻辑推理情境的转化与交流

知识、技能、方法 3 个维度主要反映学生的数学逻辑推理能力，而能力与素养的区别之一就在于素养更加强调知识与能力在实际情境中的应用。一个人如果拥有丰富的逻辑推理知识、较高的逻辑推理技能与方法，但是不能在实际生活情境中进行灵活应用，就如同纸上谈兵，说明他的逻辑推理素养不高。换句话说，具有较高数学逻辑推理素养的学生能够自觉地从现实情境中剥离和提取有用的数学成分作为逻辑推理的前提，在推理过程中能够用数学语言和逻辑联结词进行表述和交流，并且能够将最终的逻辑推理结果返回到真实情境中进行检验和反思，检查结果是否符合真实情境，从而完成"前提提取—过程表达—结果检验"的闭合推理过程，做到从生活中来，再到生活中去。

例如，T11（1）：春天到了，农民张伯伯需要一块地进行育苗，右边两块形状不同的两块地中，哪块地可以育苗更多？（如图 5-11）写出解答过程。

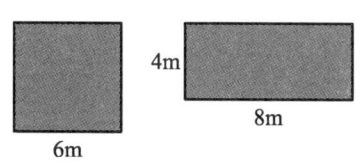

图 5-11　题 T11（1）图

- 133 -

该题要求学生从"育苗更多"这个问题去寻求解决问题的数学要素，即面积（前提提取），再通过计算和比较（过程表达），最后得出结论，并且将结论返回到真实情境中，即面积大的育苗更多（结果检验）。

5）对数学逻辑推理的态度与行为倾向

情感、态度、价值观是素养中不可或缺的一个因素，学习态度与情感对学生的数学学习有直接的影响[①]，行为倾向是激励和推动学生学习的一种需要。学生从做数学逻辑推理的题目过程中得到愉悦的体验，就会唤起他的内部学习动机，形成良性循环，反之亦然。一般来说，学生往往对自己感兴趣的、认为有重要的价值与意义的、有信心学好和提升的学科或知识内容投入更多的精力和时间，从而得到更大的发展。因此，愉快、喜悦、积极的情感和行为倾向会对逻辑推理素养起到促进作用，而痛苦、恐惧、消极的情感和行为倾向则对逻辑推理素养的培育起到阻碍作用。数学逻辑推理的态度与行为倾向就是考察学生对数学逻辑推理的价值认识、情感体验和对学习数学逻辑推理的自信度，即行为倾向。在本书中，数学逻辑推理的态度与行为倾向通过学生的自评打分来进行评价。

5.4.4　小学生数学逻辑推理素养测评指标的验证

通过对小学生数学逻辑推理素养的内涵剖析和因子分析等统计研究，初步形成了小学生数学逻辑推理素养的一级测评维度和二级指标，各项测评指标在数据层面具备较好的合理性、可行性和可操作性，但是它们是否符合数学教育尤其是一线教学的理论认知，还需数学教育和小学一线数学教师的验证和认可。因此，本节将通过对小学生数学逻辑推理素养测评指标的认同度调查来验证各测评指标的合理性。

1. 研究工具

根据认同度调查的研究目的，编制了"小学生数学逻辑推理素养测评指标认同度"调查问卷，问卷内容主要是小学生数学逻辑推理素养的

---

① 马云鹏. 小学数学教学论[M]. 北京：人民教育出版社，2013.

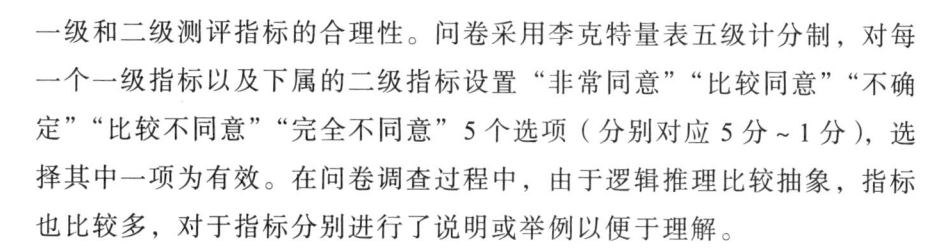

第 5 章 小学生数学逻辑推理素养测评指标的构建与验证

一级和二级测评指标的合理性。问卷采用李克特量表五级计分制，对每一个一级指标以及下属的二级指标设置"非常同意""比较同意""不确定""比较不同意""完全不同意"5 个选项（分别对应 5 分～1 分），选择其中一项为有效。在问卷调查过程中，由于逻辑推理比较抽象，指标也比较多，对于指标分别进行了说明或举例以便于理解。

2. 调查对象与方式

由于数学逻辑推理词条的专业性较强，为保证数据的客观性和准确性，本次调查剔除了与数学专业无关的被试的答卷，仅选取数学或数学教育方向的专家、博士生、硕士生、高校数学教师、一线小学数学教师及数学教研员群体作为调查对象，其类型结构如表 5-22 所示。通过问卷星网络调查和纸质调查相结合的方式，收集了来自重庆、浙江、广东、广西、上海等多个省市共计 300 余名被试的认同度数据，其中回收有效问卷为 294 份，将收集的数据通过 SPSS20.0 进行录入和分析。

表 5-22 测评指标认同度调查被试情况列表

类型	分类	人数/人	占比/%
性别	男	84	28.57
	女	210	71.43
被试来源	高等学校	43	14.63
	高中	67	22.79
	初中	86	29.25
	小学	96	32.65
	教科所	2	0.68
学历分布	大专	4	1.36
	本科	198	67.35
	硕士	78	26.53
	博士	14	4.76
职称分布	正高级/中小学特级	65	22.11
	副高级/中小学高级	79	26.87
	中级/中小学一级	115	39.12
	初级/中小学二级及其他	35	11.90
专业分布	数学	213	72.45
	数学教育	70	23.81
	其他	11	3.74

3. 调查结果

计算数据的折半信度以评价量表各题项得分的一致性，得到该问卷的内部一致性系数 $\alpha=0.892$，表明该调查问卷具有较好的信度。结果显示，所有被调查者对小学生数学逻辑推理素养的一级测评维度认同度较好（结果见附录 C）。其中，知识、技能与方法维度的平均得分高于 4.70，情境和态度维度稍低，但也均在 4.30 以上。

对数据进行整理，并将评分专家按照不同职称的群体分类，比较不同的职称群体对五个维度的认同度差异的大小。分别计算各个群体和全体对小学生数学逻辑推理素养测评一级指标 5 个维度的认同度的平均值，并绘制折线图。结果如表 5-23 和图 5-12 所示。

表 5-23　不同群体对测评一级指标 5 个维度的认同度比较

职称群体	知识	技能	方法	情境	态度
正高级	4.72	5.00	4.94	4.67	4.56
副高级	4.71	4.93	4.96	4.42	4.31
中级	4.66	4.97	4.89	4.43	4.30
初级	4.73	4.93	4.77	4.52	4.39
全体	4.70	4.97	4.88	4.46	4.34

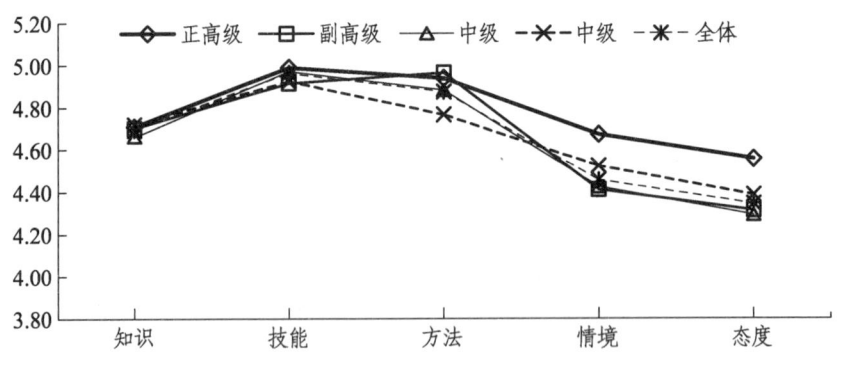

图 5-12　不同专家群体对测评一级指标 5 个维度的认同度比较

从图 5-12 可知，图线波动轨迹显示比较一致，表明各个职称的被试群体对小学生数学逻辑推理素养所有测评指标的认同度平均值整体相差

第5章 小学生数学逻辑推理素养测评指标的构建与验证

不大。同时，注意到一个有意思的现象是，职称为正高级（中学特级）的专家在除"方法"之外的维度，平均得分都是最高的，在"情境"和"态度"两个维度体现得尤为明显。这表明，高职称的教师更加注重理论研究，也更加强调数学逻辑推理的现实情境应用以及情感态度价值观对于数学素养的重要性，而较低职称教师更加侧重知识的传授以及较为直接和显现化的内容。

对于 5 个一级维度下所包含的二级指标，同样设计了认同度调查问卷。表 5-24 统计了所有被调查者中选择为"同意"或"很同意"的人数所占的百分比以及认同度的平均值。可见，在 15 个二级测评维度的评分中，选择"同意"或"很同意"的人数占比最低为 82.7%（E3），其余均接近或超过 90%，A2、B1、B2、B3 甚至达到 100%。从认同度的平均分上看，除 E3 外，其余各个维度均大于 4.5 分，这表明专家对二级指标的整体认同度均较高。

表 5-24 小学生数学逻辑推理素养各二级指标认同度统计表

	A1	A2	A3	B1	B2	B3	C1	C2	C3	D1	D2	D8	E1	E2	E3
选择"很同意"或"同意"的人数所占百分比/%	96.9	100	98.6	100	100	100	99.7	99.3	91.2	97.6	94.2	90.5	90.8	88.8	82.7
认同度平均值	4.87	4.96	4.86	4.95	4.95	4.94	4.9	4.92	4.74	4.81	4.79	4.65	4.68	4.55	4.38

注：A1 表示第一个一级维度下的第一个二级指标，其余类似。

综上，表 5-24 中所构建的小学生数学逻辑推理素养测评指标体系不仅从数据层面得到验证，其学科合理性与科学性也通过了专家和一线教师的认可，因此可以用其对小学生数学逻辑推理素养进行测评，并进一步构建测评模型。

5.5 本章小结

本章采用德尔菲法初步确定了小学生数学逻辑推理素养的测评维度，编制了测评工具。按照经典测量理论中信度、效度、区分度及难度的计算方法对测试卷的质量进行了检验，结果显示良好。通过两次对实测数据进行探索性因素分析，提取出总方差解释量为 62.875% 的 5 个公共因子，即小学生数学逻辑推理素养的一级测评维度：逻辑推理知识、逻辑推理技能、逻辑推理方法、逻辑推理情境转化与交流、逻辑推理态度与行为倾向。所析取出的测评指标体系结构与理论预设的测评框架基本吻合，经专家认同度调查的结果显示，专家对本书所构建的小学生数学逻辑推理素养测评指标体系认同度较高，可用作后续研究中测评模型的构建。

第6章 小学生数学逻辑推理素养测评模型的构建

在上一章中，已经通过一系列的实证研究方法构建了小学生数学逻辑推理素养的测评指标体系。但是，想要测试学生的数学逻辑推理素养水平，仅仅有测评指标是不够的，因为这些测评指标之间是分散的，没有数值联系的，它们所测得的分数值在小学生数学逻辑推理素养构成中的权重也各不相同。因此，这就需要在研究变量之间的影响关系（结构模型）的同时，构建一个数学表达式，将各个测评指标之间以及各测评指标与小学生数学逻辑推理素养之间的关系联系起来（测量模型），即要确定各个一级指标对小学生数学逻辑推理素养的权重，以及各个二级指标对于一级指标的权重。本章的研究目标即按照测评模型构建的一般方法与步骤，建立小学生数学逻辑推理素养测评模型，以便定量、科学、准确地描述小学生数学逻辑推理素养与各个测评指标之间的数量关系。

6.1 研究设计

6.1.1 模型构建的相关理论

测评模型的本质是数学模型，因此本书中小学生数学逻辑推理素养测评模型的构建要遵循一般数学模型的理论、方法与步骤。

6.1.1.1 模型构建原则

1）科学性原则

运用模型构建的科学方法，结合数学课程标准，对小学生数学逻辑推理素养的内涵、各表现形式之间的关系等进行分析，并结合测评对象的实际情况，确定小学生数学逻辑推理素养测评模型构建所设置指标的名称及内涵、权重计算方法等，让这些分析均建立在科学的基础之上。

2）系统性原则

在模型指标设计过程中，要全面完整地从多维度、多角度对影响小学生数学逻辑推理素养的因素进行剖析，并将所有测评指标纳入模型系统综合评判，在测评模型构建后须对模型的普适性进行评估，以确保构建的测评模型是有效的。

3）可重复和可比性原则

测评模型是数学量化模型，模型的优化指数确定了模型的优劣程度。模型中的指标体系的量化取值应具备可重复性原则，即能够在不同时间、不同地点对同条件的被试进行重复测试，并能够将所取得的测验分数进行比较和对照，以反映和判定被试的差异性。

4）简约原则

简约原则是模型理论建构的一个重要原则，即在既有的解释程度之下，能够以愈少的概念和关系来呈现现象的理论愈佳[①]。教育测量本身具有较强的间接性、复杂性、模糊性、抽象性、多维度性等特点。本书中，小学生数学逻辑推理素养包含 5 个一级维度和 15 个二级维度，维度之间的关系比较复杂，因此模型的选取与构建应尽量避免烦琐，实现用精简、易理解、易操作的模型反映变量之间的关系，以实现教育测评的目标。

6.1.1.2 数学模型构建的一般步骤

数学模型是一门将数学的理论与现实中的实际问题相结合的学科。所谓的数学模型，就是为了某种目的，在必要的假设和合理的简化下，用数字、字母、数学符号等数学工具将某对象的特征、本质及其内在联系给予数学描述与表达的数学结构[②]。而这种数学结构可能是等式，也可能是不等式、数学命题以及图形或图标等[③]。

不同的实际问题其数学建模步骤会不同，构建数学模型的目的不同、分析的方法不同、所应用的数学工具不同，所得到的模型类型也就不一样，建模过程中具体的方法与步骤也会有所不同。但是，数学建模往往会有如下几个重要的步骤：① 了解实际问题的背景，获取信息，明确构建数学模型的目的，梳理变量之间的关系，进行抽象、数学表达与归纳，形成一个清晰而明确的"问题"。② 根据建模的目的，抓住问题中的本质与关键因素，忽略次要因素，从而对模型进行简化和可操作化。③ 根据模型假设，用数学图形、数学语言、数学符号、统计工具等描述现实问题的内在规律，得到一个框架式的数学结构。④ 结合数据，使用合适的数学方法、计算机软件、统计软件等工具对模型进行求解，得到具体的表达式或数学结构。⑤ 对求解出来的结果进行数学分析和评价，如误差大小、模型的稳定性、模拟的优良性等。⑥ 对模型进行检验和修

[①] 吴明隆. 结构方程模型——AMOS 的操作与应用[M]. 重庆：重庆大学出版社，2009.
[②] 姜启源，谢金星，叶俊. 数学模型[M]. 4 版. 北京：高等教育出版社，2011.
[③] 张世斌. 数学建模的思想与方法[M]. 上海：上海交通大学出版社，2015.

订。由于模型是针对实际问题的，因此，要将求解的模型回到实际问题中检验模型的可操作性、合理性与普适性。若不符合实际情况，则须检查与修改模型的假设，或者重新提取数据、构建模型和求解，即循环一次以上步骤，直至模型与实际问题相符合。

总结而言，数学建模要经过数学描述、模型假设、模型求解、模型分析和模型检验与修订等步骤。姜启源等（2011）将此过程称为"从现实对象到数学模型，再回到现实问题"的循环过程[1]，该过程与建模步骤可用图6-1与图6-2直观表示。

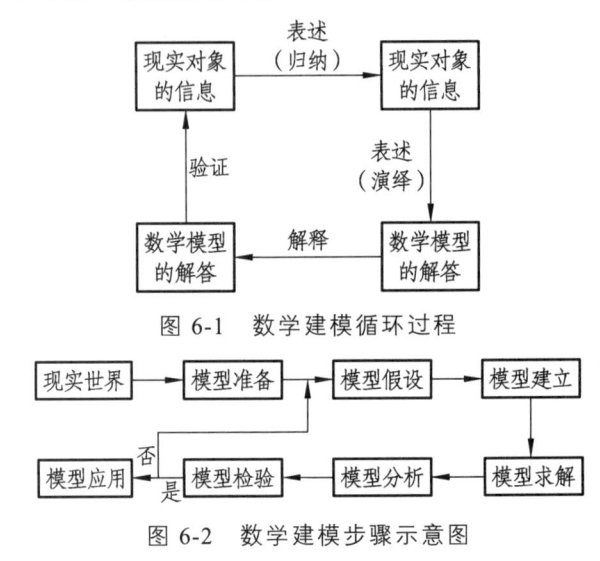

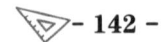

图6-1 数学建模循环过程

图6-2 数学建模步骤示意图

6.1.1.3 小学生数学逻辑推理素养测评模型的构建流程

本书的研究目标是针对小学生的数学逻辑推理素养，通过系列测评指标体系，用教育统计方法构建测评模型，即寻求小学生的数学逻辑推理素养与测评指标体系之间的数学关系式。按照数学模型构建的一般方法与步骤，本书中小学生的数学逻辑推理素养测评模型构建将按照如图6-3所示的流程进行。

---

[1] 姜启源，谢金星，叶俊. 数学模型[M]. 4版. 北京：高等教育出版社，2011.

第 6 章 小学生数学逻辑推理素养测评模型的构建

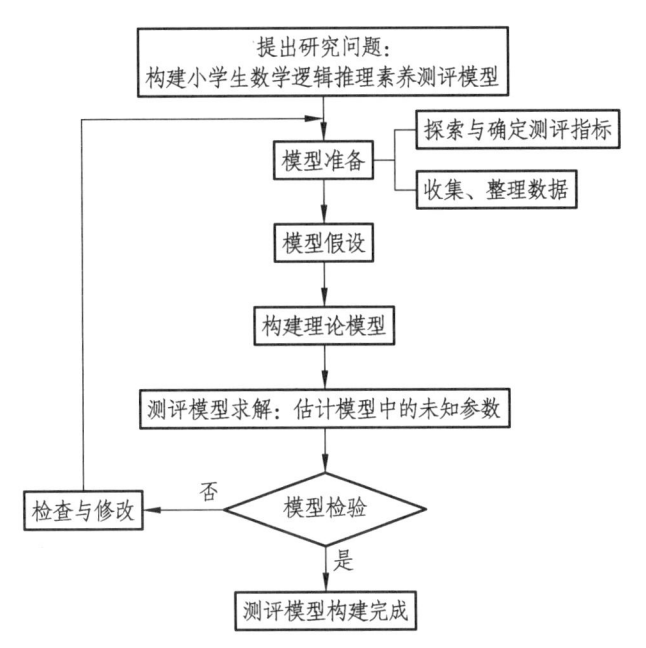

图 6-3 小学生数学逻辑推理素养测评模型的构建过程

6.1.2 模型选择与样本选取

6.1.2.1 模型选取

数学模型的种类繁多，如按照数学方法分类，有图论模型、几何模型、微分方程模型、优化模型、规划模型、概率统计模型等。本书旨在通过实测数据研究小学生数学逻辑推理素养与其变量之间的关系，因此按照数学方法属于统计模型。其中，小学生数学逻辑推理素养是因变量，现需要确定它与 5 个一级维度"知识、技能、方法、情境和态度"之间，以及一级维度与二级维度之间的数学关系，变量关系极其复杂。由于 5 个一级维度的数值无法直接测出，须通过其下属的二级维度进行观测和计算得到，即本书的模型中有潜变量存在。此外，教育测量模型变量之间的关系非常复杂，可能存在相互交叉影响或者非线性关系，但根据教育测量模型构建的简约原则和可操作性原则，选用线性模型作为结构形式。

结构方程模型（Structural Equation Model，SEM）是当代社会科学领域（如经济、市场、管理等）中量化研究的重要方法。SEM 综合了传统多变量分析中"线性回归分析"和"因素分析"的统计原理与技术[①]，最大的优点是可以很好地解决存在不可直接观测的变量（即潜变量）的问题，弥补了传统统计方法的不足，成为多元数据分析的重要工具。结构方程模型能够提供一种有弹性即有效度的方法，不仅可以检验观察变量与潜变量之间的关系，评估测量质量，也可以检验潜变量彼此之间的预测关系，并能够在一定的条件下实现多层模型的建构，整个过程可以用 AMOS 软件进行概念模型的建构与数值模型的计算，并得到所有的检验参数。目前，该方法的理论已经基本完善，该方法也得到心理学、教育学、测量学等领域的广泛应用和学界认可，本书采用结构方程模型方法建构小学生数学逻辑推理素养测评模型。

整个模型建构分为两部分：测量模型与结构模型。按照结构方程模型的二步法则，第一步是对测量模型部分进行检验：根据测评试卷的实测数据，先用探索性因素分析明确观测变量与潜在因子之间的具体隶属关系，再用一阶验证性因素分析和二阶验证性因素分析进行参数估计，得到因变量与潜变量之间、潜变量与其观测变量之间的权重，建立数学表达式；第二步是结构模型部分：基于布鲁姆教育目标分类理论，建构 5 个一级测评维度之间的影响关系，对其进行路径分析和检验。

6.1.2.2 样本选取

本书样本来源于湖北、贵州、重庆、广西四省（市）中的 25 所小学的 1 023 名四年级学生（样本情况见表 5-1），其中已随机抽取 350 份作探索性因素分析（见 5.4.1 小节），将剩下 673 份样本用作验证性因素分析进行测评模型的构建。

---

① 吴明隆. 结构方程模型——AMOS 的操作与应用[M]. 重庆：重庆大学出版社，2010.

6.1.3 数据描述

结构方程模型(SEM)中的测量模型部分,即验证性因素分析(CFA)估计参数的方法有多种,其中极大似然(Maximum Likelihood,ML)估计是最常用的方法之一。而 ML 估计法的适配数据须满足 4 个假定[①]。现对 4 个假定进行一一验证。

1)连续性

本书中,数据来源是测试卷的学生实测分数,虽然按照评分标准,其取值并非连续(只取 1~5 的整数),但是,一方面,根据 Johnson 和 Creech(1983)的观点,数值项数在 5 个以上可近似看作连续变量[②];另一方面,测试分数从本质类型上属于连续型数据,因为取小数值是有意义的。因此,数据的连续性条件近似满足。

2)多元正态性

多元正态性是指数据的各个变量值均服从正态分布,而峰度系数和偏度系数是两个常见的检验数据正态性或近似正态性的特征数指标,其计算公式分别为[③]

$$\beta_k = \frac{E((E-E(X))^4)}{(Var(X))^2} - 3 \qquad (6-1)$$

$$\beta_s = \frac{E((E-E(X))^3)}{(Var(X))^{3/2}} \qquad (6-2)$$

偏度系数主要反映统计数据分布的偏斜方向以及非对称程度,主要影响数据与其平均数的差异;峰度系数主要反映数据分布峰部的尖陡程度,对于方差与协方差的影响较为显著。对于结构方程模型而言,其核

---

① 王孟成. 潜变量建模与 Mplus 应用. 基础篇[M]. 重庆:重庆大学出版社,2014.
② JOHNSON D R, CREECH J C. Ordinal measures in multiple indicators models: a simulation study of categorization error[J]. American Sociological Review, 1983, 48: 398-407.
③ 茆诗松,程依明,濮晓龙. 概率论与数理统计教程[M]. 3 版. 北京:高等教育出版社,2021.

心在于比较两个协方差矩阵之间的差异量,因此主要关注数据的多变量峰度情况。

根据 SPSS 软件计算结果,原峰度值为 -3,因此,如果峰度系数越接近 0,就说明数据分布越接近正态分布;若峰度系数越远离 0,数据分布就越偏离正态分布。Bentler(2005)建议多变量峰度系数的绝对值临界值大于 5,即软件计算数值大于 2 就显示数据分布是非正态性的[①]。计算得出 15 个观测变量数据的峰度系数与偏度系数,如表 6-1 所示(其中 V_i 表示各个观测变量,$i=1, 2, \cdots, 15$)。

表 6-1 数据正态性评估

观测变量	最小值	最大值	标准差	偏度系数 β_s	峰度系数 β_k
V_1	1	5	1.001	-0.327	-0.085
V_2	1	5	1.035	-0.89	0.152
V_3	1	5	1.163	-0.445	-0.567
V_4	1	5	1.372	0.464	-1.098
V_5	1	5	1.294	0.15	-0.259
V_6	1	5	1.244	0.435	-1.002
V_7	1	5	1.35	0.311	-0.431
V_8	1	5	1.229	0.401	-0.738
V_9	1	5	1.19	-0.5	-1.044
V_{10}	1	5	1.046	-0.162	-0.811
V_{11}	1	5	0.93	0.512	-0.057
V_{12}	1	5	1.071	-0.097	-0.734
V_{13}	1	5	1.038	-0.104	0.683
V_{14}	1	5	0.873	-0.617	0.395
V_{15}	1	5	1.001	-0.852	0.494

由表 6-1 可见,所有观测变量数据的峰度系数介于 -1.044 与 0.683 之间,而偏度系数介于 -0.89 与 0.512 之间,绝对值均小于 2,因此可认为数据符合正态性的假定,故使用结构方程模型方法建模并采用最大似然(ML)估计方法对各个参数估计是适宜的。

---

① BENTLER P M. EQS 6 Structural equations program manual[M]. Encino, CA: Multivariate Software, 2005.

第6章 小学生数学逻辑推理素养测评模型的构建

3）数据独立

在被试进行测试过程中，一个学生的作答情况与测试分数不会对其他任何一个学生的测试分数产生影响，由独立性的统计学含义可知，本书中数据满足相互独立性条件。

4）大样本

样本量的大小直接影响到结构方程模型参数估计稳定性。结构方程模型的核心在于利用软件计算两个协方差矩阵之间的差异量大小：一个是根据假设模型推导而得的结构化总体协方差矩阵 $\Sigma(\theta)$，另一个是以样本数据计算而得的未结构化总体协方差矩阵 S。若二者差异很小，则认为模型的适配度较好；反之，则说明模型无法契合或匹配数据。

模型的适配度判断标准即卡方 χ^2 统计量对样本量的大小较为敏感：如果模型检验的样本量过大，此时几乎所有的 χ^2 统计量在 0.05 显著性水平下均可达到显著，这就意味着所有的原假设"模型能够适配数据"都可能被拒绝，从而理论模型无论如何都得不到支持；而另一方面，若以小样本进行模型假设的检验，χ^2 统计量就会偏离 χ^2 分布，导致估计所得的参数极不稳定，故也不能因以上原因而故意选取小样本作为研究数据。因此，样本量的选取显得尤为关键。

Pohlmann（2004）建议，样本数的选取应以模型的待估参数数量而定，即样本量为待估参数的 5～10 倍[1]。同时，Kaplan 和 Ferguson（1999）认为，当假设模型相同时，对于相同的总体，样本量越大，模型中的参数估计误差会降低[2]。根据本书因素构念假设模型图，模型有 5 个潜在因素构念变量，每个潜在因素构念各有 3 个观测变量，因此共有参数 120 个：固定参数 80 个，自由参数 40 个（其中路径系数 10 个，协方差 10 个，方差 20 个）。为了使得模型参数估计误差尽量小，选择样本为待估参数的 10 倍，则有效样本应为 400 个以上。

---

[1] POHLMANN J T. Use and interpretation of factor analysis in the Journal of Education Research[J]. The Journal of Research, 2004, 98: 14-23.
[2] KAPLAN D, FERGUSON A J. On the utilization of sample weights in latent variable models[J]. Structural Equation Modeling, 1999, 6(4): 305-321.

根据 6.1.3，本书建模数据为 673 个样本，远远超出 400，故符合结构方程模型建模的数据量标准。

6.1.4 模型假设与符号说明

经检验，样本数据满足多变量正态性和线性性假设，故可用结构方程模型（SEM）方法构建小学生数学逻辑推理素养测评模型。在第 5 章中，已经对小学生数学逻辑推理素养的各个指标进行了分析，因此模型中的变量界定为 5 个潜变量（初阶因素概念）为探索性因素分析时所萃取出的公共因子，名称分别简记为知识、技能、方法、情境和态度，该 5 个潜变量各自有 3 个测评指标变量，即共 15 个外显变量，外显变量的值为量表对应题项的得分,观测变量无法被潜变量解释的部分即为残差，其整体结构是一个单向度测量模型，详见 6.2.1 小节。

6.1.4.1 模型假设

现实世界很多变量以及变量之间的关系是复杂的,其影响因素繁多，教育现象亦是如此。因此在模型构建过程中，首先需剥茧抽丝，抓住影响小学生数学逻辑推理素养的主要因素，而忽略对其影响较小的部分，对其进行合理假设。一方面，如果假设太简单、太理想化，则模型就会太过粗糙甚至无效；另一方面，若假设试图将所有的因素均考虑进去，则模型又会太过于复杂，缺乏可操作性，导致求解困难或根本无法求解，同时也会影响模型应用的普适性。所以模型的假设须在复杂和简化之间折中，教育测评模型尤其如此。

小学生数学逻辑推理素养测评模型的测量对象本身具有抽象性、模糊性、多样性与误差的不可避免性，因此，在模型假设中，须对影响小学生数学逻辑推理素养的因素合理地具体化、清晰化和聚焦化。依据数学模型构建的理论，本书对小学生数学逻辑推理素养测评模型提出如下几点假设（部分假设已在 6.1.3 中验证）：

① 小学生数学逻辑推理素养可以由本书中所编制的量表进行测评，其误差的均值为 0；

② 小学生数学逻辑推理素养只由测评指标体系所涉及的因素决定，而其余次要影响因素在测评过程中可忽略不计；

③ 学生在测量过程中能够发挥稳定，充分体现其数学逻辑推理素养，即学生的数学逻辑推理素养水平能够被测试卷的成绩准确反映出来；

④ 被试个体的分数之间能够完全独立，即其中一个学生的答题情况不会对其他任何一个学生的答题过程和结果产生影响；

⑤ 测试卷中部分测试题（选择题）的分数虽然看起来是离散型变量，但它并非分类变量，进行求均值、比较大小等数值计算是有意义的，因此可看作连续变量进行统计分析。

6.1.4.2 符号说明

为了使得模型构建过程中叙述方便，对将用到的变量（包括因变量、观测变量和潜变量等）赋予数学标识符号及含义说明，如表 6-2 所示。在本书中，这些符号具有相同的含义。

表 6-2 模型符号及含义说明

符号	含义说明	符号	含义说明
Y	小学生数学逻辑推理素养	x_{23}	演绎推理
X_1	知识的识记（知识）	x_{31}	假设法
X_2	技能的掌握（技能）	x_{32}	排除法
X_3	方法的应用（方法）	x_{33}	反证法
X_4	情境的转化与表达（情境）	x_{41}	提取前提
X_5	态度与行为倾向（态度）	x_{42}	过程表达
x_{11}	数学概念	x_{43}	结果验证
x_{12}	数学命题	x_{51}	价值观
x_{13}	逻辑词	x_{52}	情感体验
x_{21}	归纳推理	x_{53}	行为倾向
x_{22}	类比推理		

6.1.5　结构方程模型（SEM）的构建思路

按照结构方程模型（SEM）构建的两步法则，首先建立测量模型，然后建立 SEM 全模型。如果测量模型的拟合度不好，SEM 一般会更加糟糕。因此，本书采用 SEM 建模二步法[①]：

第一步：先用验证性因素分析（CFA）构建测量模型；

第二步：用路径分析（Path Analysis）方法对结构模型进行检验，建立 SEM 全模型。

测量模型主要估计潜变量与测评指标之间、因变量与潜变量之间的关系，即处理潜变量的测评问题，排除误差对测量的影响，此部分用验证性因素分析完成。按照本书的理论假设，该部分同样分成两步：首先用一阶验证性因素分析（CFA）估计潜变量（5 个一级维度）与观测变量（15 个二级维度）之间的关系，同时再次验证测评工具的结构效度；然后在拟合参数允许的条件下进行二阶验证性因素分析（CFA），估计因变量（小学生数学逻辑推理素养）与潜变量（5 个一级维度）之间的关系。

在结构方程模型中，测量模型的矩阵表达式为[②]

$$Y = \Lambda_y \eta + \varepsilon \tag{6-3}$$

$$\eta = \Gamma \xi + \zeta \tag{6-4}$$

其中，Y 表示测量指标，Λ_y 表示一阶因子的负荷，ε 为测量误差向量；η 为一阶因子对应的向量，Γ 为二阶因子在一阶因子上的负荷量，ξ 为一个向量，表示高阶因子，ζ 为一阶因子的残差向量。模型的求解即计算出以上关系式中各个变量的权重系数或载荷量。

结构模型主要处理与验证潜变量之间理论假设的因果关系，采用路径分析方法。在路径分析模型（Path Analysis Model，PAM）中，假设每

---

① 王孟成. 潜变量建模与 Mplus 应用. 基础篇[M]. 重庆：重庆大学出版社，2014.

② 王孟成. 潜变量建模与 Mplus 应用. 基础篇[M]. 重庆：重庆大学出版社，2014.

一个测量变量没有误差，每个潜变量只有一个观测指标，它能够完全代表其变异量。结构模型的矩阵表达式为[①]

$$y = B\eta + \Gamma\xi + \zeta \tag{6-5}$$

其中，y 表示内生变量所构成的向量，B 为内生变量的系数矩阵，x 为外生变量所构成的向量，Γ 为外生变量的系数矩阵，ζ 为残差。完整的 SEM 模型图如图 6-4 所示。

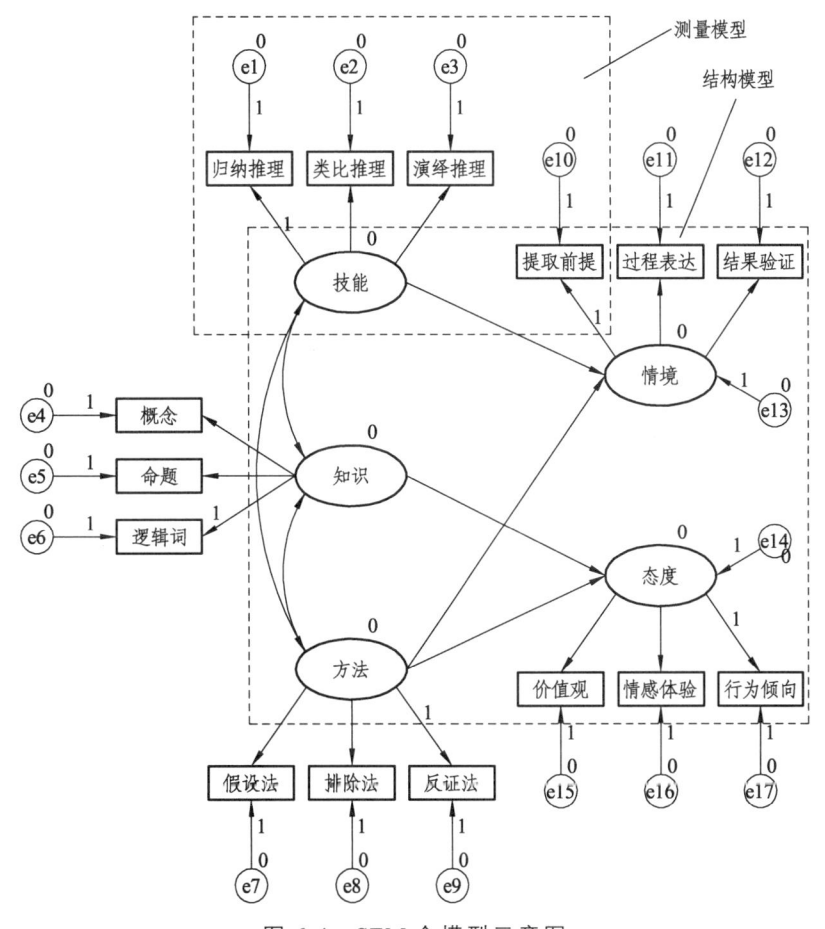

图 6-4 SEM 全模型示意图

---

① 王孟成. 潜变量建模与 Mplus 应用. 基础篇[M]. 重庆：重庆大学出版社，2014.

6.2 一阶验证性因素分析（CFA）

通过对测试数据进行两次探索性因素分析，得到小学生数学逻辑推理素养的 5 个一级内涵维度指标和 15 个测评指标。本节将以前文的理论为支撑，运用验证性因素分析方法，一方面探究以上的因素框架是否与实际数据相契合，指标变量是否可以作为有效的因素构念，即潜变量；另一方面得到变量之间的关系。具体做法是通过计算模型拟合优度指标（如 χ^2、GFI、AGFI）来衡量变量的信度与效度，并提供用该因子进行拟合评价的标准误，以检验数据的结构是否按照理论预期的方式产生作用。

验证性因素分析由模型设定、模型识别、拟合参数评价、评价报告几部分构成。为了便于标记，把数学逻辑推理知识维度简记为"知识"，其行为因素分别记为概念、命题和逻辑词；数学逻辑推理技能维度简记为"技能"，其行为因素记为归纳推理、类比推理和演绎推理；数学逻辑推理方法简记为"方法"，其行为因素记为假设法、排除法和反证法；数学逻辑推理情境与交流简记为"情境"，其行为因素记为提取前提、过程表达与结果验证；数学逻辑推理态度与行为倾向简记为"态度"，其行为因素记为价值观、情感体验与行为倾向。

6.2.1 模型设定

使用 AMOS 统计分析软件画出小学生数学逻辑推理素养测评的概念模型结构图，建立测评变量之间的相关关系。本书中一共有 15 个外显变量，5 个因素构念，其路径图如图 6-5 所示：模型一共包含 5 个公共因子（潜变量），每一个公共因子各自有 3 个下属测评指标变量，且每一个指标变量只受到一个潜变量的影响，因此整体是一个单向度测量模型。如果每一个潜变量对应的测评指标变量的潜在特质构念具有较高的同质性，则对应的观测变量之间就会具有较高的相关度，此时 3

个测量指标的因素负荷量就会较大（一般标准是 $\lambda > 0.70$[①]），即聚合效度就较大。

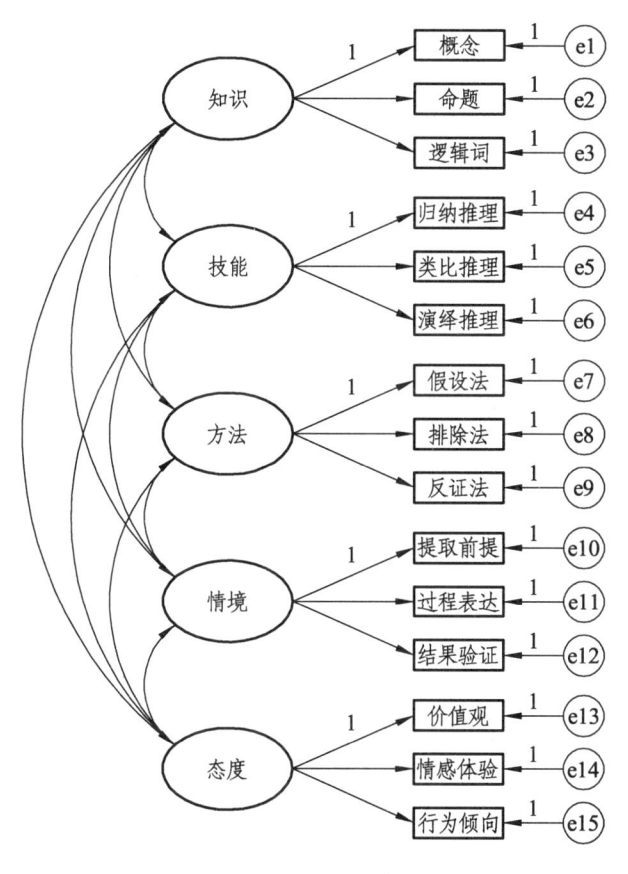

图 6-5　CFA 示意图

根据模型假设，潜变量之间具有相互影响关系，而每一个潜变量被其下属的 3 个二级指标值所影响。利用 AMOS 画出模型图，单箭头直线表示变量之间的因果关系，双箭头表示变量之间有共变关系，但没有因果关系。

[①] 吴明隆. 结构方程模型——AMOS 的操作与应用[M]. 重庆：重庆大学出版社，2010.

首先定义因子载荷为 1，将获取的测试样本作为数据，选择极大似然估计方法来估计自由变化的因子载荷。评价标准为当因子模型能够拟合实际数据时，因子载荷的选取要使模型本身暗含的样本方差相关矩阵 $\hat{\Sigma}$ 与实际观测数据的矩阵 S 之间的差异最小，即残差矩阵的各个元素接近于 0。如果模型拟合效果不佳，则根据理论分析对模型进行修正，或者重新定义某些变量之间的约束关系，从而得到最优模型。

6.2.2 模型识别

按照一般 CFA 模型的识别规则，对模型的识别度进行说明。

（1）指定测量单位法则：设定指标变量测量误差的回归系数为 1，即潜变量与误差之间具有相同的测量尺度，模型只估计潜变量的回归系数即可。

（2）t 法则：根据图 6-5，本书中有 5 个潜变量和 15 个测评指标，指标个数 $p=15$，提供 $p(p+1)/2=120$ 个信息，需要待估计的参数有 15 个因子负荷、5 个潜变量之间的一共 10 个协方差以及 15 个误差方差，即一共的自由参数数量为 $t=40$，则自由度 $df=120-40>0$。

（3）三指标法则：本书中每个潜在因子均包含 3 个测评指标，每一个因子只在一个指标上有负荷，且由模型假定，测量变量的误差项之间相互独立。

综上，上述 CFA 模型符合指定测量单位法则、t 法则以及三指标法则，因此，该模型是可以收敛识别的。

6.2.3 拟合评价

根据 AMOS 进行数据匹配后的分析结果，可得一阶验证性因素分析模型的拟合度检验参数如表 6-3 所示。

第6章 小学生数学逻辑推理素养测评模型的构建

表6-3 小学生数学逻辑推理素养 CFA 整体模型拟合度参数

模型拟合指标[①]	最优标准值	统计值	拟合情况
CMIN（卡方值）	—	182.101	—
DF（自由度）	—	85	—
CMIN/DF（卡方值除以自由度的比值）	< 3	2.142	好
RMR（残差均方根）	< 0.08	0.060	好
GFI（拟合优度指数）	> 0.8	0.934	好
AGFI（调整后的拟合优度指数）	> 0.8	0.906	好
NFI（规范拟合指数）	> 0.9	0.949	好
IFI（递增拟合指数）	> 0.9	0.972	好
TLI（Tucker-Lewis 指数）	> 0.9	0.966	好
CFI（比较拟合指数）	> 0.9	0.972	好
RMSEA（近似误差均方根）	< 0.08	0.058	好

在以上的指标中，CMIN 表示卡方值，但由于卡方值易受样本量大小的影响，所以考虑用其他的适配度统计量进行修正来表示样本数据的适配度，故用 CMIN/DF 表示卡方与自由度的比值，消除了自由度对它的影响，CMIN/DF 的值小于 3 表示适配度良好。RMR 为残差均方根，是原假设模型协方差矩阵与样本数据的协方差矩阵之间的差异值，RMR 越小，表示拟合越好，小于 0.08 为良好，小于 0.05 为优秀。GFI 和 AGFI 常被认为是绝对拟合指标，取值为 0~1，其中 GFI 为拟合优度指数，AGFI 为调整拟合优度指数，其值越大，表明拟合情况越好，一般要求大于 0.90。NFI、IFI、TLI、CFI 为比较适配统计量，可由预设模型和独立模型的卡方值和自由度计算得出，其值大于 0.90 时表示假设的理论模型和数据的适配度佳，大样本情况下要求接近 0.95 为好。RMSEA 为渐进误差均方和的平方根，其值越小，说明模型的适配度越好，一般的判定标准为：大于 0.10 说明模型适配不理想；0.08~0.10 表明适配度一般；

[①] 吴明隆. 结构方程模型——AMOS 的操作与应用[M]. 重庆：重庆大学出版社，2010.

0.05～0.08表示模型适配度尚可，存在合理的近似误差；小于0.05表明模型的适配度良好①。

从表6-3可知，本书中的拟合参数CMIN/DF为2.142，符合小于3的最优标准值；GFI、AGFI达到大于0.9的标准；NFI、TLI、IFI、CFI的值均大于0.95；RMR为0.06，小于0.08；RMSEA为0.058，小于0.08。可见，无论是绝对配统计量，还是比较适配统计量，各个拟合指标均符合较高的统计学研究标准，总体来说，可以认为这个模型具有良好的配适度。

6.2.4 模型计算结果

匹配实测数据进行估计与分析，模型显示可以收敛识别，得到未标准化和标准化后的估计值模型图，如图6-6所示。

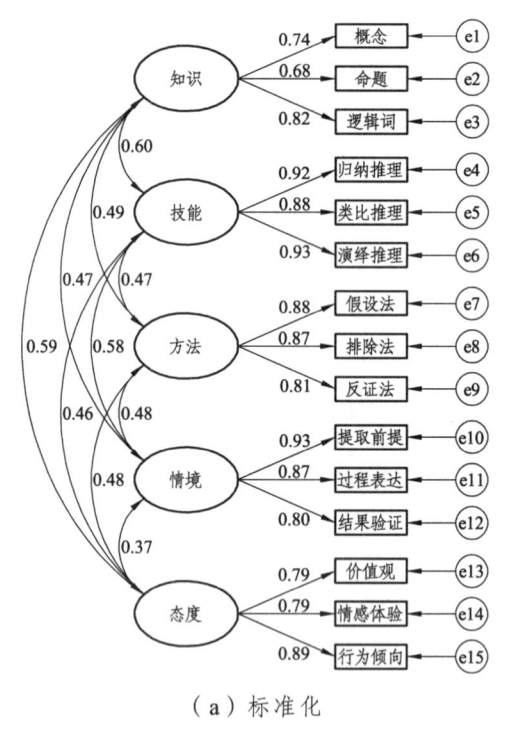

（a）标准化

---

① 吴明隆. 结构方程模型——AMOS的操作与应用[M]. 重庆：重庆大学出版社，2010.

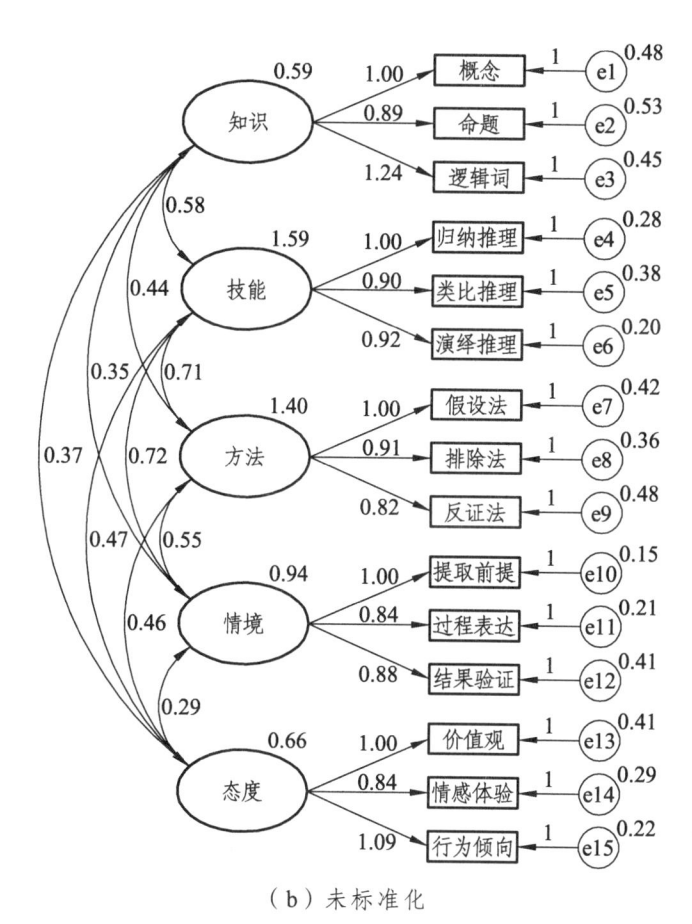

第 6 章 小学生数学逻辑推理素养测评模型的构建

(b) 未标准化

图 6-6 未标准化和标准化后模型

图 6-6（a）展示了标准化回归系数（因素负荷量），也称因素加权值，为外因变量影响内因变量的直接效果值，它们是由变量转化为标准分数（也称 Z 分数）后计算出来的估计值，显示了共同因素对测量变量的影响力大小，因素负荷量的值越大，表示指标变量能够被构念解释的变异就越大，即指标变量越能够反映所要测量的构念特质。可见，本书中所有因素负荷量值全部介于 0.50~0.95，表明模型的基本适配度良好。

5 个潜变量及对应的测量变量的残差变异量估计值如表 6-4 所示。

- 157 -

表 6-4　变量残差变异量估计值

	估计值（Estimate）	标准误（S.E.）	C.R.[1]	p 值
知识	0.588	0.080	7.329	***[2]
技能	1.594	0.144	11.047	***
方法	1.398	0.142	9.856	***
情境	0.940	0.086	10.911	***
态度	0.663	0.080	8.232	***
e1	0.481	0.050	9.668	***
e2	0.534	0.050	10.706	***
e3	0.451	0.059	7.594	***
e4	0.283	0.035	8.115	***
e5	0.380	0.037	10.253	***
e6	0.195	0.027	7.135	***
e7	0.419	0.054	7.763	***
e8	0.360	0.045	7.984	***
e9	0.475	0.047	10.042	***
e10	0.152	0.027	5.566	***
e11	0.206	0.024	8.731	***
e12	0.409	0.038	10.879	***
e13	0.411	0.042	9.894	***
e14	0.290	0.029	9.867	***
e15	0.216	0.035	6.244	***

注：1. C.R.为路径系数的差异值临界比。
　　2. ***表示 p 值小于等于 0.001。

可见，所有的误差值没有负数，且其值均很小，介于 0.080～0.144，表明假设的理论模型没有违反辨认规则，即没有模型界定错误的问题，基本适配度良好。

同时，分别计算各个观测指标的信度系数、测量误差、组合信度等重要指标如下：

第6章 小学生数学逻辑推理素养测评模型的构建

1）信度系数 α

因素负荷量或者相关系数即为标准化后的参数估计值，因此，潜变量之间的共变关系就可以用变量之间的相关系数表示，而信度系数 α 值等于因素负荷量 λ 的平方，即 $\alpha = \lambda^2$。如测量指标"概念"的因素负荷量为 0.742，则其信度系数 $\alpha = 0.742^2 = 0.549$，同理，根据图 6-6 中的数据易计算得到 15 个变量的信度系数 α（见表 6-5）。

2）测量误差 θ

测量误差 θ 表示潜变量无法解释的变异量，数值越大，误差就越大，其值等于 1 减去信度系数，即 $\theta = 1 - \alpha$。

3）组合信度 ρ_c

潜在变量的组合信度（或构念信度）是模型内在质量的一个重要判断标准，它反映了该潜变量下的几个观测变量是否确实可以用于描述这个因子的特质。一般来说，其值大于 0.60 就说明模型内在质量较为理想。其计算式为

$$\rho_c = \frac{(\sum \lambda)^2}{[(\sum \lambda)^2 + \sum(\theta)]} = \frac{(\sum 标准化因素负荷量)^2}{[(\sum 标准化因素负荷量)^2 + \sum(\theta)]} ①$$

故

$$\rho_{知识} = \frac{(\sum \lambda)^2}{[(\sum \lambda)^2 + \sum(\theta)]}$$

$$= \frac{(0.742 + 0.683 + 0.816)^2}{[(0.742 + 0.683 + 0.816)^2 + (0.450 + 0.534 + 0.334)]}$$

$$= 0.792$$

同理得 $\rho_{技能} = 0.937$，$\rho_{方法} = 0.890$，$\rho_{情境} = 0.902$，$\rho_{态度} = 0.860$，5 个潜变量的组合信度均大于 0.75。可见，每一个潜变量的组合信度均达到理想的标准。

---

① 吴明隆. 结构方程模型——AMOS 的操作与应用[M]. 重庆：重庆大学出版社，2010.

4）平均方差抽取量（AVE）

平均方差抽取量也是检验内部一致性或收敛效度的一个重要指标。它表示被潜在构念解释的变异量来自测量误差及来自于测量变量本身的多少，是一种表示收敛效度的指标。显然，潜变量所解释的变异量来自测量误差越少，说明测量指标就越能够有效地反映潜变量的特质。因此，平均方差抽取量即为潜变量可以解释其指标变量变异量的比值，AVE值越大，表明指标变量被潜变量的构念解释的百分比就越大，即该潜变量的收敛效度越好。其计算公式为

$$AVE = \frac{(\sum \lambda^2)}{[(\sum \lambda^2) + \sum(\theta)]} = \frac{(\sum 标准化因素负荷量^2)}{[(\sum 标准化因素负荷量^2) + \sum(\theta)]}$$ [①]

可计算得到

$$AVE_{知识} = \frac{(\sum \lambda^2)}{[(\sum \lambda^2) + \sum(\theta)]}$$
$$= \frac{(0.742^2 + 0.683^2 + 0.816^2)}{[(0.742^2 + 0.683^2 + 0.816^2) + (0.450 + 0.534 + 0.334)]}$$
$$= 0.561$$

同理可得其余变量的 AVE 值分别为 $AVE_{技能} = 0.832$，$AVE_{方法} = 0.731$，$AVE_{情境} = 0.755$，$AVE_{态度} = 0.673$。

综上，所有变量对应的拟合参数汇总如表 6-5 所示。

表 6-5　CFA 参数汇总

	模型参数估计值				收敛效度				
	未标准化因素负荷	标准误(S.E.)	t 值(C.R.)	p 值	标准化因素负荷(STD)	SMC	1−SMC	组合信度 CR	变异数萃取量(AVE)
概念←知识	1				0.742	0.549	0.451	0.792	0.561
命题←知识	0.89	0.078	11.424	***	0.683	0.466	0.534		

---

① 吴明隆. 结构方程模型——AMOS 的操作与应用[M]. 重庆：重庆大学出版社，2010.

第 6 章 小学生数学逻辑推理素养测评模型的构建

续表

	模型参数估计值					收敛效度			
	未标准化因素负荷	标准误(S.E.)	t 值(C.R.)	p 值	标准化因素负荷(STD)	SMC	1−SMC	组合信度CR	变异数萃取量(AVE)
逻辑词←知识	1.235	0.095	12.981	***	0.816	0.666	0.334		
归纳推理←技能	1				0.922	0.849	0.151	0.937	0.832
类比推理←技能	0.9	0.035	25.393	***	0.879	0.773	0.227		
演绎推理←技能	0.919	0.031	29.354	***	0.935	0.873	0.127		
假设法←方法	1				0.877	0.769	0.231		
排除法←方法	0.906	0.045	19.987	***	0.872	0.761	0.239	0.890	0.731
反证法←方法	0.818	0.045	18.322	***	0.814	0.663	0.337		
提取前提←情境	1				0.928	0.861	0.139		
过程表达←情境	0.835	0.037	22.654	***	0.872	0.761	0.239	0.902	0.755
结果验证←情境	0.885	0.045	19.59	***	0.802	0.643	0.357		
价值观←态度	1				0.786	0.617	0.383		
情感体验←态度	0.842	0.056	14.966	***	0.787	0.619	0.381	0.860	0.673
行为倾向←态度	1.087	0.067	16.301	***	0.885	0.784	0.216		

表 6-5 给出了 CFA 模型计算的主要参数估计值。结果如下：

① 除了设定为 1 的 5 个未标准化回归系数之外，对其余的未标准化回归系数进行显著性检验，从表 6-5 中数据可见，未标准化回归系数与标准误的临界比值（C.R.）均大于 2.58，故回归系数在 0.001 水平下显著。

② 标准化因素负荷量（因素加权值）表示指标变量能够被对应的构念所解释的变异量，反映了它所得到的特质构念。可见，所有的标准化因素负荷量（因素加权值）均介于 0.683～0.935，符合负荷量应在 0.5～0.95 的标准[1]，模型适配度良好。

---

[1] 吴明隆. 结构方程模型——AMOS 的操作与应用[M]. 重庆：重庆大学出版社，2010.

③ 多元相关的平方（SMC）代表测量变量的信度系数，如 0.550 就表示潜在变量"知识"能够解释观测变量"概念"55% 的变异量，而 1－SMC 则表示不能够被"概念"所解释的变异量。从表 6-5 可见，除"命题"对应的 SMC 值为 0.466，小于 0.5 之外，其余所有观测变量的 SMC 值均大于 0.5。因此可以说模型整体的内部质量检验优良。

④ 所有潜变量的组合信度 CR 值大于 0.7，满足组合信度系数大于 0.6 的标准，表示模型的内在质量理想。

⑤ 潜在变量的平均方差抽取量（AVE）越大越好，一般的标准是大于 0.5。从表 6-5 中数据可见，5 个潜变量的平均方差抽取值 AVE 分别为 0.561、0.832、0.731、0.755、0.673，均高于 0.5 的标准，亦即每一组测量指标均能够较为有效地反映对应共同因素的潜在特质，说明模型有较好的内部质量。

综合以上的参数和评价标准，对该模型进行验证性因素分析结果进行适配度基本评价判断如表 6-6 所示。

表 6-6　小学生数学逻辑推理素养 CFA 基本适配度检验结果

评价项目	数据结果	模型适配判断
残差变异量没有负数	全为正数（表 6-5）	是
因素负荷量介于 0.50～0.95	0.683～0.935（图 6-6）	是
没有很大的标准误	0.024～0.144（表 6-5）	是
组合信度 $\rho_c > 0.60$	0.792～0.937（表 6-5）	是
平均方差抽取量 AVE > 0.50	0.561～0.832（表 6-5）	是

表 6-7 中列出了 5 个潜变量之间的协方差估计值，如果某两个潜变量之间的协方差估计值显著不等于 0，则表明二者之间具有共变关系。例如，潜变量"知识"与"技能"的协方差为 0.584，标准误估计值为 0.075，临界比值为 7.812，在 0.05 水平下达到显著。

表 6-7 潜变量之间协方差估计值

	估计值（Estimate）	标准误（S.E.）	C.R.[1]	p 值	标签
知识↔技能	0.584	0.075	7.812	***	par_11
知识↔方法	0.444	0.067	6.590	***	par_12
知识↔情境	0.352	0.054	6.550	***	par_13
知识↔态度	0.369	0.051	7.236	***	par_14
技能↔方法	0.709	0.099	7.179	***	par_15
技能↔情境	0.715	0.083	8.606	***	par_16
技能↔态度	0.472	0.070	6.738	***	par_17
方法↔情境	0.551	0.077	7.197	***	par_18
方法↔态度	0.461	0.068	6.779	***	par_19
情境↔态度	0.294	0.052	5.653	***	par_20

注：1. C.R.为未标准化回归系数与标准误的临界比值。

由表可见，5 个潜变量（知识、技能、方法、情境、态度）之间共变关系在 0.05 水平下均为显著，说明 5 个因素之间可能存在一个更为高阶的共同因素，这与本书的理论预设相符，故下面构建二阶 CFA 模型。

6.3 二阶验证性因素分析（CFA）

6.3.1 模型设定

由验证性因素分析结果（如图 6-6 所示）可知，5 个一阶因素的构念之间具有中、高度的相关关系，且从拟合度参数（如表 6-3 所示）来看，一阶验证性因素的模型与测量样本的数据具有良好的适配性，因此考虑原来的 5 个一阶因素受到一个更高阶的因素影响。从本书的测评目的，可将更高阶的因素定义为小学生数学逻辑推理素养，由此构建二阶模型。二阶模型的构建一方面更加符合预先的理论设定，另一方面可以对模型本身进行简化，并将一阶因子的独特性方差从测量误差中进行分离。如此，原一阶因素"知识""技能""方法""情境""态度"变为内因潜变量，因此须增加估计残差，且不再绘制双箭头表示原一阶变量的共变关系，而外因潜变量变为"小学生数学逻辑推理素养"。

在二阶模型结构中，首先假设测量变量之间没有误差共变关系和跨负荷量存在，每一个测量变量都只受到一个初阶因素的影响。由于使用数据与一阶模型相同，故不再进行模型识别。若模型拟合度不够好，再进行修正。二阶模型的表达式见式（6-1）和式（6-2），二阶模型示意图如图 6-7 所示。

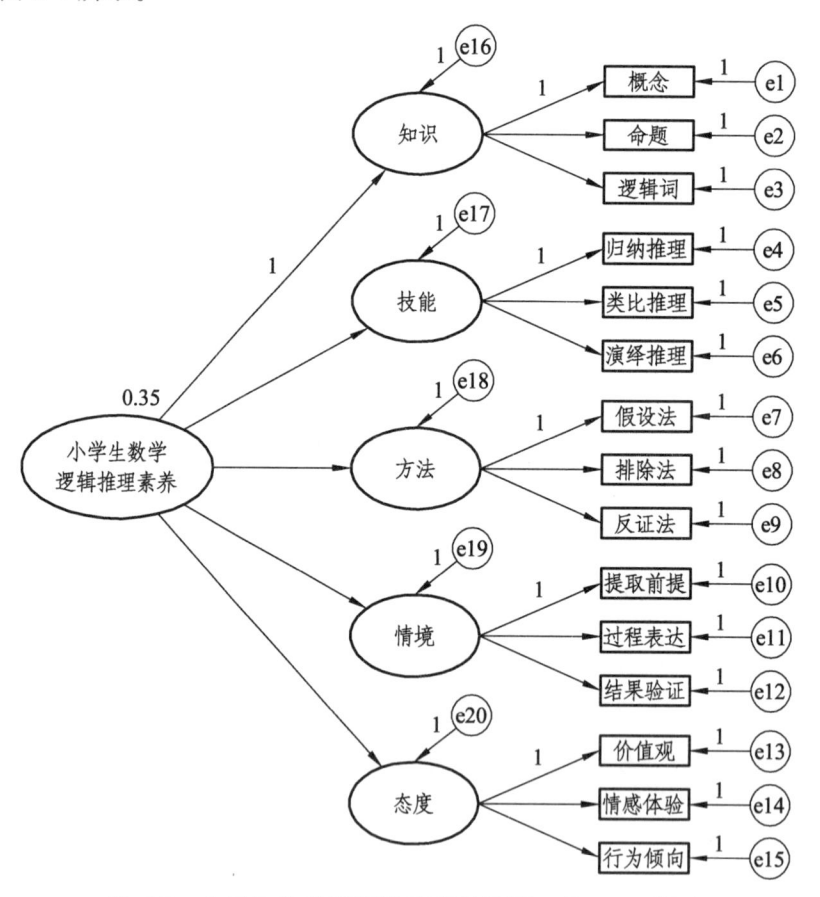

图 6-7　小学生数学逻辑推理素养测评二阶 CFA 模型

6.3.2 拟合评价

将小学生数学逻辑推理素养测评的二阶结构方程模型拟合度参数标准、数据计算结果以及拟合情况评价整理如表 6-8 所示。

表 6-8　二阶结构方程模型拟合度参数摘要

模型拟合指标	最优标准值	统计值	拟合情况
CMIN（卡方值）	—	160.579	—
DF（自由度）	—	80	—
CMIN/DF（卡方值除以自由度的比值）	< 3	2.007	好
RMR（残差均方根）	< 0.08	0.047	好
GFI（拟合优度指数）	> 0.8	0.943	好
AGFI（调整后的拟合优度指数）	> 0.8	0.915	好
NFI（规范拟合指数）	> 0.9	0.955	好
IFI（递增拟合指数）	> 0.9	0.977	好
TLI（Tucker-Lewis 指数）	> 0.9	0.970	好
CFI（比较拟合指数）	> 0.9	0.977	好
RMSEA（近似误差均方根）	< 0.08	0.054	好

从表 6-8 可知，CMIN/DF 为 2.007，小于 3 以下标准，NFI、GFI、AGFI、TLI、CFI、IFI 均达到 0.9 以上的标准，RMR 为 0.047，小于 0.08，RMSEA 为 0.054，小于 0.08。此外，从数据比较可见，二阶模型的拟合度参数中，递增拟合指数 IFI、比较拟合指数 CFI 参数均大于一阶模型对应参数，近似误差均方根 RMSEA 小于一阶模型对应参数。因此，二阶模型与数据的拟合度没有明显劣于一阶模型，各个拟合指标均达到研究标准，因此可以认为二阶模型有良好的配适度，模型无须修正。

6.3.3 模型计算结果

AMOS 软件将试测得到的样本数据与结构模型进行关联，由于数据通过了多变量正态性检验，故选择采用极大似然估计方法估计回归系数。执行二阶结构方程模型计算与分析，得到因素载荷图如图 6-8 所示。

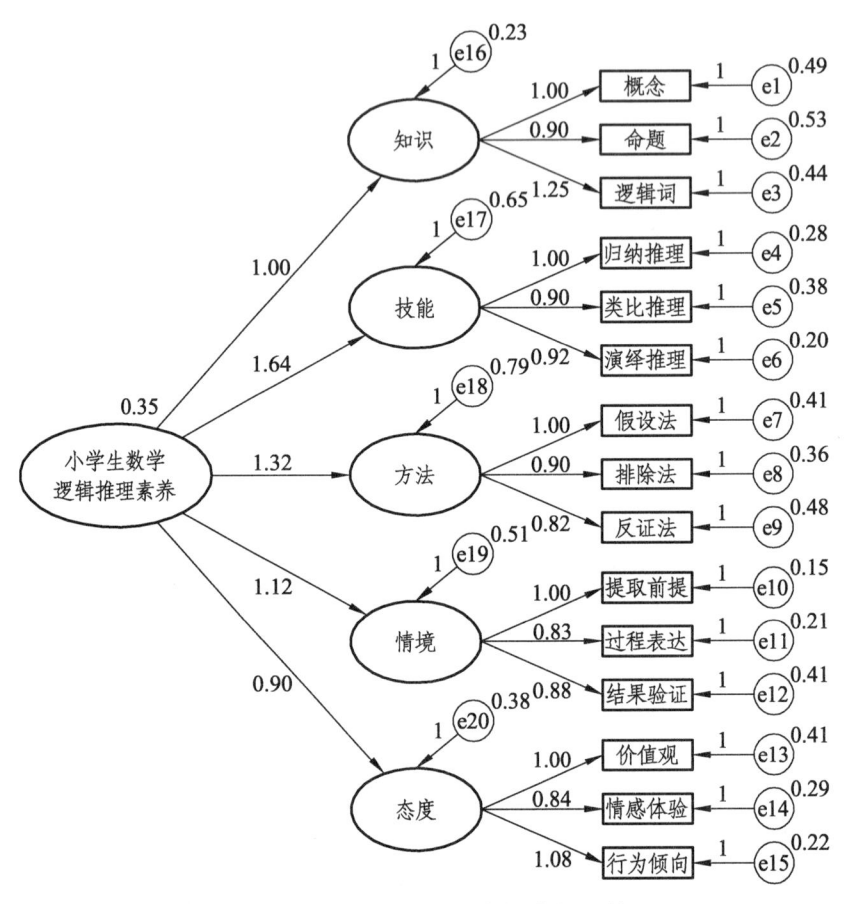

图 6-8　二阶 CFA 模型未标准化系数

由于在模型设定时，将 "Y→知识""知识→概念""技能→归纳推理""方法→假设法""情境→提取前提"及"态度→价值观"的未标准化回归系数（Estimate）设定为固定参数 1，因此其标准误（S.E.），临界比值（C.R.）以及显著性 p 值均为空白，且无须进行路径系数的显著性检验。

结构方程模型中的负荷量表示相应因子之间的关联程度，负荷量越大，则表示相关关系越大。其未标准化路径系数结果如表 6-9 所示，可见：参数估计值与标准误的比值的绝对值均大于 2.58，故 p 值列全为 "***"，即参数估计值在 0.001 水平下是显著的。

表 6-9　标准化回归系数

路径	标准化路径系数	估计值(Estimate)	标准误(S.E.)	C.R.	p 值
知识←Y	0.776	1			
技能←Y	0.770	1.643	0.173	9.475	***
方法←Y	0.658	1.318	0.156	8.469	***
情境←Y	0.679	1.115	0.126	8.851	***
态度←Y	0.653	0.901	0.112	8.045	***
概念←知识	0.737	1			
命题←知识	0.683	0.895	0.079	11.355	***
逻辑词←知识	0.821	1.250	0.097	12.862	***
归纳推理←技能	0.921	1			
类比推理←技能	0.880	0.901	0.035	25.419	***
演绎推理←技能	0.934	0.92	0.031	29.243	***
假设法←方法	0.878	1			
排除法←方法	0.872	0.903	0.045	19.970	***
反证法←方法	0.814	0.816	0.045	18.317	***
提取前提←情境	0.930	1			
过程表达←情境	0.870	0.832	0.037	22.518	***
结果验证←情境	0.802	0.883	0.045	19.592	***
价值观←态度	0.788	1			
情感体验←态度	0.785	0.839	0.056	14.953	***
行为倾向←态度	0.885	1.083	0.067	16.251	***

注：Y 表示小学生数学逻辑推理素养。

表 6-9 中前五行是路径系数，即外在潜变量"小学生数学逻辑推理素养"与 5 个内潜变量"知识""技能""方法""情境""态度"之间的

因素负荷量，显示了潜在因子对测量变量影响力的大小或相对重要性，也就是测评模型中的一级指标权重系数；表中后 15 行是 5 个潜变量与其对应的测量指标之间的因素负荷量，同样显示了各个测量指标对其潜变量的影响力大小，即二级测量指标的权重系数。将回归系数标准化，得到二阶 CFA 模型系数如图 6-9 所示。

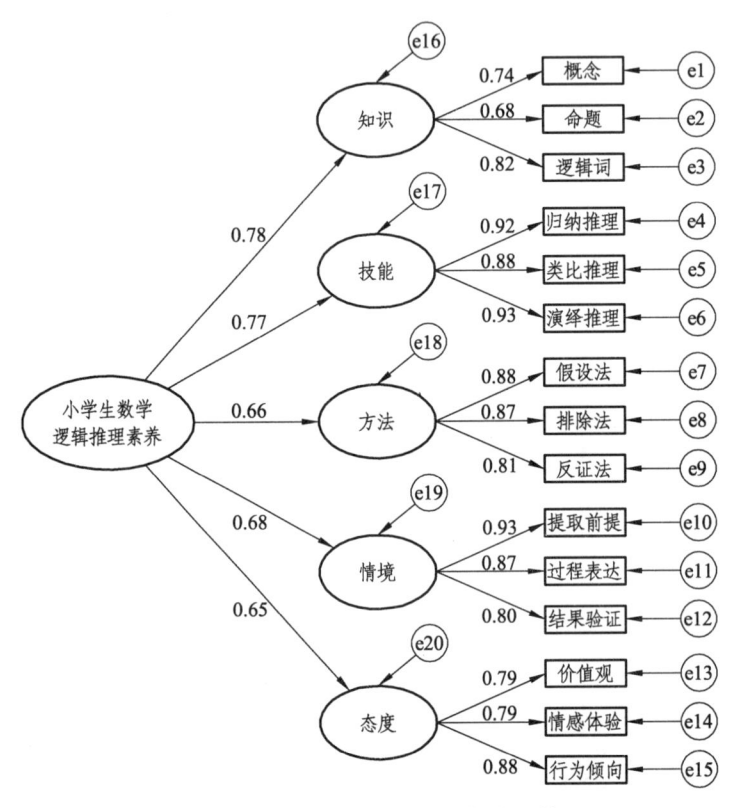

图 6-9 二阶 CFA 模型标准化系数

由图 6-9 可见，测评模型中因素负荷量为 0.65 ~ 0.93，表明本模型中测量变量在初阶因素上的因素负荷量、初阶因素在高阶因素上的因素负荷量均较为理想。

经二阶验证性因素分析，拟合参数评价良好。从表 6-10 所示的高阶因素的方差、5 个潜在变量以及 15 个误差变量的测量残差变异量估计值来看，20个待估权重参数的测量误差均为正数，且在0.05水平下显著，标准误估计值介于0.024~0.087，均很小，表明模型的基本适配度良好。

表6-10 残差变异量估计值

	估计值（Estimate）	标准误（S.E.）	C.R.	p值
e17	0.647	0.087	7.406	***
e16	0.232	0.044	5.256	***
e18	0.795	0.097	8.151	***
e19	0.508	0.059	8.564	***
e20	0.382	0.053	7.157	***
e1	0.488	0.050	9.699	***
e2	0.534	0.050	10.670	***
e3	0.439	0.060	7.329	***
e4	0.285	0.035	8.128	***
e5	0.376	0.037	10.200	***
e6	0.196	0.027	7.127	***
e7	0.415	0.054	7.676	***
e8	0.362	0.045	8.001	***
e9	0.477	0.047	10.047	***
e10	0.148	0.027	5.388	***
e11	0.209	0.024	8.771	***
e12	0.408	0.038	10.855	***
e13	0.408	0.042	9.787	***
e14	0.291	0.030	9.846	***
e15	0.217	0.035	6.187	***

将图6-9中的因子权重进行归一化处理，即可得到各个变量之间关系的表达式，即小学生数学推理素养的测量模型为

$$\begin{aligned} Y &= 0.220X_1 + 0.219X_2 + 0.185X_3 + 0.193X_4 + 0.183X_5 \\ X_1 &= 0.331x_{11} + 0.301x_{12} + 0.368x_{13} \\ X_2 &= 0.337x_{21} + 0.332x_{22} + 0.341x_{23} \\ X_3 &= 0.343x_{31} + 0.340x_{32} + 0.317x_{33} \\ X_4 &= 0.357x_{41} + 0.334x_{42} + 0.308x_{43} \\ X_5 &= 0.321x_{51} + 0.319x_{52} + 0.360x_{53} \end{aligned} \quad (6\text{-}6)$$

其中，$Y, X_i, x_{ij}(i=1,2,3,4,5; j=1,2,3)$ 所代表的含义见表 6-2。

6.4 基于结构方程模型（SEM）的测评模型构建

在 6.3 节已经构建小学生数学逻辑推理素养的测量模型，按照结构方程模型的二步法则，下面构建全结构模型，用路径分析方法验证变量之间关系的大小以及预测方向。

6.4.1 模型设定

根据前文的测评指标构建结果，小学生数学逻辑推理素养的测评存在 5 个潜变量，分别简记为"知识""技能""方法""情境"和"态度"。根据布鲁姆教育目标分类六层次方法，将学生认知领域的教育目标从低到高分为"知道""领会""应用""分析""综合"与"评价"6 个层次[①]。其中，"知道""领会""应用"属于稍低层次，"分析""综合"与"评价"属于稍高层次。而小学生数学逻辑推理素养的指标（知识、技能、方法）表示能够使用数学中的知识进行计算、推理等数学应用，而指标"情境"不仅要求能够行数学的计算与推理，还要能够从现实情境中抽象出数学问题，选择数学逻辑推理方法，进行数学的表达与交流，并能将数学结果返回实际情境中进行检验与反思，故可认为属于分析与综合范畴。而情感是较为上位的一个概念，知识、方法、技能以及情境都会影响到学生对于数学逻辑推理的价值观认识以及对于学习逻辑推理的自信心和兴趣，反之，态度也会反过来影响学生的综合应用。因此，首先建构关系：知识、方法、技能为 3 个外因变量，并且彼此相关，情境与态度为内因变量，故而构建初试模型图 6-10 所示。

---

① （美）布鲁姆. 教育目标分类学[M]. 罗黎辉，译. 上海：华东师范大学出版社，1986.

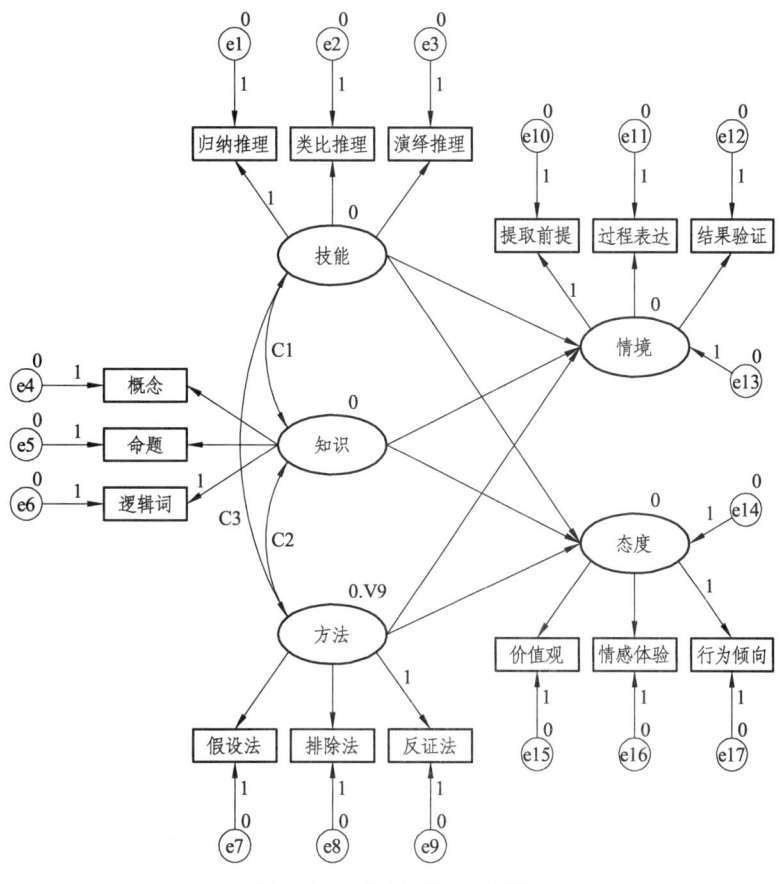

图 6-10 初始 SEM 模型

由图 6-10 可见，该模型中所有的路径均为单向，没有出现循环路径的情况，故而该路径模型为递归模型。

6.4.2 模型识别

根据侯杰泰等（2004）关于路径模型的识别规则，本模型属于递归模型，因此是可以识别的[①]。另外，从计算估计值来看，模型自由度 df = 135 - 52 = 83 > 0，模型属于过度识别模型，也表明该模型可识别。

---

① 侯杰泰，温忠麟，成子娟. 结构方程模型及其应用[M]. 北京：教育课程出版社，2004.

6.4.3 模型修正

执行数据分析程序，匹配数据进行计算之后发现，整体模型适配度的卡方值为 105.866，显著性概率值 $p = 0.033 < 0.05$，因此拒绝虚无假设，即模型与数据不能匹配。在未标准化回归系数表中，"态度←技能"与"情境←知识"路径系数对应回归系数的 p 值分别为 0.953、0.449，均远大于 0.05，即回归系数不显著，故考虑删除该两条路径。重新绘制路径图（如图 6-11 所示）后重新进行计算。

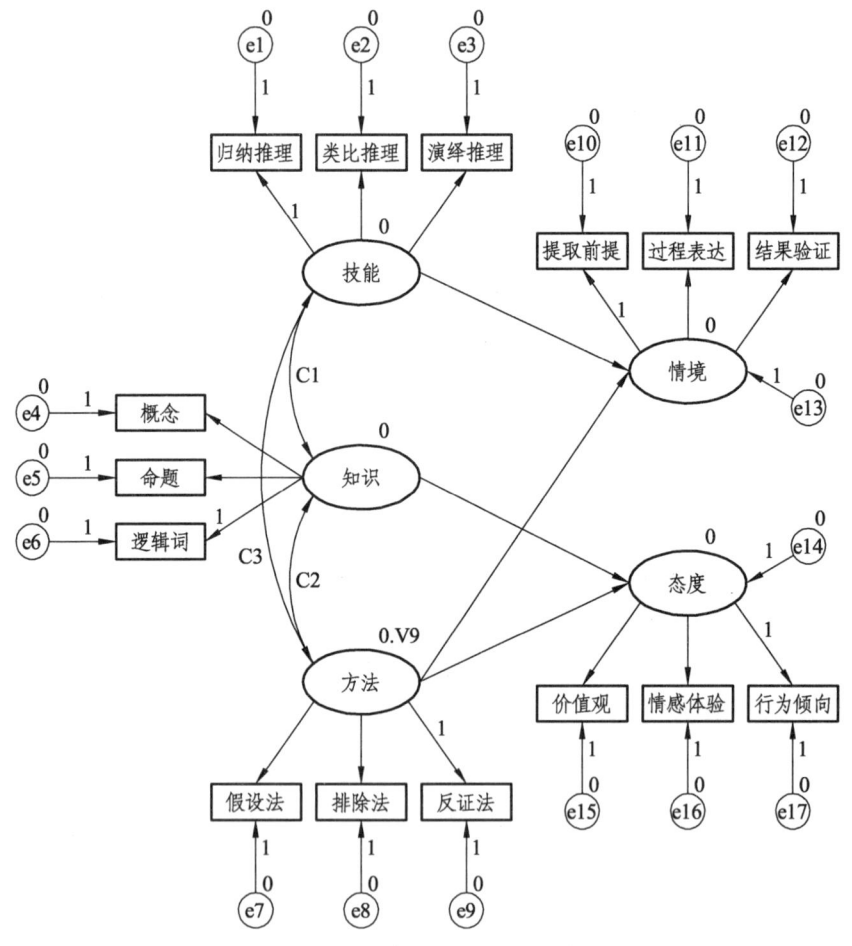

图 6-11 修正后 SEM 模型

6.4.4 拟合评价

用修正后 SEM 模型再次匹配数据，将测试数据按照测量模型计算 5 个测评维度（知识、技能、方法、情境、态度）的测评值，将数据导入 AMOS 匹配计算，模型能够识别，得到模型整体适配度的卡方值 $\chi^2 = 0.170$，显著性概率 $p = 0.068\ 0 > 0.05$，表明假设的路径模型与实测试数据匹配度较好，即路径假设模型可以得到支持，接受虚无假设。

从其他拟合参数来看，拟合度较好，回归系数显著，各项指标达到模型适配标准[①]，具体参数见表 6-11。

表 6-11 路径模型拟合参数评价

拟合参数	估计值	模型适配标准	模型评价
CMIN/DF（卡方值除以自由度的比值）	1.002	< 2.000	优
RMSEA（近似误差均方根）	0.007	< 0.05	优
CFI（比较拟合指数）	0.976	> 0.90	优
TLI（Tucker-lewis 指数）	0.966	> 0.95	优
NFI（规范拟合指数）	0.954	> 0.95	优
RFI（相对拟合指数）	0.993	> 0.90	优
IFI（递增拟合指数）	0.976	> 0.90	优
GFI（拟合优度指数）	0.997	> 0.90	优

此外，模型的赤池信息量（AIC）值为 38.170，小于饱和模型的 AIC 值 40，小于独立模型的 499.591；贝叶斯信息量（BIC 值）为 38.682，小于饱和模型的 40.539，也小于独立模型的 499.726，表示模型可以接受。

综上，从拟合参数来看，模型估计值均达到模型适配的较高标准，说明模型的拟合度整体为优，可将其作为小学生数学逻辑推理素养的路径模型。

---

① 吴明隆. 结构方程模型——AMOS 的操作与应用[M]. 重庆：重庆大学出版社，2010.

6.4.5 模型计算结果

通过匹配数据，用极大似然（ML）估计进行计算，得到未标准化的回归系数、标准误、t 值以及显著性情况，如表 6-12 所示。

表 6-12 未标准化路径回归系数

	估计值（Estimate）	标准误（S.E.）	t 值（C.R.）	p 值	标签
情境←技能	0.354	0.043	8.198	***	par_11
态度←知识	0.455	0.065	6.985	***	par_12
情境←方法	0.266	0.057	4.651	***	par_13
态度←方法	0.223	0.058	3.873	***	par_14
归纳推理←技能	1				
类比推理←技能	0.900	0.035	25.383	***	par_1
演绎推理←技能	0.919	0.031	29.364	***	par_2
逻辑词←知识	1				
命题←知识	0.726	0.060	12.010	***	par_3
概念←知识	0.817	0.063	12.990	***	par_4
反证法←方法	1				
排除法←方法	1.106	0.061	18.258	***	par_5
假设法←方法	1.220	0.067	18.324	***	par_6
提取前提←情境	1				
过程表达←情境	0.834	0.037	22.670	***	par_7
结果验证←情境	0.882	0.045	19.556	***	par_8
行为倾向←态度	1				
情感体验←态度	0.775	0.047	16.324	***	par_9
价值观←态度	0.919	0.056	16.290	***	par_10

可见，直接效果的路径系数中，所有的路径系数达到 0.001 显著性水平。将回归加权值进行标准化后可见，系数值均达到 0.05 显著性水平，且均大于 0，表明对效标变量为正向的直接影响效果。

3 个外因变量"知识""技能""方法"之间，其协方差即相关系数摘要如表 6-13 所示。

第 6 章 小学生数学逻辑推理素养测评模型的构建

表 6-13 协方差及相关系数摘要

	协方差	标准误（S.E.）	t 值（C.R.）	p 值	相关性
技能 ↔ 知识	0.731	0.089	8.252	***	0.616
方法 ↔ 知识	0.450	0.067	6.717	***	0.494
技能 ↔ 方法	0.582	0.082	7.083	***	0.477

可见，3 组外因变量之间相关系数估计值分别为 0.616、0.494、0.477，两两之间的相关性在 0.001 水平下显著。相关系数表明它们之间的积差相关性，同样显著不等于 0，即 3 个外生变量之间呈现出显著正相关关系。其标准化后的 SEM 路径回归系数如图 6-12 所示。

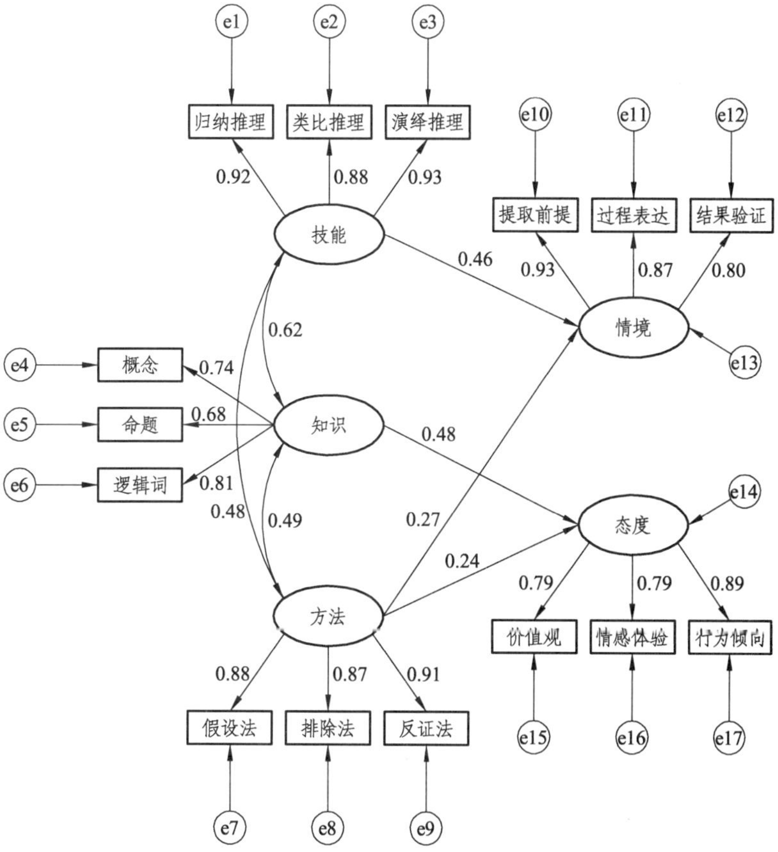

图 6-12 标准化 SEM 模型参数估计值

其中,"知识"与"技能"之间的相关系数为0.62,"知识"与"方法"之间的相关系数为0.49,"技能"与"方法"之间的相关系数为0.48。单箭头方向上的路径系数为标准化后的回归系数,即直接效果值。可见,所有的路径系数的值均大于 0,表明它们对外因变量的影响均为正向影响。此外,可见,"知识"与"方法"均对"态度"产生显著影响,而"情境"主要由"技能"与"方法"影响。此外,每一个潜变量在其观测变量上的载荷值最小达到 0.74,满足载荷值大于 0.6 的评价标准,表明影响显著,与前文的理论假设相符合。

由于修正指标中并未显示需要修正的路径信息,加上本路径模型拟合参数表现良好,路径模型与数据契合度较好,故而不考虑增删或修改路径,也不再考虑其等价模型。

6.5 本章小结

本章在第 5 章小学生数学逻辑推理素养测评指标体系构建的基础之上,用结构方程模型方法构建测评模型,具体分为测量模型和结构模型两部分。

对于测量模型部分,先用一阶验证性因素分析构建了 5 个潜变量与 15 个观测变量之间的关系式,模型可识别,拟合参数评价良好,也进一步检验了本书中测评工具的结构效度。由于 5 个潜变量之间的因素负荷量较高,结合教育理论与研究问题,判定 5 个潜变量存在一个更高阶的因子,即为小学生数学逻辑推理素养。故用二阶验证性因素分析,在该假定的基础上进行数据匹配和计算。结果显示:用二阶模型拟合数据比一阶模型更优。因此,将二阶模型得到的计算结果作为本书的最终测量模型,即

$$Y = 0.220X_1 + 0.219X_2 + 0.185X_3 + 0.193X_4 + 0.183X_5$$
$$X_1 = 0.331x_{11} + 0.301x_{12} + 0.368x_{13}$$

$$X_2 = 0.337x_{21} + 0.332x_{22} + 0.341x_{23}$$
$$X_3 = 0.343x_{31} + 0.340x_{32} + 0.317x_{33}$$
$$X_4 = 0.357x_{41} + 0.334x_{42} + 0.308x_{43}$$
$$X_5 = 0.321x_{51} + 0.319x_{52} + 0.360x_{53}$$

其中，$Y, X_i, x_{ij}(i=1,2,3,4,5; j=1,2,3)$ 所代表的含义见表6-2。

对于结构模型部分，在布鲁姆认知领域的目标分类基础上，设定了5个潜变量之间的因果关系，即知识、技能与方法作为3个外生变量，影响到学生的情境和态度两个内生变量，外生变量之间相互影响。经一次修正后，构建了路径图，如图6-11所示。模型可识别，计算结果显示，路径系数均在0.001水平下显著，且三组外因变量之间的积差相关系数也在0.001水平下显著，整个路径能够较好地表示5个潜变量之间的关系，最终结果见图6-12。

由结构方程模型（SEM）的相关理论，测量模型和结构模型两部分共同构成了SEM全模型。小学生数学逻辑推理素养测评模型的数值计算由测量模型的权重确定，而结构模型则反映了潜变量之间的因果关系，为小学生数学逻辑推理素养的测量评价及培养策略研究提供了借鉴和参考。

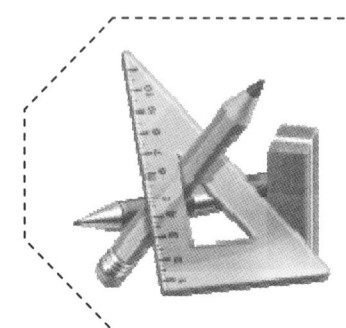

第7章 小学生数学逻辑推理素养测评模型的验证

在第5、6章中,依据小学生逻辑推理素养测试卷的实测数据,通过探索性因素分析(EFA)、验证性因素分析(CFA)、结构方程模型(SEM)等统计方法,构建了小学生逻辑推理素养测评模型。但是,该模型中的权重系数是依赖于数据产生的,而数据本身具有随机性,且在收集和分析时会产生一定的误差,模型的稳定性也会受到样本来源以及样本量等方面的影响。因此,该测评模型是否具有可操作性?是否符合教育学和数学学科的理论和实际情况,即是否具有有效性和普适性?这需要对模型进行验证方可得知。

首先,根据测评模型[6.3节中式(6-6)]的数学表达式,由学生在15个观测变量上的得分即可计算出学生的数学逻辑推理素养综合测评值,而观测变量的得分可由本书中的测试卷(见附录A)进行测试而获得，故模型具备较好的可操作性。其次，模型的有效性和普适性即需验证模型的两个方面：一是模型的指标体系是否合理？二是模型中各个指标的权重是否恰当？鉴于模型中测评指标的验证已经在 5.4 节中完成，不再赘述，因此只需验证模型的权重系数的合理性与有效性。

本章采用层次分析法和与学业成绩的相关性检验方法分别从主观、客观的角度对模型中指标的权重进行验证。

7.1 层次分析法（AHP）指标权重验证

层次分析法（Analytic Hierarchy Process，AHP）是美国运筹学家萨蒂（Saaty）提出的一种层次权重决策分析方法[①]，被广泛应用于管理、计划、决策等领域。层次分析法的核心内容就是计算决策层对于目标层的重要性程度，即权重系数，而采用的主要方法为多目标综合评价方法和网络系统理论[②]。其具体做法为：首先，按照具体的研究目的将与决策有关的元素分解成目标、准则、方案等多个层次；然后，通过主观两两比较下一层对上一层目标的重要性，在满足一定的条件下进行定量分析，从而通过计算得到权重，逐层产生决策。

本书中，层次分析法（AHP）指标权重验证的基本思路为：

第一步：通过专家评判，两两对比模型中的下层测评指标对上层指标的重要性程度，构成成对比较阵；

第二步：当成对比较矩阵通过一致性检验后，计算矩阵的特征值和特征向量，用矩阵最大特征值所对应的特征向量标准化后作为最终指标的权数，以此构建专家评分对应的测评模型；

第三步：将专家评分对应的测评模型与本书中利用数据所构建的模型进行差异性对比，若通过两个模型计算所得到的学生数学逻辑推理素养的综合评分之间无显著差异，则说明本书中测评模型的指标权重与专家主观认为的指标相对重要性吻合程度较好，即模型具有较好的合理性。

---

① SAATY T L. Modeling unstructured decision problems: the theory of analytical hierarchies[J]. Mathematics & Computers in Simulation, 1978, 20(3).
② 许树伯. 层次分析法原理[M]. 天津：天津出版社，1988.

第 7 章 小学生数学逻辑推理素养测评模型的验证

7.1.1 层次分析法的步骤

1）构建层次模型

本书中主要通过专家对测评指标的重要性进行一一对比打分，求出最终测评指标的权向量。而本模型是一个二阶模型，因此层次模型也是二阶的。一个是 Y 与 $X_i(i=1,2,3,4,5)$ 之间，目标层为小学生数学逻辑推理素养，准则层为 5 个一级测评维度；另一个是 X_i 与 $x_{ij}(i=1,2,3,4,5; j=1,2,3)$ 之间，目标层为一级测评指标，准则层为下属二级测评维度。每一个专家需填写 6 个成对比较矩阵。

2）构造成对比较矩阵 A

编制小学生数学逻辑推理素养测评指标重要性比较调查表（见附录C），让专家对各个指标对小学生数学逻辑推理素养的重要性、各个二级指标对一级维度的重要性进行评判，矩阵 A 中元素 a_{ij} 表示第 i 个测评指标与第 j 个测评指标的重要性之比，可见，$a_{ii}=1$ 且 $a_{ij}=1/a_{ji}$。比值采用 1~9 比较尺度，a_{ij} 的数值越大，代表第 i 个测评指标比第 j 个测评指标的重要性程度就越大，反之亦然。具体如表 7-1 所示。

表 7-1 指标之间 1~9 比较尺度标准

指标 X_i 与指标 X_j 相比	极重要	很重要	重要	略重要	同等重要
a_{ij} 的值	9	7	5	3	1

注：2、4、6、8 表示的重要性程度介于其相邻两个奇数之间。

3）计算特征值并做一致性检验

由于主观原因，在打分的时候可能做不到完全一致，即满足：$a_{ij} \cdot a_{jk} = a_{ik}, 1 \leqslant i, j, k \leqslant n$。为了避免过大误差，须对成对比较矩阵做一致性检验。也就是说，允许一定的误差存在，但是不允许误差超过某个界限甚至出现矛盾。只有通过一致性检验的成对比较矩阵才能用于计算权重。衡量成对比较矩阵 A 一致程度的指标为

$$CR = \frac{CI}{RI}①$$

其中，$CI = \frac{\lambda_{max}(A) - n}{n-1}$①，RI 的值是大样本地随机构成成对比较矩阵 A 而得到的最大特征值的均值，n 为成对比较矩阵的阶数。RI 在不同阶数成对比较矩阵中的值如表 7-2 所示。

表 7-2　不同阶数成对比较矩阵的 RI 值[②]

矩阵的阶数 n	1	2	3	4	5	6	7	8	9
RI 值	0	0	0.58	0.90	1.12	1.24	1.32	1.41	1.45

若 CR < 0.1，矩阵的一致性可以接受，否则矩阵无效。因为可能出现了"第一个指标是第二个指标的 5 倍重要，第二个指标是第三个指标的 2 倍重要，但第一个指标与第三个指标同等重要"类似的错误。

在本书中，由于一级维度个数为 5，所以对应的 RI 取值为 1.12，根据 CR < 0.1 的原则，成对比较矩阵的 CI 取值范围为 CI < 0.112 时，表明一致性检验通过，即该专家打分构成的得分矩阵可以用于一级维度的权重计算。同理，二级维度个数为 3，所以对应的 RI 取值为 0.58，即成对比较矩阵的 CI 取值范围为 CI < 0.58 时一致性检验通过，该专家给出的得分矩阵可以用于二级维度的权重计算。

4）计算指标权重

若成对比较矩阵通过一致性检验，则计算其最大特征值所对应的特征向量，并将其标准化，标准化后的特征向量即可作为权向量的近似值。

7.1.2　AHP 模型构建

编制专家问卷，在问卷中详细阐述打分的方法，设置矩阵打分的形式，通过网络和纸质两种形式收集问卷 20 份。问卷来源是 14 位示范性小学的一线数学教师和 6 位数学教育方向的研究人员和在读博士生。首

---

① 姜启源，谢金星，叶俊. 数学模型[M]. 4 版. 北京：高等教育出版社，2011.
② 姜启源，谢金星，叶俊. 数学模型[M]. 4 版. 北京：高等教育出版社，2011.

先将获得的矩阵数据进行一致性检验，除去一份未通过一致性检验的数据（CR 值 > 0.1），将剩余 19 位专家的数据（矩阵 A_i）按照上述步骤用 Matlab 软件进行检验和计算，得到每一位专家对应指标的权重 $\omega_i = (\omega_{i1}, \omega_{i2}, \omega_{i3}, \omega_{i4}, \omega_{i5})$，$i = 1, 2, \cdots, 19$，最后取其均值

$$\overline{\omega} = \left(\frac{\sum_{i=1}^{n} \omega_{i1}}{n}, \frac{\sum_{i=1}^{n} \omega_{i2}}{n}, \frac{\sum_{i=1}^{n} \omega_{i3}}{n}, \frac{\sum_{i=1}^{n} \omega_{i4}}{n}, \frac{\sum_{i=1}^{n} \omega_{i5}}{n} \right)$$

作为最终测评指标的权重向量（n 为通过一致性检验的矩阵数 19）。

经计算，得到 19 位专家通过 AHP 法计算的一级指标权重，如表 7-3 所示。

表 7-3 AHP 法计算的一级指标权重

专家编号	成对比较矩阵 CI 值	成对比较矩阵 CR 值	ω_1	ω_2	ω_3	ω_4	ω_5
1	0.080	0.071	0.206	0.329	0.196	0.123	0.147
2	0.069	0.062	0.195	0.234	0.188	0.187	0.196
3	0.092	0.082	0.223	0.239	0.182	0.199	0.238
4	0.080	0.071	0.188	0.192	0.198	0.182	0.181
5	0.066	0.059	0.227	0.251	0.204	0.192	0.179
6	0.081	0.072	0.195	0.203	0.175	0.172	0.192
7	0.055	0.049	0.206	0.188	0.199	0.196	0.225
8	0.096	0.086	0.198	0.242	0.181	0.209	0.211
9	0.092	0.082	0.129	0.196	0.192	0.173	0.185
10	0.086	0.077	0.195	0.198	0.213	0.186	0.192
11	0.085	0.076	0.180	0.206	0.188	0.195	0.176
12	0.077	0.069	0.168	0.211	0.183	0.185	0.235
13	0.099	0.088	0.241	0.249	0.180	0.211	0.199
14	0.091	0.081	0.192	0.231	0.173	0.182	0.203
15	0.072	0.064	0.189	0.199	0.192	0.203	0.167
16	0.081	0.072	0.169	0.266	0.201	0.198	0.182
17	0.086	0.077	0.229	0.249	0.183	0.187	0.181
18	0.088	0.079	0.245	0.265	0.19	0.208	0.182
19	0.085	0.076	0.168	0.203	0.211	0.165	0.253
平均值	—	—	0.197	0.229	0.191	0.187	0.196

将其在各个一级指标上的权重均值作为最终权重,从而得到 AHP 法下的小学生数学逻辑推理测评模型为

$$Y = 0.197X_1 + 0.229X_2 + 0.191X_3 + 0.187X_4 + 0.196X_4$$

类似地,可得到各个二级指标的专家打分权重,因此得到一级测评指标与二级指标之间的关系式,如式(7-1)所示。

$$\begin{aligned}
X_1 &= 0.295x_{11} + 0.311x_{12} + 0.394x_{13} \\
X_2 &= 0.325x_{21} + 0.345x_{22} + 0.330x_{23} \\
X_3 &= 0.310x_{31} + 0.351x_{32} + 0.339x_{33} \\
X_4 &= 0.329x_{41} + 0.354x_{42} + 0.317x_{43} \\
X_5 &= 0.352x_{51} + 0.310x_{52} + 0.338x_{53}
\end{aligned} \quad (7\text{-}1)$$

7.1.3 研究结果

由结构方程模型(SEM)和层次分析法(AHP)计算得到的两个模型中各个指标的权重有所不同,还须从统计学的角度检验两个模型之间是否有差别,即检验对应同一份测试的分数,用不同模型计算得到小学生数学逻辑推理素养的两组综合测评值之间是否有显著差异。

如果学生的测试综合分数近似服从正态分布,便可采用配对样本 t 检验进行模型的差异性检验。现对数据进行正态分布检验,将用结构方程模型得到的模型记为"模型一",将用 AHP 法得到的模型记为"模型二",并分别计算两个模型下学生的测试综合得分。

分两步进行:第一步,图形大体描述。用 SPSS 软件画出两个模型下学生的测试综合分数对应的正态 Q-Q 图,如图 7-1 所示。

由图 7-1 可见,两个模型测评综合分数对应点与直线 $y = x$ 均较为接近,可以初步判断学生的测试分数近似服从正态分布。

第二步,统计检验。由于样本量较大,故选择 K-S 非参数检验方法验证样本的正态性。用 SPSS 软件分别对两个模型所得到的测评综合分数执行单个样本 K-S 检验,检验变量分别选择"模型一学生测试综合分

第 7 章 小学生数学逻辑推理素养测评模型的验证

数"与"模型二学生测试综合分数",检验分布选择"正态分布",得到结果如表 7-4 所示。

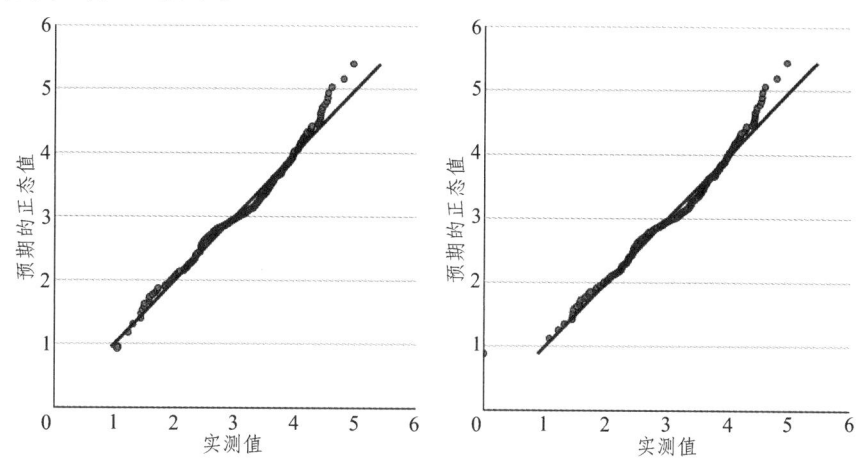

图 7-1 模型一与模型二学生测试综合分数的正态 Q-Q 图

表 7-4 模型一与模型二学生测试综合分数单个样本 K-S 检验摘要

原假设	检验	显著性	决策
"模型一学生测试综合分数"的分布为正态分布,平均值为 3.17,标准差为 0.766	单样本科尔莫戈罗夫-斯米尔诺夫检验	0.088	不拒绝原假设
"模型二学生测试综合分数"的分布为正态分布,平均值为 3.17,标准差为 0.783	单样本科尔莫戈罗夫-斯米尔诺夫检验	0.091	不拒绝原假设

结合图 7-1 和表 7-4 结果表明,两个模型中的学生测评综合分数均可认为服从正态分布。可对两组数据进行配对数据 t 检验,即原假设 $H_0: \mu = 0$ 和备择假设 $H_1: \mu \neq 0$,其中,μ 为两种模型下综合测评分值均值差,得到结果如表 7-5 所示。

表 7-5 两个模型下学生综合测评分值的配对检验

模型 1 - 模型 2	配对差值			t 值	自由度	显著性(双尾)
	平均值	标准差	标准误差平均值			
模型 2 - 模型 1	-0.002	0.020	0.001	-1.838	343	0.067

在显著性水平 $\alpha=0.05$ 下,t 值为 -1.838,检验的 p 值为 $0.067>0.05$,因此不拒绝原假设,即认为本书构建的模型与 AHP 法专家打分赋值得到权重的模型之间无显著差异。

7.2 与学业成绩的相关性检验

7.2.1 检验原理

逻辑推理是数学学习中非常重要的数学素养之一,也是其他数学素养的重要支撑,因此数学逻辑推理素养的高低会直接影响到学生对数学知识的理解、学习与掌握程度。研究[如张军翎(2008)[1]、张潮(2008)[2]、徐芬等(2015)[3]]也表明,学生的数学逻辑推理能力与其数学成绩之间具有较高的正相关性。因此,如果出现经本模型计算的逻辑推理素养综合测评分较高,但数学成绩很低,或者逻辑推理素养综合测评分较低,但数学成绩却很高的情况,则说明本模型的适用性较差。

本书的小学生数学逻辑推理素养测试卷中已经获得学生上一个学期的数学期末考试成绩,与该测试卷的测试时间相隔仅一个月左右,而且期末考试是相对比较正规的、可靠性比较好的测试,因此可以作为模型同时效度的检验。

7.2.2 统计分析过程

以学生上个学期的数学期末考试成绩数据为参考,将本模型计算得

---

[1] 张军翎. 中小学生的逻辑推理能力、元认知及注意力水平与学业成绩的比较[J]. 心理科学, 2008(3):23-25.
[2] 张潮. 中小学生的逻辑推理能力与学业成绩的比较研究[J]. 教育研究与实验, 2008(6):64-67.
[3] 徐芬, 李春花. 初中生认知能力对学业成就的影响[J]. 心理科学, 2015, 38(1):11-18.

到的小学生数学逻辑推理素养综合测评值与其进行相关分析，即计算皮尔逊（Pearson）积差相关系数

$$r = \frac{\sum_{i=1}^{n} x_i y_i - \frac{1}{n}\sum_{i=1}^{n} x_i \sum_{i=1}^{n} y_i}{\sqrt{\left[\sum_{i=1}^{n} x_i^2 - \frac{(\sum_{i=1}^{n} x_i)^2}{n}\right]\left[\sum_{i=1}^{n} y_i^2 - \frac{(\sum_{i=1}^{n} y_i)^2}{n}\right]}}$$

由 r 的统计学意义可知，$-1 \leqslant r \leqslant 1$。且当 $|r|=1$ 时，表示两变量完全线性相关；当 $r=0$ 时，表示两变量间无线性相关关系；当 $0<|r|<1$ 时，表示两变量存在一定程度的线性相关。且 $|r|$ 越接近于 0，表示两变量的线性相关越弱，且 $|r|$ 越接近 1，两变量间线性关系越密切。此时，变量之间的相关关系可按三级划分：$|r|<0.4$ 为低度线性相关；$0.4 \leqslant |r|<0.7$ 为显著性相关；$0.7 \leqslant |r|<1$ 为高度线性相关。

7.2.3 研究结果

对学生上个学期期末数学成绩和数学逻辑推理素养测评综合值两组数据进行相关性检验计算，结果如表 7-6 所示。

表 7-6 学生数学逻辑推理素养测评综合值与学业成绩的相关性检验

		学生学业成绩	学生测评综合值
学生学业成绩	皮尔逊相关性	1	0.736**
	显著性（双尾）		0.000
	个案数	673	673
学生测评综合值	皮尔逊相关性	0.736**	1
	显著性（双尾）	0.000	
	个案数	673	673

注：**表示 p 值小于等于 0.01。

可见，上表中 Pearson 相关系数为 $0.736 > 0.7$，显著性值 < 0.05，这

表明学生的上学期期末考试成绩与模型计算得到的测评综合分数值之间的相关性在 0.05 水平（双尾）下显著，表明二者之间具有显著的正相关性，从而模型的有效性得以验证。

7.3 本章小结

本章对运用结构方程模型（SEM）构建的小学生数学逻辑推理素养测评模型进行了验证，表明模型具备良好的可操作性、合理性和有效性。

首先，测评模型可操作。通过本书中的测试卷（见附录 A）进行测试可获得学生在各个观测变量上的得分，再根据测评模型的数学表达式，即可计算出学生的数学逻辑推理素养综合测评值。

其次，测评模型权重合理。经过专家对测评指标的重要性进行两两对比，用层次分析法（AHP）计算出专家赋权后各指标的权重，构建模型。将两种方法所构建的模型进行配对样本 t 检验，结果显示二者无明显差异，即本书构建的模型与专家和一线教师对数学逻辑推理素养的认知大致相同，模型没有违背数学教育理论。

最后，测评模型有效。对于同一个学生，将本书中测评模型所计算出的数学逻辑推理素养综合分数与其数学期末成绩进行相关性检验。结果显示，二者的 Pearson 相关系数 $r = 0.736 > 0.7$，在 0.05 水平下显著，表明二者具有显著正相关关系，这与已有研究的结论和实际教学经验均相符。

第8章 结论与思考

本书采用质性研究和量化研究相结合的方法，按照教育测评模型构建的一般范式与思路，首先探索了小学生数学逻辑推理素养的内涵和表现形式，然后根据具体的测评目标给出操作性定义，并确定了内涵维度，通过编制小学生数学逻辑推理测评工具并进行实际测评，利用探索性因素分析（EFA）方法遴选出测评指标，在此基础之上，基于结构方程模型（SEM）从结构和测量两个方面构建了小学生数学逻辑推理素养的测评模型，并分别用层次分析法（AHP）和与学业成绩的相关性检验两种方法从主观和客观两方面对模型进行了检验。结果显示，模型可靠度和普适性较好，解决了本书提出的研究问题，对小学生数学逻辑推理素养的测量、评价与培养方案的制订均有着重要的实践意义。

8.1 研究结论与创新

8.1.1 研究结论

本书从小学生数学逻辑推理素养的存在性探析和内涵剖析入手，通过专家咨询、文献研究，构建了其操作性定义，初拟了测评指标，并在测评指标基础之上，编制了小学生数学逻辑推理素养测试卷，利用实测数据作探索性因素分析，萃取出了其测评指标体系，再运用验证性因素分析和结构方程模型的方法确定了测评指标的权重和预测关系，构建了小学生数学逻辑推理素养测评模型，最后从主客观两个方面对模型进行了验证。具体来说，本书的主要结论如下：

（1）对小学生数学逻辑推理素养的存在性进行了阐释。逻辑推理素养贯穿学生的整个数学学习阶段，其包含的内容和种类非常广泛。虽然小学生还没有明确提出数学证明，但是逻辑推理的思想早已融入数学的课程中。在小学高段，归纳推理、类比推理、关系推理、选言推理、三段论推理、假言推理、统计推理等逻辑推理的类型、形式和内容在小学的数学教材中均有所体现和涉及。能从现实情境中提取推理前提，通过逻辑推理解决实际问题是义务教育课程标准对该阶段学生的逻辑推理素养作出的具体要求。

（2）明确了小学生数学逻辑推理素养的内涵。小学生数学逻辑推理素养是学生数学学习中的其他素养形成的起点和基础，也是人的综合素养中的重要组成部分，它不仅关系到人作为个体在成长过程中逻辑思维和创造力的形成与发展，甚至对于整个国家、整个社会的发展与进步都有着举足轻重的作用。小学生数学逻辑推理素养在课标中有要求，在教材中有体现，在研究中有涉及，它不仅是存在的，而且是可测量的。小学生数学逻辑推理素养的内涵为：将现实情境转化并表述为数学问题，并以小学阶段的数学概念、公理、定理或某种假设为前提，按照逻辑规则及运算规律进行思考或运算，并得出正确结论用以解决实际问题的综合能力。

（3）依据小学生数学逻辑推理素养的内涵及其表现形式，用行为描述方法将小学生数学逻辑推理素养的操作性定义概括为以下几个方面：

① 从学生较熟悉的现实情境中提取出逻辑推理的前提（已知条件、数学定理或者数学假设），并用数学语言或者数学符号进行表述；

② 能够根据题设，选择合理的推理形式（归纳、类比、三段论、选言推理、假言推理、完全归纳推理、关系推理）进行推理或运算；

③ 在前提的基础上，按照逻辑推理规律和原则，选择合适的推理方法（排除法、反证法等）进行正确推理或计算，得到新的数学命题或计算结果；

④ 能用数学语言或者符号对推理过程进行表述和交流，做到有理有据，符合逻辑；

⑤ 将逻辑推理的结果返回到现实情境中并进行反思，观察得到的结果是否符合现实情境，若不符合，能检查出现错误的原因；

⑥ 在进行逻辑推理的过程中，能认识到它在数学学习中的重要价值，具有愉悦的情感体验，并有积极的行为倾向。

（4）经过多次试测、修订后，编制完成了小学生数学逻辑推理素养测试工具（见附录 A），并对其进行了信度、效度、区分度、难度等测试卷质量检验。结果显示，该测试卷的内部结构符合统计学要求，测试题的选择恰当，区分度与难度合适，效度较高，测试内容与研究目标一致。

（5）将测试卷用于大样本实测，通过对实测数据进行整理与分析，构建并验证了小学生数学逻辑推理素养的测评指标，即 5 个一级内涵维度指标 $X_i(i=1,2,3,4,5)$（数学逻辑推理知识的识记、数学逻辑推理技能的掌握、数学逻辑推理方法的应用、对数学逻辑推理情境的转化与交流、对数学逻辑推理态度与行为倾向）和对应 15 个二级因素指标

$x_{ij}(i=1,2,3,4,5;j=1,2,3)$（数学概念、数学命题、逻辑词的识记；归纳推理、类比推理、演绎推理的掌握；假设法、排除法、反证法的应用；从现实情境的提取前提、过程表达、结果检验；对逻辑推理的价值观、情感体验、行为倾向）。专家认同度调查结果表明，不同职称的专家群体对指标体系的认同度均较高，即指标体系的学科合理性与科学性通过了专家和一线教师的认可。

（6）利用 AMOS 软件，基于结构方程模型（SEM）进行建模，最终确定了小学生数学逻辑推理素养 Y 与一级指标 $X_i(i=1,2,3,4,5)$、一级指标与下属二级指标 $x_{ij}(i=1,2,3,4,5;j=1,2,3)$ 之间的数学表达式，即小学生数学逻辑推理素养的测评模型为

$$Y = 0.220X_1 + 0.219X_2 + 0.185X_3 + 0.193X_4 + 0.183X_5$$
$$X_1 = 0.331x_{11} + 0.301x_{12} + 0.368x_{13}$$
$$X_2 = 0.337x_{21} + 0.332x_{22} + 0.341x_{23}$$
$$X_3 = 0.343x_{31} + 0.340x_{32} + 0.317x_{33}$$
$$X_4 = 0.357x_{41} + 0.334x_{42} + 0.308x_{43}$$
$$X_5 = 0.321x_{51} + 0.319x_{52} + 0.360x_{53}$$

同时，通过路径分析，得到小学生数学逻辑推理素养 5 个一级指标之间的结构模型，如图 8-1 所示。

（7）从主观和客观两方面对所构建的小学生数学逻辑推理素养测评模型进行了检验。主观方面，通过专家赋权得到成对比较矩阵，用层次分析法（AHP）计算各个指标的权重，经对两组数据进行配对 t 检验得知，二者之间不存在显著差异；客观方面，计算得到学生期末数学测试分数与通过测评模型得到的综合测评分数之间的 Pearson 相关系数为 0.736，相关性在 0.05 水平下显著，即学生的数学成绩与模型计算所得数学逻辑推理素养综合值之间存在显著正相关关系。验证结果表明，本书中构建的小学生数学逻辑推理素养测评模型具有较好的可操作性、合理性和有效性。

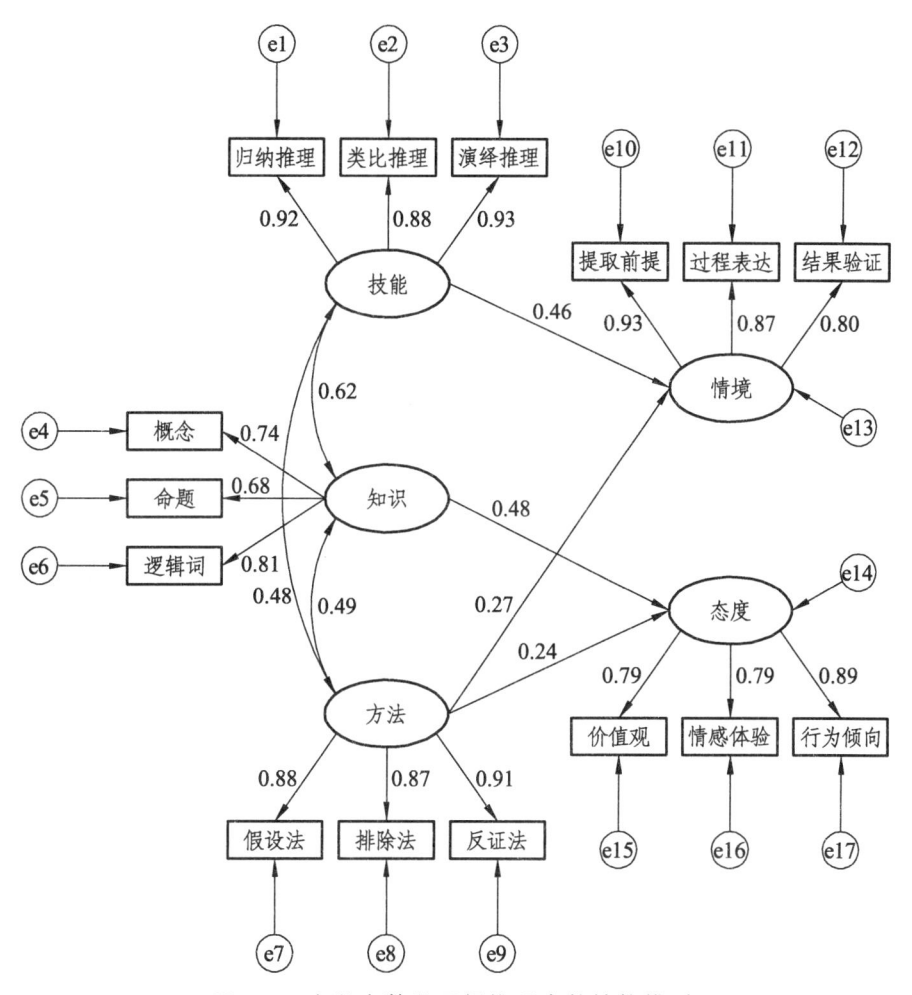

图 8-1 小学生数学逻辑推理素养结构模型

8.1.2 研究创新

在本书进行之初,便有专家提出,数学逻辑推理一般在初中以上的几何体现较多,小学生数学逻辑推理素养是否存在?若存在,是否可测?如何测?也有专家认为这个研究非常难做,因为虽然大家都知道逻辑推理素养对于学生的数学学习、日常生活、综合素质、逻辑思维的发展都非常重要,但是由于其概念太抽象,内容也太广泛,更没有现成的测量工具，因此小学阶段的数学逻辑推理素养相关研究较少，关于测评的实证研究更是缺乏。正是基于这些质疑以及小学生逻辑推理素养测评的重要性和现实需要，本书将其作为了研究内容，并逐一解答和解决了这些问题，成为本书的创新之处，具体体现在以下几个方面：

（1）首次尝试构建了小学生数学逻辑推理素养的操作性定义。在明确小学生数学逻辑推理素养的存在性和内涵剖析的基础之上，结合义务教育数学课程标准、PISA测试框架、数学素养的研究成果以及逻辑推理本身的结构，构建了小学生数学逻辑推理素养的操作性定义和测试框架，从理论层面补充了数学逻辑推理素养在小学阶段的研究成果，也为小学生数学逻辑推理素养的测量与评价提供了理论支撑。

（2）首次编制了小学生数学逻辑推理素养的测评工具：根据小学生数学逻辑推理素养的操作性定义和测评框架，编制了小学生数学逻辑推理素养测评试卷，经检验，该测评工具具有较好信度、效度以及合适的区分度、难度，可作为小学生数学逻辑推理素养的测评工具。

（3）首次构建了小学生数学逻辑推理素养测评模型：综合运用文献研究法、专家咨询法以及德尔菲（Delphi）法、探索性因素分析（EFA）、一阶验证性因素分析（CFA）、二阶验证性因素分析（CFA）、结构方程模型（SEM）等教育统计方法，通过对测试卷的实测数据进行统计分析，构建了小学生数学逻辑推理素养的测评模型，从而明确了小学生数学逻辑推理素养与潜在因素、观测变量之间的数学表达式以及潜在变量之间的因果关系。经验证，模型具有较好的可操作性、有效性和可靠性，从而尝试回答了小学生数学逻辑推理素养如何测评的问题。

8.2 研究的不足与展望

本书基本达到了前面所提出来的研究目标，回答了"小学生数学逻辑推理素养是否可测？用什么测？如何测？"的问题，但由于逻辑推理

第 8 章 结论与思考

是一个集哲学、心理学、教育学、数学于一体的概念，加上本书者的能力和精力有限，因此在一些具体的细节上存在着诸多不足，该课题也存在很大的空间供学者们继续研究。

8.2.1 研究不足

本书虽已构建小学生数学逻辑推理素养测评模型，从教育测量模型的构建方法上看是完整的、科学的，但仍有一些问题值得讨论和反思，主要体现在以下几个方面：

（1）小学生数学逻辑推理素养测评维度的多样性研究不足。本书中，小学生数学逻辑推理素养的测评维度是从数学素养的视角出发，结合逻辑推理的 3 个部分（前提→推理→结论）以及 PISA 测试框架进行归纳的，虽然数据反映良好，但是也有研究者按照逻辑推理的类型（简单推理、选言推理、命题演算、假言推理、合情推理[①]）或者完成推理的效果（推理的有效性、灵活性、条理性、创造性、反省性[②]）划分维度，至于哪一种划分更好、更准确，本书没有作过多的比较和研究，多样性研究不足。

（2）测试抽样具有局限性。按照统计数据收集方法，测试本应该进行随机抽样或者严格的分层抽样，但研究者在少数民族地区的高校担任繁重的授课任务，经费和精力有限，加上连年严峻的疫情影响等因素，本书的样本主要集中在我国华中和西部地区，仅抽取了湖北、贵州、重庆、广西四省（市）中 26 所小学的 1 000 余名学生作为样本，华东、华北地区均无涉及，抽取面不够广，可能会导致由样本数据建构的模型中的权重产生一定的误差，从而影响模型的稳定性。

（3）测评工具的包容性不足。数学逻辑推理素养包含若干个方面，虽然本书中的测试卷经过多位专家和一线教师的选题与编制，经历多次

[①] 严卿，黄友初，罗玉华，等. 初中生逻辑推理的测验研究[J]. 数学教育学报，2018，27（5）：25-32.

[②] 吴宏. 推理能力表现：要素、水平与评价指标[J]. 教育研究与实验，2014（1）：47-51.

试测和修订完成，检验结果显示测试卷具有较好的信效度、区分度和合适的难度，但是由于测试时间和条件有限，每一个测试点编制的题目量只有 3~4 个，不能充分包含所有的知识点或者准确地反映学生该测试点的水平。因此，在测试时间充裕的条件下，可以适当增加测试题的数目。

8.2.2 研究展望

逻辑推理是义务教育阶段学生能力的核心概念之一，也是高中六大数学核心素养之一，它在学生数学学习过程中的重要性不言而喻。但由于逻辑推理涉及到多个学科，其复杂性、抽象性让很多研究者望而却步。本书也只是尝试从数学教育、数学素养的视角对小学生数学逻辑推理素养的内涵进行了解读，并编制测试工具，萃取出了测评指标体系，在此基础上构建了测评模型。如上一节所述，还有诸多地方有待改进或可进一步研究。

（1）小学生数学逻辑推理素养的内涵有待进一步挖掘和剖析。由于学界对小学生逻辑推理素养的看法颇多，争议也较大，未来也可尝试从数学哲学、教育心理学的角度对小学生逻辑推理素养的内涵进行深度研究。

（2）可扩大样本覆盖面，增强样本的代表性，使模型的参数更加精确。在条件允许的情况下，可在全国范围内进行分层抽样，或进行更大范围的样本抽取和数据分析，增强模型的稳定性。

（3）测评工具可进一步改进。为了使得所测数据能够充分代表学生的数学逻辑推理素养水平，可将所有测试点分成若干个部分，即用若干份测试卷代替本书的一份测试题，用多个测试题对某一个测评指标进行考察，提高数据的准确性。

（4）可进一步根据模型做应用研究和培养策略研究。测评模型是为了学生数学逻辑推理素养的测量与评价，一个能用于指导教学的模型才是有价值的。因此，在后期的研究中可进行模型的应用（如进行不同地

第8章 结论与思考

域、不同性别、不同年级等不同群体的小学生数学逻辑推理素养的对比）研究，以及依据测评指标体系研究小学生数学逻辑推理的培养策略与实践路径等。

小学生数学逻辑推理素养的测评模型构建是一个非常有意义和价值的课题，本书所涉及的内涵界定和模型构建等都是探索性的工作，虽取得了一些研究成果得以公开发表，但还有许多不足可改进和完善，也还有很多方面有待后期继续研究。也期待本书能够抛砖引玉，让小学生数学逻辑推理素养的测评得到更多研究者的关注，以开发更合理、更科学的测量工具，构建更完善、更具普适性的测评模型，并将研究成果用于指导教学，推动我国义务教育数学课程更好、更快地发展。

参考文献

[1] 鲍建生. 几何的教育价值与课程目标体系[J]. 教育研究, 2000(4): 53-58.

[2] 毕鸿燕, 方格, 王桂琴, 等. 演绎推理中的心理模型理论及相关研究[J]. 心理科学, 2001, 24(5): 595-596.

[3] 卜文娟, 温红博, 刘先伟. 初中学业水平考试中固定分数法标准设定的信度分析——以中考数学为例[J]. 数学教育学报, 2018, 27(3): 39-44.

[4] 蔡永红. SOLO分类理论及其在教学中的应用[J]. 教师教育研究, 2006(1): 34-40.

[5] 曹春艳, 吕世虎. 民国时期中学数学课程内容的发展历程及其启示[J]. 数学教育学报, 2018, 27(4): 41-45.

[6] 曾亮, 林静. PISA2021数学推理能力交互式测评及启示[J]. 中国考试, 2020(3): 28-34, 40.

[7] 陈蓓, 喻平. 高中生数学核心素养的评价研究[J]. 数学通报, 2021, 60(8): 16-21, 42.

[8] 陈六一, 刘晓萍. 指向核心素养的小学数学命题探究——基于PISA数学测试的启示[J]. 教育与教学研究, 2017, 31(8): 66-70, 78.

[9] 陈蕊. 对中学数学教育中推理能力及其阶段性培养的研究[D]. 北京: 首都师范大学, 2017.

[10] 陈水平. 合情推理在数学学习建构中的作用[J]. 数学教育学报, 1998, 7(3): 47-49.

[11] 陈逸群，于晓，陈英和，等. 儿童类比推理的影响因素及干预促进[J]. 心理科学，2020，43（2）：386-392.

[12] 程靖，孙婷，鲍建生. 我国八年级学生数学推理论证能力的调查研究[J]. 课程·教材·教法，2016，36（4）：18.

[13] 迟艳杰，高晓晖. 探究性教学对发展初中生数学能力的实验研究[J]. 教育研究与实验，2013（2）：78-82.

[14] 崔宝蕊，李健，王光明. 初中生数学元认知水平调查问卷的设计与编制[J]. 数学教育学报，2018，27（3）：45-51.

[15] 崔志翔，杨作东. 义务教育阶段一个数学核心素养的评价框架[J]. 数学教育学报，2021，30（5）：47-52.

[16] 董林伟，喻平. 基于学业水平质量监测的初中生数学核心素养发展状况调查[J]. 数学教育学报，2017，26（1）：7-13.

[17] 端木彦，孔德鹏，黄智华. 高三年级学生逻辑推理能力与数学学业成绩的关系研究[J]. 数学通报，2019，58（6）：30-34，38.

[18] 段冰. 基于结构方程的顾客满意度测评模型[J]. 统计与决策，2013（12）：48-50.

[19] 范美玲，李智惠，侯华平. 考查学科素养 着眼学生发展 坚持六个维度 引领数学教学——2019年山西省中考数学试题分析[J]. 教育理论与实践，2019，39（32）：11-14.

[20] 范涌峰，宋乃庆. 大数据时代的教育测评模型及其范式构建[J]. 中国社会科学，2019（12）：139-155，202-203.

[21] 范涌峰，宋乃庆. 学校特色发展测评模型构建研究[J]. 华东师范大学学报（教育科学版），2018，36（2）：68-78，155-156.

[22] 冯跃峰. 对数学教育若干问题的认识[J]. 数学教育学报，1992，1（1）：64-65.

[23] 谷晓沛，马云鹏，朱立明. 高一学生函数概念数学理解水平的实证研究——以T城市为例[J]. 数学教育学报，2018，27（3）：25-29.

[24] 关丹丹，景春丽. 新高考改革背景下不分文理的数学成绩差异研

究[J]. 数学教育学报，2018，27（4）：31-34.

[25] 关肇直. 数学推理的严格性与认识论中的实践标准[J]. 数学学报，1976，19（1）：1-11.

[26] 郭春彦. 高中2年级学生数学推理能力的实验研究[J]. 北京师范学院学报（自然科学版），1990，11（1）：46-52.

[27] 郝嘉佳，陈英和，刘拓，等. 儿童青少年一般思维能力测验的编制和初步应用[J]. 心理与行为研究，2019，17（5）：620-626.

[28] 何小亚，李湖南，罗静. 学生接受假设的认知困难与课程及教学对策[J]. 数学教育学报，2018，27（4）：25-30.

[29] 何璇，马云鹏. 国际视野下小学数学核心素养的价值取向与内涵[J]. 课程·教材·教法，2020，40（2）：92-98.

[30] 何璇. 小学数学核心素养要素与内涵研究——基于美英等五国数学课程目标比较[J]. 数学教育学报，2019，28（5）：84-91.

[31] 何忆捷，熊斌. 中学数学中构造法解题的思维模式及教育价值[J]. 数学教育学报，2018，27（2）：50-53.

[32] 洪清玉，康春花，曾平飞，等. 数学问题提出能力的测评模型及指标赋权[J]. 江西师范大学学报（自然科学版），2021，45（1）：38-45.

[33] 侯杰泰，温忠麟，成子娟. 结构方程模型及其应用[M]. 北京：教育课程出版社，2004.

[34] 胡竹菁. 演绎推理的心理学研究[M]. 北京：人民教育出版社，2000.

[35] 黄智华，渠东剑. 高中生逻辑推理能力的调查研究——以南京市为例[J]. 数学通报，2018，57（6）：28-33，57.

[36] 江守福，章飞，顾继玲. 初中代数学习中发展学生推理能力的着力点分析与建议[J]. 数学通报，2021，60（11）：21-24.

[37] 焦彩珍，刘治宏. 初中数学学习困难学生的抑制控制能力缺陷[J]. 数学教育学报，2018，27（1）：47-51.

[38] 克鲁捷茨基. 中小学数学能力心理学[M]. 李伯黍, 洪宝林, 译. 上海: 上海教育出版社, 1983.

[39] 李丹, 张福娟, 金瑜. 儿童演绎推理特点再探——假言推理[J]. 心理科学, 1985（1）: 6-12.

[40] 李红婷. 初中生几何推理能力发展研究[J]. 教育研究与实验, 2009（6）: 81-85.

[41] 李红婷. 几何关系推理教学设计思路[J]. 数学通报, 2009, 48（7）: 32-36.

[42] 李红婷. 七~九年级学生几何推理能力发展及其教学研究[D]. 重庆: 西南大学, 2007.

[43] 李化侠, 辛涛, 宋乃庆, 等. 小学生统计思维测评模型构建[J]. 教育研究与实验, 2018（2）: 77-83.

[44] 李吉. 小学生数学能力的维度及培养[J]. 教育理论与实践, 2019, 39（2）: 59-61.

[45] 李梦宇, 李建彬, 胡象岭. 高二学生科学推理能力现状调查[J]. 物理教师, 2018, 39（9）: 18-21.

[46] 李渺, 徐新斌, 陆颖, 等. 高中数学教师听评课的现状及其有效性对策研究[J]. 数学教育学报, 2018, 27（1）: 36-41.

[47] 李娜, 赵京波, 曹一鸣. 基于PISA2021数学素养的数学推理与问题解决[J]. 课程·教材·教法, 2020, 40（4）: 131-137.

[48] 李冉. 浸润于教学过程中推理能力的培养[J]. 中国教育学刊, 2018（S2）: 134-135.

[49] 李兴贵, 王新民. 数学归纳推理的基本内涵及认知过程分析[J]. 数学教育学报, 2016, 25（1）: 89-93.

[50] 李艳琴, 宋乃庆. 小学低段数学符号意识测评指标体系的初步构建[J]. 教育学报, 2016, 12（4）: 23-28, 38.

[51] 李一茗, 黎坚. 复杂问题解决能力的概念、影响因素及培养策略[J]. 北京师范大学学报（社会科学版）, 2020（5）: 36-48.

[52] 李织兰，蒋晓云，卿树勇. 初中生逻辑推理核心素养的认识与培养策略研究[J]. 数学通报，2020，59（4）：18-23.

[53] 梁贤华. 必须摒弃归纳推理的形式规则吗?[J]. 自然辩证法通讯，2022，44（4）：30-36.

[54] 林崇德. 发展心理学[M]. 北京：人民教育出版社，1998.

[55] 林崇德. 学习与发展：中小学生心理能力发展与培养[M]. 北京：北京师范大学出版社，1999.

[56] 刘成英，李太华，刘忠旭，等. 学生科学推理能力发展规律与阶段特征——基于1887名学生的测量分析[J]. 上海教育科研，2019（7）：25-29.

[57] 刘春艳. 理解试题内涵 把好教学方向——从一道北京中考试题说起[J]. 数学教育学报，2018，27（3）：35-38.

[58] 刘京莉. 学会用数学语言表达几何逻辑思维过程[J]. 数学通报，2007（5）：30-32.

[59] 刘兰英. 小学生数学推理能力结构的验证性因素分析[J]. 心理科学，2000，23（2）：227-229.

[60] 陆明明. 数学教科书例题的分类及其教学建议[J]. 数学教育学报，2018，27（2）：54-58.

[61] 罗荔龄,曹广福. 中学数学部分概率内容的问题与建议[J]. 数学教育学报，2018，27（2）：65-69.

[62] 马克·威尔逊. 基于建构理论的量表设计[M]. 黄晓婷，译. 长沙：湖南教育出版社，2020.

[63] 南欲晓. 培养推理意识 发展数学思维——"逻辑推理"在小学数学教学中的思考与实践[J]. 教学月刊小学版（数学），2022（Z1）：20-23.

[64] 宁连华. 数学推理的本质和功能及其能力培养[J]. 数学教育学报，2003，12（3）：42-45.

[65] 宁锐,李昌勇,罗宗绪. 数学学科核心素养的结构及其教学意义[J].

数学教育学报，2019，28（2）：24-29.

[66] 牛伟强，张丽玉，熊斌. 中国数学教育研究方法调查研究——基于《数学教育学报》(2011—2015)的统计分析[J]. 数学教育学报，2016，27（4）：88-91.

[67] 潘小明. 基础教育阶段学生数学素养的四维一体模型[J]. 教育与教学研究，2012，26（10）：91-95，99.

[68] 裴昌根，宋乃庆，刘乔卉，等. 数学学习兴趣测评指标体系的构建与验证[J]. 数学教育学报，2018，27（2）：70-73.

[69] 裴昌根，宋乃庆. 我国数学文化研究的文献计量分析[J]. 全球教育展望，2017，46（2）：95.

[70] 彭漪涟，马钦荣. 逻辑学大辞典[M]. 上海：上海辞书出版社，2010.

[71] 綦春霞，王瑞霖. 中英学生数学推理能力的差异分析——八年级学生的比较研究[J]. 上海教育科研，2012（6）：94-96.

[72] 丘维声. 用数学的思维方式教数学[J]. 中国大学教学，2015（1）：9-14.

[73] 任倩. 中英初中数学教材中几何部分推理方式的比较研究[D]. 长春：东北师范大学，2015.

[74] 荣泰生. AMOS与研究方法[M]. 重庆：重庆大学出版社，2009.

[75] 师庶. 关于几何定理的证明（下）[J]. 广西师范大学学报（哲学社会科学版），1977（3）：49.

[76] 史宁中. 试论数学推理过程的逻辑性——兼论什么是有逻辑的推理[J]. 数学教育学报，2016，25（4）：1-16，46.

[77] 宋乃庆，陈珊，沈光辉. 学生STEAM素养的内涵、意义与表现形式[J]. 课程·教材·教法，2021，41（2）：87-94.

[78] 宋乃庆，陈重穆. 再谈"淡化形式，注重实质"[J]. 数学教育学报，1996（2）：15-18.

[79] 宋乃庆，高鑫. 中小学STEAM教育评估的内涵、价值与理论框架探析[J]. 教育科学研究，2021（10）：47-53.

[80] 宋乃庆,肖林,罗士琰.破解"五唯"顽疾,构建我国新时代教育评价观——基于学生发展的视角[J].教育与教学研究,2018,32(11):1-6,123.

[81] 宋乃庆,杨黎,范涌峰.新时代教育现代化:内涵、意义及表现形式[J].教育科学,2021,37(1):1-8.

[82] 宋乃庆,杨欣,王定华,等.学生课业负担测评模型的构建研究——以义务教育阶段学生为例[J].西南大学学报(社会科学版),2015,41(3):75-81.

[83] 宋爽,郭衍.家庭背景因素对初中生数学学业成就的影响[J].数学教育学报,2018,27(1):52-57.

[84] 孙保华.小学生数学推理能力提升的策略[J].教学与管理,2020(20):51-53.

[85] 孙花.初中数学逻辑推理能力培养策略探究[J].基础教育论坛,2022(6):71-72.

[86] 孙利文.高中数学立体几何教学研究[D].长春:东北师范大学,2012.

[87] 孙名符,蒙虎.波利亚合情推理的成功与不足[J].数学教育学报,1998,7(3):43-46.

[88] 孙婷.义务教育阶段学生数学推理论证能力测评[D].上海:华东师范大学,2014.

[89] 唐恒钧,TAN H,徐元根,等.基于问题链的中学数学有效教学研究——一项课例研究的启示[J].数学教育学报,2018,27(3):30-34.

[90] 唐举,黄智华.高一年级学生逻辑推理能力与数学学业成绩的关系研究[J].数学通报,2019,58(7):11-13,66.

[91] 田友谊.我国教育信仰研究的回顾与反思——基于2000—2014年研究文献的分析[J].上海教育科研,2014(11):24-27.

[92] 田中,徐龙炳,张奠宙.数学基础知识、基本技能教学研究探索[M].

上海：华东师范大学出版社，2003.

[93] 王光明，廖晶，黄倩，等. 高中生数学学习策略调查问卷的编制[J]. 数学教育学报，2015，24（5）：25-36.

[94] 王光明，张楠. 国际教育学研究发展趋势[J]. 当代教育与文化，2015，7（6）：20-27.

[95] 王红兵. 针对初中毕业阶段学生范希尔几何思维水平的调查及其分析[J]. 数学教育学报，2018，27（30）：52-56.

[96] 王介锁. 数学教学中合情推理能力的培养[J]. 教学与管理，2020（32）：55-57.

[97] 王瑾. 小学阶段数学归纳推理课程的实施研究[J]. 教育科学，2010，26（3）：38-43.

[98] 王俊民，左成光. 科学推理能力的测评——加拿大 PCAP 评估项目的经验与启示[J]. 生物学教学，2019，44（9）：50-53.

[99] 王立东，杨涛，王烨晖，等. 数学学业表现能力测评体系构建——中国义务教育质量监测的实践[J]. 数学教育学报，2020，29（4）：58-61，90.

[100] 王孟成. 潜变量建模与 Mplus 应用. 基础篇[M]. 重庆：重庆大学出版社，2014.

[101] 王蕊. 合情推理在高中数学探究学习中的应用研究[D]. 西安：陕西师范大学，2008.

[102] 王廷明. 二值命题逻辑中逻辑推理的有效度[J]. 山东农业大学学报（自然科学版），2008（3）：454-456，460.

[103] 王义龙，张博锋. 一阶逻辑推理系统中有关量词推理规则的研究[J]. 湖南师范大学自然科学学报，2017，40（3）：89-94.

[104] 王小宁. 小学生数学推理能力发展的研究[D]. 南京：南京师范大学，2013.

[105] 王晓峰. 数学实验与逻辑推理[J]. 数学通报，2021，60（3）：13-17.

[106] 王晓辉，赫晓玲. 两类教材对初中生数学推理技能影响的比较研

究[J]. 课程·教材·教法, 2007, 27 (11): 43-45.

[107] 王晓杰, 宋乃庆, 张菲倚. 小学劳动教育测评指标体系研究——基于 CIPP 评价模型的探索[J]. 教育研究与实验, 2020 (6): 61-68.

[108] 王晓丽, 李西营, 邵景进. 形成性测量模型: 结构方程模型的新视角[J]. 心理科学进展, 2011 (19): 293-300.

[109] 王新民. 论数学活动经验的基本内涵及其形成条件[J]. 课程·教材·教法, 2013 (11): 55-60.

[110] 王秀芳, 李红. 归纳推理的影响因素及脑机制研究[J]. 信阳师范学院学报 (哲学社会科学版), 2007 (3): 50-53.

[111] 王艳丽. 高中生"推理与证明"学习现状调查研究[D]. 济南: 山东师范大学, 2014.

[112] 王应明, 傅国伟. 主成份分析在有限方案多目标决策中的应用[J]. 系统工程理论方法应用, 1993 (2): 42-48, 79.

[113] 王应明. 运用离差最大化方法进行多指标决策与排序[J]. 系统工程与电子技术, 1998 (7): 26-28, 33.

[114] 霍恩比. 牛津高阶英汉双解词典[M]. 王玉章, 等译. 7 版. 北京: 商务印书馆, 2009.

[115] 王志玲, 王建磐. 中国数学逻辑推理研究的回顾与反思——基于"中国知网"文献的计量分析[J]. 数学教育学报, 2018, 27 (4): 88-94.

[116] 温忠麟, 叶宝娟. 测量信度估计: 从 α 系数到内部一致性信度[J]. 心理学报, 2004 (36): 821-829.

[117] 温忠麟, 张雷, 侯杰泰, 等. 中介效应检验程序及其应用[J]. 心理学报, 2004 (36): 614-620.

[118] 吴宏. 推理能力表现: 要素、水平与评价指标[J]. 教育研究与实验, 2014 (1): 47.

[119] 吴惠玲, 郭玉峰. 数学归纳推理能力再探: 内涵与表现[J]. 数学通报, 2021, 60 (5): 10-17.

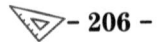

[120] 吴鑫，黎坚，符植煜. 利用游戏 log-file 预测学生推理能力和数学成绩——机器学习的应用[J]. 心理学报，2018，50（7）：761-770.

[121] 吴立宝，曹一鸣. 初中数学课程内容分布的国际比较研究[J]. 教育学报，2013，9（2）：33.

[122] 吴明隆. 结构方程模型：AMOS 的操作与应用[M]. 重庆：重庆大学出版社，2009.

[123] 吴明隆. 问卷统计分析实务——SPSS 操作与应用[M]. 重庆：重庆大学出版社，2010.

[124] 吴维维，邵光华. 逻辑推理核心素养在小学数学课堂如何落地[J]. 课程·教材·教法，2019，39（3）：88-95.

[125] 伍春兰，丁明怡，王肖. 在"推知"活动中涵养逻辑推理素养——以"线面垂直"的概念和判定为例[J]. 数学通报，2020，59（4）：24-27，31.

[126] 武锡环,李祥兆. 中学生数学归纳推理的发展研究[J]. 数学教育学报，2004，13（3）：88-90.

[127] 徐斌艳. 数学学科核心能力研究[J]. 全球教育展望，2013，42（6）：71.

[128] 徐志彤. 注重类比推理：小学数学课培育创造性思维的尝试[J]. 人民教育，2021（7）：66-68.

[129] 严卿，黄友初，罗玉华，等. 初中生逻辑推理的测验研究[J]. 数学教育学报，2018，27（5）：25-32.

[130] 杨乐. 谈谈数学的应用与中学数学教育[J]. 课程·教材·教法，2010，30（3）：6.

[131] 杨磊,朱德全. 教师信息化学习力测评模型的构建与应用[J]. 现代远距离教育，2019（6）：20-28.

[132] 杨群，邱江，张庆林. 演绎推理的认知和脑机制研究述评[J]. 心理科学，2009，32（3）：646-648.

[133] 叶丽. 关于初中生的数学推理能力及其培养[D]. 武汉：华中师范大学，2005.

[134] 易亚利,宋乃庆,胡源艳.小学生数学逻辑推理素养:内涵 价值 表现形式[J].数学教育学报,2022,31(4):28-31.

[135] 喻平.数学核心素养评价的一个框架[J].数学教育学报,2017,26(2):19-23.

[136] 张潮.中小学生的逻辑推理能力与学业成绩的比较研究[J].教育研究与实验,2008(6):64-67.

[137] 张和平,裴昌根,宋乃庆.小学生几何直观能力测评模型的构建探究[J].数学教育学报,2017,26(5):49-53.

[138] 张厚粲,徐建平.现代心理与教育统计学[M].北京:北京师范大学出版社,2004.

[139] 张辉蓉,杨欣,李美仪,等.初中生信息技术素养测评模型构建研究[J].中国电化教育,2017(9):33-38.

[140] 张静,丁林,姚建欣.国外科学推理研究综述及其对素养评价的启示[J].上海教育科研,2019(7):20-24,29.

[141] 张军翎.中小学生的逻辑推理能力、元认知与学业成绩的相关研究[D].上海:华东师范大学,2007.

[142] 张俊珍.新旧课程对小学生数学能力影响的比较研究[J].教育理论与实践,2008(5):47.

[143] 张侨平,邢佳立,金轩竹.小学数学教学中数学推理的理论和实践[J].数学教育学报,2021,30(5):1-7.

[144] 张淑梅,何雅涵,保继光.高中数学核心素养的统计分析[J].课程·教材·教法,2017,37(10):50-55.

[145] 张蜀青,曹广福,罗荔龄.从历史发展的视角看中学概率教学[J].数学教育学报,2018,27(4):35-40.

[146] 张尧庭,张璋.几种选取部分代表性指标的统计方法[J].统计研究,1990(1):52-58.

[147] 章建跃.新中国中学数学教材内容变革举要[J].课程·教材·教法,2012,32(2):48-54.

[148] 郑红苹，余萍，杜尚荣. 课堂教学中情绪推理的内涵、类型与实施策略[J]. 课程·教材·教法，2019，39（3）：71-77，119.

[149] 郑智勇，宋乃庆. 新时代基础教育增值评价的三重逻辑[J]. 教育发展研究，2021，41（10）：1-7，17.

[150] 中华人民共和国教育部. 普通高中数学课程标准（实验）[M]. 北京：人民教育出版社，2012.

[151] 中华人民共和国教育部. 义务教育数学课程标准(2011年版)[M]. 北京：北京师范大学出版社，2012.

[152] 周静. 初中生数学推理能力调查研究[D]. 沈阳：沈阳师范大学，2011.

[153] 周赛龙，储炳南. 逻辑推理"落地"数学素养"开花"——一次基于"问题"为导向的研究性学习案例[J]. 数学通报，2021，60(10)：43-46.

[154] 周雪兵. 基于质量监测的初中学生逻辑推理发展状况的调查研究[J]. 数学教育学报，2017，26（1）：16-18.

[155] 朱德全. 数学素养构成要素探析[J]. 中国教育学刊，2002（5）：53-55.

[156] 朱德全，宋乃庆. 教育统计与测评技术[M]. 重庆：西南师范大学出版社，1998.

[157] 朱佳丽. 八年级学生数学推理与证明的现状调查与教学策略[D]. 上海：华东师范大学，2011.

[158] 朱立明，胡洪强，马云鹏. 数学核心素养的理解与生成路径——以高中数学课程为例[J]. 数学教育学报，2018，27（1）：42-46.

[159] 朱立明，宋乃庆，罗琳，等. 新时代教育评价改革的思考[J]. 中国考试，2020（9）：15-19.

[160] 朱立明，王久成. 基于数学学科核心素养测评框架的高考试卷分析——以2020年数学新高考Ⅰ卷为例[J]. 教育理论与实践，2021，41（11）：16-21.

[161] 朱立明. 高中生数学学科核心素养测评指标体系的构建[J]. 教育科学, 2020, 36 (4): 29-37.

[162] 朱荣武. 在数学说理中培育学生推理能力[J]. 教学与管理, 2019 (23): 30-32.

[163] 朱雁. 教育研究问题的确立:步骤、策略及标准[J]. 中国教学月刊, 2013 (4): 1-4.

[164] ADAMS J A. A closed-loop theory of motor learning[J]. Journal of Motor Behavior, 1971(3): 111-149.

[165] PICH A, FALOMIR Z. Logical composition of qualitative shapes applied to solve spatial reasoning tests[J]. Cognitive Systems Research, 2018, 52: 452-469.

[166] GAMPA A, WOJCIK S P, MOTYL M, et al. (Ideo) Logical reasoning: ideology impairs sound reasoning[J]. Social Psychological and Personality Science, 2019, 10(8): 1211-1223.

[167] BAGOZZI R P. Performance and satisfaction in an industrial sales force: an examination of their antecedents and simultaneity[J]. Journal of Marking, 1980(44): 65-77.

[168] BARA B, BUCCIARELLI M. Deduction an induction: reasoning through mental models[J]. Mind & Society, 2000: 95-107.

[169] BARA B, BUCCIARELLI M, LOMBARDO V. Model theory of deduction: a unified computational approach[J]. Cognitive Science, 2001, 25(6): 839-901.

[170] BELL A W. A study of pupils' proof-explanations in mathematical situations[J]. Educational Studies in Mathematics, 1976, 7: 23-40.

[171] BENTLER P M, WEEKS D G. Interrelations among models for the analysis of moment structures[J]. Multivariate Behavioral Research,

1979(14): 169-185.

[172] BENTLER P M. EQS: structural equations program manual[M]. Encino: Multivariate Software Inc, 1995.

[173] BERNARD L, STEEN L A. Quantitative literacy: why numeracy for school and colleges[M]. Princeton, Nj: National Council on Education and Discipline, 2017.

[174] BRIDE H, CAI C H, DONG J, et al. Silas: a high-performance machine learning foundation for logical reasoning and verification[J]. Expert Systems With Applications, 2021, 176(2): 142-161.

[175] BURNHAM K P, ANDERSON D R. Model selection and multimodel inference: apractical information-theoretic approach[M]. New York: Springer Verlag, 1998.

[176] BYMNE B M. Structural equation modeling with Amos: basic concepts, applications and programming[M]. New Jersey: Lawrence Erlbaum Associates, 2001.

[177] BYRNE B M. Structural equation modeling with LISREL, PRELIS and SIMPLIS: basic concepts, applications and programming[M]. Mahwah, NJ: Lawrence Erlbaum Associates, 1998.

[178] PIER L C, HENRY M. The capacity to generate alternative ideas is more important than inhibition for logical reasoning in preschool-age children[J]. Memory & cognition, 2017, 45(2): 236-249.

[179] CHAZAN D. Quasi-empirical views of mathematics and mathematics teaching[J]. Interchange, 1990, 21(1): 14-23.

[180] CHEN S, LIU J, XU Y. A logical reasoning based decision making method for handling qualitative knowledge[J]. International Journal of Approximate Reasoning, 2021, 129: 49-63.

[181] CHRISTOU C. A framework of mathematics inductive reasoning[J]. Learning & Instruction, 2007, 17(1): 55-66.

[182] Common Core State Standards Initiative. Common core state standards for mathematics [J]. Common Core State Standards Initiative, 2010, 4 (4): 148-159.

[183] CHRISTOU C, PAPAGEORGIOU E. A framework of mathematics inductive reasoning [J]. Learning and Instruction, 2007(17): 55-66.

[184] STRÖSSNER C. The normative force of logical and probabilistic reasoning in improving beliefs[J]. Theoria, 2019, 85(6): 755-768.

[185] CRESSWELL C, SPEELMAN C P. Does mathematics training lead to better logical thinking and reasoning? A cross-sectional assessment from students to professors [J]. PloS One, 2020, 15(7): 966-982.

[186] CRISTIANO N T. The act of playing and the logical and mathematical reasoning in digital games[J]. Entertainment Computing, 2017, 18(2): 421-436.

[187] CSAPÓ B. The development of inductive reasoning: cross-sectional assessments in an educational context[J]. International Journal of Behavioral Development, 1997(4): 147-153.

[188] CULLEN S, FAN J, VAN DER BRUGGE E, et al. Improving analytical reasoning and argument understanding: a quasi-experimental field study of argument visualization[J]. NPJ science of learning, 2018, 3(1): 759-772.

[189] GUEVARA S, BELKIS E. Design of the dynamic and interactive course for the teaching-learning process of the theme "Bases for the development of abstract thinking and logical reasoning" [J]. Revista

Cubana de Informática Médica, 2017, 9(1): 120-144.

[190] VALDÉS D T, DÍAZ A H. Development of logical reasoning through teaching-learning process[J]. Revista Cubana de Educación Superior, 2017, 36(1): 59-75.

[191] DING L, VELICER W F, HARLOW L L. Effects of estimation methods, number of indicators perfactor, and improper solutions on structural equation modeling fit indices[J]. Structural Equation Modeling, 1995(2): 119-143.

[192] NISS M. Mathematical competencies and the learning of mathematics: the Danish KOM project[C]. 3rd Mediterranean Conference on Mathematics Education, Athens, Greece: Hellenic Mathematical Society and Cyprus Mathematical Society, 2003: 115-124.

[193] EDWARDS L D. Exploring the territory before proof: Students' generalizations in a computer micro-world for transformation geometry[J]. International Journal for Computers in Mathematics Learning, 1997, 2(3): 187-215.

[194] ELLIANAWATI E, SUBALI B, KHOTIMAH S N, et al. Profile of reasoning ability and reduction of mathematical anxiety in analogy-based physics learning[J]. Journal of Physics: Conference Series, 2021, 1918(5): 451-477.

[195] EVERITT B, DUNN G. Applied multivariate data analysis[M]. Oxford: John Wiley & Sons, 2001.

[196] FAN X. Canonical correlation analysis and structural equation modeling: what do they have a common?[J] Structural Equation Modeling, 1997, 4(1): 65-79.

[197] SCHWARTZ F, EPINAT-DUCLOS J, LÉONE J, et al. The neural

development of conditional reasoning in children: different mechanisms for assessing the logical validity and likelihood of conclusions[J]. EuroImage, 2017, 163-172.

[198] LESPIAU F, TRICOT A. Primary knowledge enhances performance and motivation in reasoning[J]. Learning and Instruction, 2018, 56(4): 325-339.

[199] GERBING D W, ANDERSON J C. On the meaning of within-factor correlated measurement errors[J]. Journal of Consumer Research, 1984(11): 572-580.

[200] GILLIAM S. Elevating diagnostic skills with logical reasoning[J]. The Nurse practitioner, 2019, 44(5): 771-793.

[201] GILLIGAN K A, FLOURI E, FARRAN E K. The contribution of spatial ability to mathematics achievement in middle childhood[J]. Journal of Experimental Child Psychology, 2017, 163: 107-125.

[202] GOEL V, BUCHEL C, FRITH C, et al. Dissociation of mechanisms underlying syllogistic reasoning[J]. NeuroImage, 2000, 12: 504-514.

[203] GOSWAMI U. The Wiley-Blackwell handbook of childhood cognitive development[M]. 2nd ed. Malden, MA: Wiley-Blackwell, 2011.

[204] HAIR J F Jr, ANDERSON R E, TATHAM R L, et al. Multivariate data analysis with reading[M]. 3rd ed. New York: Macmillan Publishing Company, 1992.

[205] HAIR J F Jr, ANDERSON R E, TATHAM R L, et al. Multivariate data analysis[M]. 5th ed. Upper Saddle River, NJ: Prentice Hall, 1998.

[206] HARELl G, SOWDER L. Toward comprehensive perspectives on the

learning and teaching of proof [C] // LESTER F. Second handbook of research on mathematics teaching and learning. Information Age Publishing, 2013: 24.

[207] HATTIE J, FISHER D, FREY N. Visible learning for mathematics: what works best to optimize student learning[M]. California: SAGE Publications, 2016.

[208] ZHANG HQ, LI X, DENG XY, et al. A novel method of evidential network reasoning based on the logical reasoning rules and conflict measure[J]. IEEE Access, 2020, 8: 185-199.

[209] MARKOVITS H. In the beginning stages: conditional reasoning with category based and causal premises in 8- to 10- year olds[J]. Cognitive Development, 2017, 41(2): 489-502.

[210] NAKAMURA H, KAWAGUCHI J. People like logical truth: testing the intuitive detection of logical value in basic propositions[J]. PLoS ONE, 2017, 11(12): 1211-1237.

[211] HOELTER J W. The analysis of covariance structures: Goodness-of-fit indices[J]. Sociological Methods and Research, 1983(11): 325-344.

[212] HOMBURG C. Cross-validation and information criteria in causal modeling[J]. Journal of Marketing Research, 1991(28): 137-144.

[213] HOYLES C, KUCHEMANN D. Students' understandings of logical implication[J]. Educational Studies in Mathematics, 2002, 51 (3): 193-223.

[214] HU J, DEGOTARDI S, TORR J, et al. Reasoning as a pedagogical strategy in infant- addressed talk in early childhood education centres: relationships with educators' qualifications and communicative

function[J]. Early Education and Development, 2019, 30(7): 881-902.

[215] BRONKHORST H, ROORDA G, SUHRE C. Student development in logical reasoning: results of an intervention guiding students through different modes of visual and formal representation[J]. Canadian Journal of Science, thematics and Technology Education, 2022.

[216] JAHN G, KNAUFF M, JOHNSON-LAIRD P N. Preferred mental models in reasoning about spatial relations[J]. Memory and Cognition, 2007, 35(5): 2075-2087.

[217] JANSSON L C. Logical reasoning hierarchies in mathematics[J]. Journal for Research in Mathematics Education, 1986, 17(1): 3-20.

[218] JOHNSON D R, CREECH J C. Ordinal measures in multiple indicators models: a simulation study of categorization error[J]. American Sociological Review, 1983, 48: 398-407.

[219] KRAMARSKI B, MIZRACHI N. Online discussion and self-regulated learning: effects of instructional methods on mathematical literacy[J]. The Journal of Educational Research, 2006, 99(4): 218-230.

[220] LESTER F K. Developmental aspects of children's ability to understand mathematical proof[J]. Journal for Research in Mathematics Education, 1975, 6(1): 14-25.

[221] HAVERTY L A, KOEDINGER K R, KLAHR D, et al. Solving inductive reasoning problems in mathematics: not-so-trivial pursuit[J]. Cognitive Science, 2000(24): 249-298.

[222] LITHNER J. A research framework for creative and imitative reasoning[J]. Educational Studies in Mathematics, 2008, 67(3):

255-276.

[223] ENGLISH L D. Mathematical and analogical reasoning of young learners[M]. Mahwah NJ: Lawrence Erlbaum Associates, 2004: 47-74.

[224] MANDLER J M, MCDONOUGH L. Studies in inductive inference in infancy[J]. Cognitive Psychology, 1998(1): 35-41.

[225] TRENTIN M A S, PAZINATO A, TEIXEIRA A C. The development of mathematical logical reasoning through computer programming: the case of the computer programming olympics for basic education students[J]. Creative Education, 2017, 8(1): 496-520.

[226] MARKOVITS H, SCHLEIFER M, FORTIER L. Development of elementary deductive reasoning in young children[J]. Developmental Psychology, 1989(5): 145-148.

[227] MORSANYI K, MCCORMACK T, O'MAHONY E. The link between deductive reasoning and mathematics[J]. Thinking & Reasoning, 2018, 24(2): 234-257.

[228] NEILL W A. The essentials of numeracy. paper prepare for new zealand association of research in education conference[EB/OL]. (2008-06-17). https: //www. nzcer. org. nz/system/files/10604. pdf.

[229] CESANA-ARLOTTI N, MARTÍN A, TÉGLÁS E, et al. Precursors of logical reasoning in preverbal human infants[J]. Science, 2018, 359(6381): 820-839.

[230] NIKOLOV M, CSAPÓ B. The relationships between 8th graders' L1 and L2 reading skills, inductive reasoning and socio-economic status in early English and German as a foreign language programs[J]. System, 2018(73): 48-57.

[231] OECD. PISA 2012 assessment and analytical framework: Mathematics, reading, science, problem solving and financial literacy[M/OL]. Paris: OECD Publishing, 2013. http: // dx. doi. org/10. 1787/9789264190511-en.

[232] OECD. The PISA 2003 assessment framework: mathematics, reading, science and problem solving knowledge and skills[M]. Mathematical Literacy, 2003: 26-30.

[233] ARIELI O, BORG A M, HEYNINCK J. A review of the relations between logical argumentation and reasoning with maximal consistency[J]. Annals of Mathematics and Artificial Intelligence, 2019, 87(1): 198-211.

[234] LAURENCE P G, MECCA T P, SERPA A, et al. Eye movements and cognitive strategy in a fluid intelligence test: item type analysis[J]. Frontiers in Psychology, 2018, 9: 221-232.

[235] PERESSINI D, WEBB N. Analyzing mathematical reasoning in students' responses across multiple performance assessment tasks[C]// STIFF L V, CURCIO F R. Developing mathematical reasoning in grade K-12. Reston VA, 1999: 156-174.

[236] PRASTIKA V Y A, RIYADI, SISWANTO. Mathematical reasoning ability of junior high school viewed from logical mathematical intelligence[J]. Journal of Physics: Conference Series, 2021(4): 1918-1931.

[237] RADFORD L. Algebraic thinking and the generalization of patterns: a semiotic perspective [C] // ALATORRE S, CORTINA J L, SÁIZ M, et al. Proceedings of the 28th Conference of the International Group for the Psychology of Mathematics Education. Mérida: North

American Chapter, 2006: 2-21.

[238] GURTOO R. D'amato theory of logical reasoning: Jurisprudential perspective [J]. International Journal of Research in Social Sciences, 2018, 8(6): 854-866.

[239] STERNBERG R J. The nature of mathematical reasoning[J]. National Council of Teachers of Mathematics, 1999(1): 37-44.

[240] SCHUMACKE R E, LOMX R C. A beginner's guide to structural equation modeling[M]. Mahwah, NJ: Lawrence Erbaum Asociate, 1996.

[241] SENK S L. How well do students write geometry proofs [J]. Mathematics Teacher, 1985, 78 (6): 448-456.

[242] SPECHT D A. On the evaluation of causal models[J]. Social Science Research, 1975(4): 113-133.

[243] SPICER J. Making sense of mulinariatle data analysis[M]. London: Sage, 2005.

[244] STEEN L A. Mathematics and democracy: the case for quantitative literacy[M]. New Jersey: The Woodrow Wilson National Fellowship Foundation, 2001: 103-108.

[245] STEEN L A. Mathematics and Democracy: The Case for Quantitative Literacy [J]. New Jersey: The Woodrow Wilson National Fellowship Foundation, 2001: 56.

[246] STENNING K, OBERLANDER J. A cognitive theory of graphical and linguistic reasoning: Logic and implementation[J]. Cognitive Science, 1995(19): 97-140.

[247] STEVENS J. Applied multivariate statistics for the social science[M]. 4th ed. Mahwah, NJ: Lawrence Erlbaum, 2002 .

[248] STEVENS J. Applied multivariate statistics for the social science[M]. Mahwah, NJ: Lawrence Erlbaum, 1996.

[249] STYLIANIDES G J. An analytic framework of reasoning-and-proving [J]. For the Learning of Mathematics, 2008, 28(1): 9-16.

[250] SUGAWARA H M, MACCALLUM R C. Effect of estimation method on incremental fit indexes for covariance structure models[J]. Applied Psychological Measurement, 1993(17): 365-377.

[251] SULLIVAN J L, FELDMAN S. Multiple indicators: an introduction[M]. Beverly Hills, CA: Sage, 1979.

[252] SUMARSIH, BUDIYONO, INDRIATI D. Profile of mathematical reasoning ability of 8th grade students seen from communicational ability, basic skills, connection, and logical thinking[J]. Journal of Physics: Conference Series, 2018, 1008(1): 855-896.

[253] CARREIRA S, AMADO N, JACINTO H. Venues for analytical reasoning problems: how children produce deductive reasoning[J]. Education Sciences, 2020, 10(6): 132-139.

[254] TABACHNICK B G, FIDELL L S. Using multivariate statistics[M]. 5th ed. Needham Heights, MA: Allyn and Bacon, 2007.

[255] NELLER T W, LUO Z Q. Mixed logical and probabilistic reasoning in the game of Clue[J]. ICGA Journal, 2018, 40(4): 265-277.

[256] TRÄFF U, OLSSON L, SKAGERLUND K, et al. Logical reasoning, spatial processing, and verbal working memory: longitudinal predictors of physics achievement at age 12-13 years[J]. Frontiers in psychology, 2019, 10: 188-201.

[257] TURNER R. Exploring mathematical competencies[J]. Research Developments, 2010, 24: 2-7.

[258] VERMA S, BHATNAGAR G, NANDA P. In the early stages: conditional reasoning in 8 to 10 years olds with category-based and causal assumptions[J]. Journal of Critical Reviews, 2020, 7(10): 125-133.

[259] VIAU-QUESNEL C, SAVARY M, BLANCHETTE I. Reasoning and concurrent timing: a study of the mechanisms underlying the effect of emotion on reasoning[J]. Cognition & emotion, 2019, 33(5): 223-241.

[260] WEBB N L. Mathematics content specification in the age of assessment [C]//FRANK K LESER Jr. Second handbook of research on mathematics teaching and learning: a project of the national council of teachers of mathematics. Information Age Publishing Inc, 2007: 1281-1292.

[261] WONG T T. Is conditional reasoning related to mathematical problem solving?[J]. Developmental science, 2018, 21(5): 890-903.

[262] ZHANG B, STONE C A. Direct and indirect estimation of three-parameter compensatory multidimensional item response models[A]. Paper Presented at the Annual Meeting of the American Educational Research Association, San Diego, CA, 2004.

[263] ZHANG J W, LU J, CHEN F, et al. Exploring the correlation between multiple latent variables and covariates in hierarchical data based on the multilevel multidimensional irt model[J]. Frontiers in psychology, 2019, 10: 866-879.

附　录

附录 A　小学生数学逻辑推理素养测试题

（该试卷仅用于科学研究，不影响你的期末成绩，请认真作答！）

姓名_____性别_____学校_____上学期数学期末考试成绩

T1.（1）你上学期数学期末考试成绩为（　　　）

　　　　A. 60 分以下　　　B. 60~70 分　　　C. 70~80 分

　　　　D. 80~90 分　　　E. 90~100 分

（2）下面哪个图中的线条长度表示了 M，N 两点之间的距离？（　　　）

　　　A　　　　　　B　　　　　　C　　　　　　D

（3）下列选项中不是表示面积的单位有（　　　）

　　　A. 公顷　　　　　　B. 亩　　　　　　C. 平方千米

　　　D. 米　　　　　　　E. 千克

（4）关于直角三角形，说法错误的有（　　　）

　　　A. 有两条直角边和一条斜边

　　　B. 斜边的长度一定大于直角边

　　　C. 有两个锐角

　　　D. 可以有两个直角

T2.（1）单位换算：1 米 = _____ 厘米。

（2）判断（正确打√，错误打 ×）：29+22+78 = 29+（22+78）= 129（　　　）

（3）在一个除法中，被除数扩大6倍，除数扩大2倍，商如何变化？_____。

T3.（1）小明说："今天下午只有小敏去图书馆，我才去"，结果下午小明去图书馆了，那么（　　）

    A．小敏一定去图书馆了

    B．小敏一定没有去图书馆

    C．小敏可能去图书馆了，也可能没有去

    D．以上都有可能

（2）从"奥数获奖的学生全部都在我们班"这句话可知，下面正确的有哪些？（　　）

    A．奥数没有获奖的学生都不在我们班

    B．我们班的学生全部都是奥数获奖的

    C．不是我们班的一定是奥数没有获奖的

    D．我们班的学生不一定都奥数获奖

（3）"否定"表示对一句话持反对意见的表达，比如："这些数中有些比5大"的否定是"这些数全部都比5小"，那么"每一个素数都是奇数"这句话的否定是（　　）

  A．每一个素数都不是奇数 B．有些素数不是奇数

  C．不是素数的都不是奇数 D．奇数全都是素数

T4.有9张卡片，上面分别写上了数字1，2，…，9，王芳从中抽取了3张数字分别为1,4,5的卡片。

（1）请你在右边的方框内填上这3个数字，使得乘积最大。

（2）如果任意抽取3张卡片，要使乘积最大，应该这样放这3张卡片：最大的数放在_____处，最小的数放在_____处（用a，b或c表示）。

（3）你认为这样放的理由是什么？_____。

- 223 -

T5.（1）先写出下列算式的得数：2 + 1 × 9 = _____；3 + 12 × 9 = _____；4 + 123 × 9 = _____；5 + 1234 × 9 = _____。请你在下列横线上继续写出类似的一个式子_____。

（2）正方形的面积 = 边长 × 边长。

如：边长为 1 厘米（cm）的正方形面积为 1 cm × 1 cm = 1 cm²；正方体的体积 = 边长 × 边长 × 边长。

请对照写一写：

边长为 1 厘米（cm）的正方体的体积为_____（要写上单位）。

T6.（1）已知 8 的倍数一定是 4 的倍数，而 16 是 8 的倍数，所以_____。

（2）在右边的方格中，每行每列都有 1～4 四个数，且每个数在一行或一列中不能重复出现，请回答下列问题：

① 在你最先填数字的方框里画上○，并在○里写上数字。

② 你最先填这个数的理由是_____。

③ 把表格中空白的地方填写完整。

T7.（1）有三个袋子分别装有 10，100，1 000 只球，但每个袋子中都只有一个红球，现从袋子中任意拿出一个球，你认为从哪个袋子里拿出红球的可能性最大？（　　）

A. 装有 10 个玻璃球的袋

B. 装有 100 个玻璃球的袋子

C. 装有 1 000 个玻璃球的袋子

D. 三个袋子的可能性一样

（2）你能用什么办法知道 10 000 张纸整齐地叠在一起的厚度？写出你的想法。

T8. 某班级一共有 42 个人去公园划船，每一只大船可以坐 5 人，小船可以坐 3 人，最后 10 只船正好坐满，问大船、小船各有几只？（写出你的推导过程即可，不一定非要用式子计算）。

T9.（1）两个自然数的乘积是奇数，关于这两个数，下面哪个结论是正确的？（　　　）

A. 两个都是偶数

B. 两个数中一个是奇数，一个是偶数

C. 两个都是奇数

D. 无法判断

（2）有一个正方体，它的 6 个面分别写有 1，2，3，4，5，6 六个数字，3 种不同的摆法下显示出来的数字如右图所示，

请问：① 数字 3 的对面是数字_____。

② 你的理由是什么？_____

_____。

T10. 我们一起解决这个问题：一个三角形中至少有多少个锐角？

解：（提示：锐角就是小于 90° 的角，三角形的内角和是 180°。）

（1）三角形中可以一个锐角都没有吗？_____。你的理由是_____。

（2）三角形中可以只有 1 个锐角吗？_____。可以有 2 个或 3 个锐角吗？_____。

所以，一个三角形中至少有____个锐角。

T11.（1）春天到了，农民张伯伯需要一块地进行育苗，右边两块形

状不同的两块地中，哪块地可以育苗更多？写出解答过程。

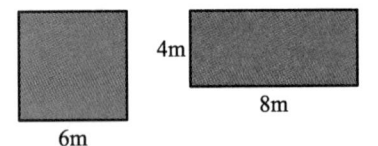

（2）有几只小狗名叫小兰、小白、小波、小林、菲菲、琪琪和小黑，已知小兰跑得不是最快，小白和小波跑得一样快，小林比小波跑得快，但比菲菲慢，琪琪比小白慢一些，但是比小黑快多了，而且小兰比琪琪也快，小黑很喜欢吃东西，它们都喜欢吃火腿肠，跑得最快的可以吃到火腿肠。它们从同一个地点出发，哪一只狗狗可以吃到火腿肠？

回答下列问题：

① 题目中哪些句子与问题无关？_____。

② 在空白处写出你的求解过程。

T12. 在以上题目中，"请你写出理由"时，你觉得哪一个最符合你的情况？

  A. 非常困难，无法下笔   B. 比较困难

  C. 一般   D. 较容易   E. 非常容易

T13. 在解决应用题时，你会验证所得到的结果是否符合实际情况吗？

  A. 完全不会   B. 极少会   C. 偶尔会

  D. 大多时候会   E. 基本都会

T14. 你认为以上题目的中的逻辑推理对学习数学重要吗？

  A. 非常不重要   B. 不重要   C. 一般

  D. 重要   E. 非常重要

T15. 你在做以上题目的过程中的体验是怎样的？

  A. 非常不喜欢，枯燥无味

  B. 不太喜欢，觉得无趣

  C. 一般，跟平时的数学测验差不多，没有什么感觉

  D. 觉得有点意思，比较喜欢逻辑推理题目

  E. 觉得非常有趣，我很喜欢这种逻辑推理题目

T16. 你有信心通过学习提高数学逻辑推理水平吗？

A. 完全没有

B. 极少有

C. 不确定

D. 比较有

E. 非常有

附录B 小学生数学逻辑推理素养测试题评分细则

T1.（1）对照分数，答对给1分。

（2）A （1分） （3）D （1分） （4）D、E （各1分）

T2.（1）100 （1分） （2）√（1分） （3）扩大（1分）3倍（2分）

T3.（1）A （1分）

（2）C、D（对一个给2分，全对3分，写错不给分）

（3）B （1分）

T4.（1）完全填对 （1分）

（2）c（1分） b（1分）

（3）要使得乘积最大，就要让两个因子尽可能大，所以最大的数只能放在a或者c处，最小的数放在b处，而最大的数放在a处比放在c处的成绩会稍小，所以最大的数放在c处。（酌情给分，满分2分）

T5.（1）11；111；1 111；11 111（1分，部分写对0.5分）

6+12 345×9＝111 111（2分，写对部分给1分）

（2）1 cm×1 cm×1 cm＝1 cm³（2分，结果的单位不写或者写错给1分）

T6.（1）16是4的倍数 （1分）

（2）①

		1	
	2	④	3
		3	

或者

④	1		
2			3
	3		

（1分）

② 这一行已经有数字 2 和 3，所以剩下的两个方框只能填 1 或者 4，但是第一行第三列已经有数字 1，所以就只能填 4。（1 分，大概意思对即可）

③

3	4	1	2
1	2	4	3
2	1	3	4
4	3	2	1

（部分正确 1 分，全对 2 分）

T7.（1） A（2 分）

（2）取出 20 张纸，测量其厚度，然后除以 20，再乘以 10 000，即得到 10 000 张纸的厚度。（3 分，不完全对，酌情给分）

T8.（解法一）

如果用 1 条大船，剩下的 37 个人，一定有小船坐不满，不可以；

如果用 2 条大船，剩下的 32 个人，一定有小船坐不满，不可以；

如果用 3 条大船，剩下的 27 个人，要有 9 条小船，一共要 11 条船，不可以；

如果用 4 条大船，剩下的 22 个人，一定有小船坐不满，不可以；

如果用 5 条大船，剩下的 17 个人，一定有小船坐不满，不可以；

如果用 6 条大船，剩下的 12 个人，要有 4 条小船，一共要 10 条船，合题意；

所以，一共要 6 条大船，4 条小船。（5 分）

（解法二）

$42 = 30 + 12$，$30 \div 5 = 6$，$12 \div 3 = 4$，$6 + 4 = 10$

所以，一共要 6 条大船，4 条小船。（5 分）

别的解法酌情给分。

T9.（1） C（1 分）

（2）① 6（2 分）

② 从中间的正方体可知，3 的对面一定不可能是 1 和 2，从右边的

正方体可知,3 的对面一定不可能是 4 和 5,所以只可能是 6。(2 分,酌情给分)

T10.(1)不可以(1 分)

因为如果一个锐角都没有,那么三个角都大于或者等于 90°,三个内角加起来一定会比 180° 大(1 分)

(2)不可以(1 分);可以(1 分);2 个(1 分)

T11.(1)求两个图形的面积。

正方形:6×6 = 36 平方米;长方形:4×8 = 32 平方米(1 分)

因为 36 > 32,所以正方形育苗多。(1 分)

(一共 2 分,出现面积或者面积的计算给 1 分,出现面积的比较给 1 分,即便没有 "36 > 32" 出现,但是最终结果对也给分。)

(2)①它们都喜欢吃火腿肠、跑得最快的可以吃到火腿肠。(1 分,一句话 0.5 分)

②

小黑 琪琪 小兰　　小白、小波　　　小林　　　　菲菲　火腿肠

所以最后菲菲吃到火腿肠。(2 分)

(说明:可以是任何形式的表达,但是要有比较,结果正确,中间过程酌情给分)

T12. A.(1 分)　B.(2 分)　C.(3 分)　D.(4 分)　E.(5 分)

T13. A.(1 分)　B.(2 分)　C.(3 分)　D.(4 分)　E.(5 分)

T14. A.(1 分)　B.(2 分)　C.(3 分)　D.(4 分)　E.(5 分)

T15. A.(1 分)　B.(2 分)　C.(3 分)　D.(4 分)　E.(5 分)

T16. A.(1 分)　B.(2 分)　C.(3 分)　D.(4 分)　E.(5 分)

附录 C 小学生数学逻辑推理素养测评指标重要性比较调查表

尊敬的老师，您好！

本问卷主要是为调查小学生数学逻辑推理素养测评指标的相对重要性，恳请您在百忙之中抽出宝贵时间完成问卷！

一、您的基本信息（请在相应的选项内划"√"）

性别	□男	□女		
教龄	□5年以下	□5～10年	□10～15年	□15年以上
工作单位	□小学	□教科院所	□普通高校	□其他
最高学历	□大专	□本科	□硕士	□博士
职称	□教授/特级	□副教授/高级	□讲师/一级	□其他

二、数字含义说明

表中第 i 行 j 列的数值代表对应第 i 个列测评指标（A 指标）与第 j 个行测评指标（B 指标）在小学生数学逻辑推理素养中的重要性的比，具体数值的含义如表 C-1 所示。

表 C-1 $A_i：B_j$ 数值的含义

$A_i：B_j$ 重要性	极重要	很重要	重要	略重要	同等	略次要	次要	很次要	极次要
评价值	9	7	5	3	1	1/3	1/5	1/7	1/9

注：取 8, 6, 4, 2, 1/2, 1/4, 1/6, 1/8 为介于上述评价相邻值的中间取值。

例如，手机购买的指标重要性对比调查表如表 C-2 所示。

表 C-2　手机购买的指标重要性对比调查表

A 指标	B 指标			
	实用性	功能性	外观	价格
实用性	1	5		1/3
功能性	1/5	1		
外观			1	
价格	3			1

注：1. 1 表示在手机购买的指标中，实用性与实用性的重要性之比为 1。

2. 5 表示 A 指标"实用性"与 B 指标"功能性"相比要稍重要，那么自然地，反过来，"功能性"与"实用性"的重要性之比为 1/5。

3. 1/3 表示"实用性"与"价格"的重要性之比是 1/3，反之，"价格"与"实用性"的重要性之比为 3。

三、按照以上填写规则，请您完成表 C-3～表 C-8 中的数据填写

表 C-3　小学生数学逻辑推理素养的一级测评指标重要性对比

A 指标	B 指标			
	逻辑推理知识	逻辑推理技能	逻辑推理方法	逻辑推理态度
逻辑推理知识	1			
逻辑推理技能		1		
逻辑推理方法			1	
逻辑推理态度				1

表 C-4　"逻辑推理知识"所属二级测评指标重要性对比

A 指标	B 指标		
	数学概念与定义的识记	数学命题和运算律的理解与应用	逻辑关联词的识别、理解和应用
数学概念与定义的识记	1		
数学命题和运算律的理解与应用		1	
逻辑关联词的识别、理解和应用			1

附 录

表 C-5 "逻辑推理技能"所属二级测评指标重要性对比

A 指标	B 指标		
	归纳推理	类比推理	演绎推理
归纳推理	1		
类比推理		1	
演绎推理			1

表 C-6 "逻辑推理方法"所属二级测评指标重要性对比

A 指标	B 指标		
	假设法	排除法	反证法
假设法	1		
排除法		1	
反证法			1

表 C-7 "数学逻辑推理情境的转化与交流"所属二级测评指标重要性对比

A 指标	B 指标		
	提取推理前提	表达推理过程	检验推理结果
提取推理前提	1		
表达推理过程		1	
检验推理结果			1

表 C-8 "数学逻辑推理的态度与行为倾向"所属二级测评指标重要性对比

A 指标	B 指标		
	价值认识	兴趣与情感体验	态度与行为倾向
价值认识	1	·	
兴趣与情感体验		1	
态度与行为倾向			1

附录 D 小学生数学逻辑推理素养测评指标认同度专家调查问卷

尊敬的老师，您好！

  本问卷主要是为调查小学生数学逻辑推理素养测评指标及其所包含的层次划分内容的认同度，也恳请您对小学生数学逻辑推理素养的维度与层次划分提出看法与建议，还请您在百忙之中抽出宝贵时间完成问卷！

  一、您的基本信息（请在相应的选项内划"√"）

性别	□男		□女		
专业	□数学		□数学教育		□其他
工作单位	□小学	□初中	□高中	□教科所	□普通高校
最高学历	□大专	□本科		□硕士	□博士
职称	□教授/特级	□副教授/高级		□讲师/一级	□其他

  二、以下是您对"小学生数学逻辑推理素养测评一级维度"认同度调查，请您在相应的空格内划"√"。

	维度名称及描述	很不同意	不同意	一般	同意	很同意
小学生数学逻辑推理素养	逻辑推理知识（包括数学概念、数学命题、运算律的掌握，逻辑推理符号及关联词的理解等）					
	逻辑推理技能（包括小学阶段常用的推理形式，如归纳推理等）					

续表

维度名称及描述		很不同意	不同意	一般	同意	很同意
小学生数学逻辑推理素养	逻辑推理方法（指推理过程中所用到的方法，如排除法等）					
	逻辑推理情景转化与交流（指逻辑推理在实际情境中的应用以及表达、交流等）					
	逻辑推理态度与价值认识（指对逻辑推理在数学学习中的价值认可和情感体验、行为倾向等）					

三、以下是您对小学生数学逻辑推理素养测评一级维度所包含的层次内容划分的认同度调查，请您在相应的空格内划"√"

1. 对"逻辑推理知识"的层次内容划分的认同度。

	内容层次划分维度	很不同意	不同意	一般	同意	很同意
逻辑推理知识	数学概念的识记					
	数学命题、运算律的理解与掌握					
	逻辑推理符号与关联词的理解与应用					

2. 对"逻辑推理技能"维度层次划分内容的认同度。

	内容层次划分维度	很不同意	不同意	一般	同意	很同意
逻辑推理技能	归纳推理（从特殊到一般的推理，如找规律等）					
	类比推理（从两个相似对象中其中一个的属性推出另一个有相同属性）					
	演绎推理（从一般的正确前提出发，按照逻辑规则，得到正确结论）					
	统计推理（从样本具有某属性推导出总体具有某属性）					

- 235 -

3. 对"逻辑推理方法"维度的层次划分内容认同度。

内容层次划分维度		很不同意	不同意	一般	同意	很同意
逻辑推理方法	假设法（对可能的情况做出假设，再根据条件推理，若结果与条件不矛盾，则假设正确）					
	排除法（通过逐一排除错误结论而得到正确结果）					
	反证法（假设命题不成立，推出矛盾，从而原命题正确）					

4. 对"逻辑推理情境转化与交流"维度的层次划分内容认同度。

内容层次划分维度		很不同意	不同意	一般	同意	很同意
逻辑推理情境转化与交流	现实情景的转化（从现实情景中提取数学信息作为推理前提）					
	逻辑推理过程的表达（能够用逻辑语言和逻辑符号简单表述推理过程）					
	逻辑推理结果的还原与反思（检验推理结果是否符合现实情景，若不符合，能主动查找错误）					

5. 对"逻辑推理态度与价值认识"的层次划分内容认同度。

内容层次划分维度		很不同意	不同意	一般	同意	很同意
逻辑推理态度与价值认识	对逻辑推理在数学学习中的价值认识					
	对数学逻辑推理的兴趣和情感体验					
	对逻辑推理学习的态度与自信度					

本调查问卷到此结束，谢谢您的参与！

附录 E 专家认同度调查数据（部分）

表 E-1 专家认同度调查数据（部分）

编号	性别	职称	V_1	V_2	V_3	V_4	V_5	V_{11}	V_{12}	V_{13}	V_{22}	V_{21}	V_{23}	V_{31}	V_{32}	V_{33}	V_{41}	V_{42}	V_{43}	V_{51}	V_{52}	V_{53}
1	1	2	5	5	5	4	4	5	5	4	5	5	4	5	5	4	5	3	5	5	4	4
2	1	3	4	5	4	4	3	5	5	5	5	5	5	5	5	5	5	5	5	3	5	5
3	2	2	5	5	5	5	4	5	5	5	5	5	5	5	5	5	4	5	3	5	5	3
4	1	4	5	5	5	4	5	4	5	5	5	5	5	5	5	5	5	5	5	5	4	4
5	1	4	4	5	4	3	2	5	5	5	5	5	5	4	5	4	5	3	4	4	5	5
6	1	2	4	5	5	5	4	5	5	5	5	5	5	5	5	5	5	5	5	5	5	5
7	2	4	4	5	5	4	4	4	5	5	5	5	5	5	5	5	4	5	3	3	4	5
8	2	1	4	5	5	3	3	5	5	5	5	5	4	5	5	5	5	5	5	5	5	4
9	1	2	5	5	5	4	4	5	5	4	5	5	5	5	5	5	5	5	5	5	5	5
10	1	3	5	5	5	3	4	5	5	5	5	5	5	5	5	3	3	5	5	4	4	3
11	1	3	5	5	5	4	5	5	5	5	4	5	5	5	5	5	5	5	4	5	5	5
12	2	4	5	5	5	4	4	5	5	5	5	5	5	5	5	5	5	5	5	5	4	5
13	1	4	5	5	5	4	5	5	5	5	5	5	5	5	5	5	5	5	5	5	5	5
14	1	4	5	5	5	4	5	5	5	5	5	5	5	4	5	5	5	5	5	4	5	4

— 237 —

续表

编号	性别	职称	V_1	V_2	V_3	V_4	V_5	V_{11}	V_{12}	V_{13}	V_{22}	V_{21}	V_{23}	V_{31}	V_{32}	V_{33}	V_{41}	V_{42}	V_{43}	V_{51}	V_{52}	V_{53}
15	1	3	4	5	5	3	5	4	5	5	5	5	5	5	5	5	5	3	5	5	5	5
16	2	4	5	5	5	5	4	5	5	5	5	4	5	5	5	5	5	5	4	5	5	3
17	1	3	5	5	5	4	5	5	5	3	5	5	5	5	5	3	5	5	4	4	4	4
18	2	3	5	5	4	5	4	5	5	5	5	5	5	5	5	3	3	5	4	5	5	4
19	2	2	5	5	5	3	5	5	5	5	5	5	5	5	5	5	5	5	5	3	5	5
20	1	2	4	5	5	4	5	5	5	5	5	5	5	5	5	5	5	5	5	4	5	5
21	1	1	5	5	5	4	4	5	5	5	5	4	5	5	5	5	4	4	5	5	5	5
22	2	3	4	5	5	5	3	4	5	4	5	5	5	5	3	5	5	4	5	5	4	3
23	1	4	4	5	5	5	4	5	5	5	5	5	5	5	5	5	5	5	5	4	5	5
24	2	3	5	5	5	4	4	5	5	5	5	5	5	5	5	5	5	5	5	3	5	3
25	1	3	5	5	5	5	5	5	5	5	5	5	5	4	5	5	5	5	5	3	5	5
26	1	4	5	5	5	4	3	5	5	5	5	5	5	5	5	5	5	5	4	4	4	5
27	1	4	5	5	5	5	4	5	5	5	5	5	4	5	5	5	5	5	5	5	5	5
28	2	3	5	5	4	4	3	5	5	5	5	5	5	5	5	5	5	5	5	5	5	5
29	2	3	5	5	5	5	4	5	5	5	4	5	4	5	5	3	5	3	5	3	3	4
30	1	2	5	5	4	5	5	5	5	5	5	5	5	5	5	5	4	5	5	5	5	3
31	1	3	5	5	5	4	4	5	5	5	4	5	5	5	5	5	5	5	4	4	5	4
32	1	3	5	5	5	4	5	5	5	5	5	5	5	5	5	5	5	5	4	4	5	5
33	1	3	4	5	5	5	4	5	5	5	5	5	5	5	5	5	4	4	5	5	4	5

续表

编号	性别	职称	V_1	V_2	V_3	V_4	V_5	V_{11}	V_{12}	V_{13}	V_{22}	V_{21}	V_{23}	V_{31}	V_{32}	V_{33}	V_{41}	V_{42}	V_{43}	V_{51}	V_{52}	V_{53}
34	2	3	5	5	5	4	4	5	5	5	5	5	5	5	4	5	5	5	5	3	5	4
35	1	2	5	5	5	5	5	4	5	5	5	5	5	5	5	5	5	5	4	5	5	5
36	1	2	5	5	5	3	5	5	5	5	5	5	5	5	5	5	4	5	5	4	5	3
37	2	2	5	5	5	3	4	5	5	5	5	5	5	5	5	5	5	4	5	5	4	5
38	1	2	5	5	5	3	5	5	5	5	5	5	5	5	5	5	5	5	5	5	5	4
39	2	1	5	5	5	4	4	5	5	5	5	5	5	5	5	5	5	5	5	5	5	4
40	1	3	4	5	5	4	5	5	5	5	5	5	5	4	4	5	4	5	5	5	3	5
41	1	4	5	4	4	4	4	4	5	4	5	5	5	5	5	5	5	5	5	5	5	4
42	2	4	4	4	5	4	5	5	5	3	5	5	5	5	5	5	5	5	5	5	4	5
43	1	4	4	5	5	4	4	4	5	5	5	5	5	5	5	5	5	5	5	5	5	5
44	2	4	5	5	5	5	3	5	5	4	5	5	5	5	5	5	4	5	4	4	5	4
45	1	4	5	5	4	4	2	5	5	5	5	5	5	5	5	3	5	3	5	5	5	5
46	2	2	4	5	5	5	5	5	5	5	5	5	5	5	5	5	4	5	5	4	5	4
47	1	4	5	5	4	4	4	5	5	4	5	5	5	5	5	5	5	5	5	5	5	5
48	2	2	4	5	5	5	5	5	5	5	5	5	5	5	5	3	5	3	5	4	5	3
49	1	2	4	5	5	5	4	5	5	4	5	5	5	5	5	4	4	5	5	5	4	5
50	2	4	5	5	5	5	5	5	5	5	5	5	5	5	5	5	5	5	5	5	5	3
51	2	4	5	5	5	4	3	5	5	5	5	5	5	3	5	5	4	5	4	4	5	3
52	1	2	5	5	5	5	5	5	4	5	5	5	5	5	5	5	5	5	5	5	5	5

续表

编号	性别	职称	V_1	V_2	V_3	V_4	V_5	V_{11}	V_{12}	V_{13}	V_{22}	V_{21}	V_{23}	V_{31}	V_{32}	V_{33}	V_{41}	V_{42}	V_{43}	V_{51}	V_{52}	V_{53}
53	1	1	5	5	5	4	5	5	5	5	5	5	5	5	4	5	5	4	5	5	5	5
54	1	2	4	5	5	4	5	5	5	5	5	5	5	5	4	5	5	3	4	3	5	3
55	1	3	4	5	4	5	4	4	5	5	5	5	5	4	5	5	5	4	5	5	4	5
56	2	4	5	5	5	4	5	5	5	5	5	5	5	5	5	4	4	5	4	5	5	5
57	1	3	5	5	5	5	4	5	5	5	5	5	5	5	5	5	4	5	5	5	5	5
58	2	2	5	5	5	4	5	5	5	5	5	4	5	5	5	5	5	5	4	5	4	5
59	2	2	4	5	5	4	4	3	5	5	5	5	5	5	5	5	5	4	5	5	5	5
60	1	4	5	5	5	5	4	5	5	4	5	5	5	5	5	5	5	5	5	5	4	3
61	1	4	4	5	5	4	4	5	5	5	5	5	5	5	5	5	5	5	5	5	5	5
62	1	1	5	5	5	5	5	5	5	5	5	5	5	5	5	5	3	5	4	5	3	5
63	2	4	5	5	5	4	5	5	5	5	5	5	5	5	5	5	5	5	5	5	5	3
64	1	4	5	5	5	4	4	5	5	3	5	5	5	5	5	5	3	5	5	5	3	5
65	2	4	5	5	5	4	5	5	5	5	5	5	5	5	5	5	5	5	5	5	5	3
66	1	2	4	5	5	4	5	5	5	5	5	5	5	5	5	5	5	5	5	3	5	4

附录 F 小学生数学逻辑推理素养测试卷测评数据（部分）

表 F-1 小学生数学逻辑推理素养测试卷测评数据（部分）

序号	期末成绩	V_{11}	V_{12}	V_{13}	V_{21}	V_{22}	V_{23}	V_{31}	V_{32}	V_{33}	V_{41}	V_{41}	V_{43}	V_{51}	V_{52}	V_{53}
1	93.5	4	4	1	3	2	2	5	5	5	3	3	3	4	4	4
2	96	4	4	5	4	3	3	5	4	5	4	3	4	5	5	5
3	94	4	5	5	5	4	4	5	3	4	4	3	3	5	5	5
4	87.5	3	3	4	3	3	3	4	4	4	2	2	3	4	4	4
5	92	4	5	5	4	4	4	2	2	3	3	3	5	5	5	5
6	98	4	3	4	3	5	5	5	5	5	4	4	5	4	3	3
7	78	4	4	5	1	1	1	1	2	3	3	4	5	4	4
8	89.5	4	4	3	4	3	3	2	2	2	3	3	4	4	4	4
9	89	4	4	4	2	4	3	5	4	5	3	2	3	5	4	5
10	97.5	4	4	5	5	3	3	5	5	5	4	4	5	5	5	5
11	87	3	3	3	2	2	2	5	4	5	4	3	3	4	4	4
12	88	5	4	5	5	2	5	5	2	2	4	2	3	5	2	1	2
13	90	4	5	5	2	2	2	3	5	5	2	2	3	5	4	5
14	96	5	3	2	3	2	3	4	4	5	2	2	4	5	4	5
15	73	3	3	3	1	2	1	2	3	3	3	2	3	3	3	3
16	93	4	5	4	4	3	4	3	5	5	4	3	5	5	3	3	4
17	57	1	1	1	1	1	1	1	1	1	3	2	2	1	1	1
18	77	3	2	3	1	1	1	2	2	3	3	3	3	3	2	3
19	78	4	3	3	1	2	1	4	4	5	4	3	3	3	4	4
20	85	2	2	2	2	2	2	2	2	2	2	2	2	3	3	3	4
21	91	5	4	3	2	2	2	5	4	5	2	2	3	4	2	4	5
22	95	4	4	3	3	3	3	3	4	4	3	3	3	4	4	5
23	90	5	3	3	4	3	3	5	4	5	3	3	2	5	4	5

续表

序号	期末成绩	V_{11}	V_{12}	V_{13}	V_{21}	V_{22}	V_{23}	V_{31}	V_{32}	V_{33}	V_{41}	V_{41}	V_{43}	V_{51}	V_{52}	V_{53}
24	78	3	2	3	1	2	1	2	3	3	3	2	3	3	2	3
25	85	4	3	4	2	3	2	3	2	3	2	3	3	5	3	4
26	76.5	3	3	1	1	1	1	2	2	3	3	3	4	2	3	3
27	82	4	4	4	1	1	1	5	3	5	2	2	2	4	4	4
28	83	3	3	3	1	1	1	2	2	4	2	2	3	4	3	4
29	92	3	4	3	3	4	3	5	4	5	3	3	3	3	5	5
30	98	5	4	4	2	4	2	5	5	5	4	4	4	4	3	4
31	92.5	4	5	5	4	5	3	5	5	5	5	4	5	3	3	4
32	82	2	2	3	2	3	1	2	2	3	3	2	2	4	3	4
33	75	2	2	3	1	1	1	2	2	3	2	3	3	3	3	4
34	89	4	3	3	2	3	2	3	5	5	3	3	4	4	3	5
35	90	3	4	5	5	5	5	2	2	2	3	2	3	4	3	3
36	94	3	3	4	3	3	5	5	5	4	4	4	5	5	5	4
37	89.5	2	3	3	3	3	2	3	4	2	2	3	3	4	4	4
38	91	4	3	5	4	4	3	5	5	4	4	4	4	5	5	5
39	62	1	2	3	2	3	2	2	2	2	2	2	2	4	4	3
40	71	2	3	3	1	1	1	2	2	3	3	2	3	4	3	4
41	77	3	4	3	4	3	3	3	4	4	3	4	5	3	4	5
42	86	5	4	3	4	3	4	2	2	4	3	3	5	5	4	5
43	94	4	4	4	5	4	5	4	5	5	4	4	5	5	5	5
44	96.5	4	3	5	4	4	3	5	4	5	4	3	5	5	4	5
45	86	3	3	1	2	2	3	2	3	2	2	2	3	2	3	2
46	93	4	3	5	5	4	2	2	3	3	2	4	5	5	4	4
47	91	4	4	4	2	2	4	3	3	4	3	3	5	4	4	5
48	76	4	4	5	1	1	1	2	2	2	2	2	4	3	3	3
49	79	4	4	2	4	3	3	2	3	2	4	2	5	5	4	5
50	93	4	3	4	2	4	3	5	5	5	3	4	5	4	4	3
51	69	4	3	4	1	1	1	2	2	4	1	2	2	3	3	4
52	93	4	4	4	5	5	3	5	5	5	4	4	5	5	3	5

续表

序号	期末成绩	V_{11}	V_{12}	V_{13}	V_{21}	V_{22}	V_{23}	V_{31}	V_{32}	V_{33}	V_{41}	V_{41}	V_{43}	V_{51}	V_{52}	V_{53}
53	98	4	3	5	1	2	1	4	4	5	4	3	3	5	4	4
54	95.5	1	2	1	3	4	4	4	5	4	3	3	3	3	3	4
55	84.5	4	5	5	3	5	4	2	2	3	2	2	2	5	5	4
56	71	4	4	5	1	1	1	1	2	3	3	3	3	3	3	3
57	91.5	4	3	3	2	1	1	3	3	3	3	3	4	4	4	4
58	92	4	5	5	4	4	4	2	2	2	4	4	4	2	2	2
59	67	3	4	3	1	1	1	2	2	5	1	1	2	1	2	1
60	82	3	3	2	2	2	2	2	2	3	2	2	3	3	2	2
61	55	3	2	3	1	1	1	3	2	2	1	1	2	3	2	2
62	86	1	3	2	2	2	2	2	2	2	2	2	3	5	3	3
63	89	3	3	3	2	2	3	2	3	4	3	3	4	5	3	4
64	51	2	1	1	1	1	1	1	1	3	2	2	3	3	3	3
65	84	4	4	5	4	4	3	5	5	5	4	4	4	2	2	2
66	71	3	3	3	1	1	1	2	3	4	2	2	3	4	4	4
67	85	4	5	5	4	4	4	2	2	4	3	3	4	3	3	4
68	88	5	3	4	2	3	4	5	4	5	1	1	3	5	4	5
69	60	4	3	4	1	1	1	2	2	3	2	2	2	4	4	4
70	67	3	3	3	1	1	1	2	2	3	2	2	2	4	3	4
71	80	4	4	4	1	1	1	2	4	4	2	2	3	4	4	4
72	85.5	3	4	4	4	5	4	5	5	5	4	4	5	5	5	5
73	80	3	3	4	2	3	2	3	2	5	3	3	3	4	4	4
74	75	3	3	3	2	3	3	3	5	5	4	3	4	4	4	4
75	94	4	4	4	2	3	3	2	4	4	3	3	5	4	4	5
76	90	4	3	3	3	4	3	5	4	5	3	3	3	5	4	5
77	74	4	2	3	1	1	1	2	2	4	2	2	4	3	3	3
78	96	4	5	4	5	4	5	3	4	5	4	4	5	5	4	5
79	86	4	3	4	4	3	2	4	5	3	4	2	4	4	4	5
80	95.5	4	3	4	3	4	4	5	5	4	4	3	5	5	4	5